Responsabilidade civil do incapaz

José Fernando Simão

Responsabilidade civil do incapaz

SÃO PAULO
EDITORA ATLAS S.A. – 2008

© 2008 by Editora Atlas S.A.

Capa: Roberto de Castro Polisel
Composição: Negrito Produção Editorial

Dados Internacionais de Catalogação na Publicação (CIP)
(Câmara Brasileira do Livro, SP, Brasil)

Simão, José Fernando
Responsabilidade civil do incapaz / José Fernando Simão – São Paulo :
Atlas, 2008.

Bibliografia
ISBN 978-85-224-5160-9

1. Responsabilidade (Direito) – Brasil   2. Incapacidade jurídica   I. Título.

08-05168	CDU-347.15/.17(81)

Índice para catálogo sistemático:

1. Brasil : Incapacidade jurídica : Responsabilidade civil : Direito
civil   347.15/.17(81)

TODOS OS DIREITOS RESERVADOS – É proibida a reprodução total ou
parcial, de qualquer forma ou por qualquer meio. A violação dos direitos de
autor (Lei nº 9.610/98) é crime estabelecido pelo artigo 184 do Código Penal.

Depósito legal na Biblioteca Nacional conforme Decreto nº 1.825, de 20 de
dezembro de 1907.

Impresso no Brasil/Printed in Brazil

Editora Atlas S.A.
Rua Conselheiro Nébias, 1384 (Campos Elísios)
01203-904 São Paulo (SP)
Tel.: (0_ _ 11) 3357-9144 (PABX)
www.EditoraAtlas.com.br

Sumário

Prefácio, ix
Introdução, 1

1 TEORIA GERAL DAS INCAPACIDADES, 9

   1.1 Introdução, 9
   1.2 Conceitos, 10
      1.2.1 Personalidade, 10
      1.2.2 Capacidade, 18
         1.2.2.1 Capacidade de direito ou de gozo, 18
         1.2.2.2 Capacidade de fato ou de exercício, 20
            1.2.2.2.1 Hipóteses de incapacidade absoluta, 22
            1.2.2.2.2 Hipóteses de incapacidade relativa, 30
         1.2.2.3 A questão da capacidade dos índios, 36
         1.2.2.4 O fim da incapacidade: estudo da emancipação legal e convencional, 40
   1.3 Conclusão do capítulo, 47

2 FUNDAMENTO DA RESPONSABILIDADE CIVIL POR FATO DE TERCEIRO, 49

   2.1 Introdução, 49
   2.2 Culpa dos representantes: a responsabilidade subjetiva, 51
   2.3 Presunção de culpa dos representantes, 55
   2.4 Fundamento no risco: a responsabilidade objetiva, 62
   2.5 Outras teorias, 76
   2.6 Conclusão do capítulo, 79

3 RESPONSABILIDADE DO INCAPAZ NO CÓDIGO CIVIL DE 1916, 82

   3.1 Introdução, 82
   3.2 Quanto aos incapazes, 83
   3.3 Quanto aos terceiros por eles responsáveis, 86
   3.4 Conclusão do capítulo, 94

4 FUNDAMENTOS CONSTITUCIONAIS DA RESPONSABILIDADE CIVIL, 96

   4.1 Introdução: fundamentos da responsabilidade civil, 96
   4.2 Fundamentos da responsabilidade civil do incapaz, 104
   4.3 Conclusão do capítulo, 116

5 A RESPONSABILIDADE CIVIL DO INCAPAZ NOS TERMOS DO ARTIGO 928 DO CÓDIGO CIVIL, 118

   5.1 Culpabilidade e imputabilidade: conceitos, 118
   5.2 A experiência no Direito estrangeiro, 124
   5.3 Código Civil de 2002: teoria objetiva ou subjetiva? Ficção e eqüidade, 133

5.3.1 Quando respondem os representantes, 140

    5.3.1.1 Obrigação do pai e da mãe: solidária ou divisível?, 140

    5.3.1.2 A questão da paternidade socioafetiva e a responsabilidade civil, 146

    5.3.1.3 Limites do valor da indenização paga pelo representante, 151

5.3.2 Quando respondem diretamente os incapazes, 153

    5.3.2.1 Quando não houver representante legal, 154

    5.3.2.2 Quando o adolescente praticar ato infracional com reflexo patrimonial, 156

    5.3.2.3 Quando os representantes não tiverem obrigação de fazê-lo, 158

        5.3.2.3.1 Dano causado pelo pródigo, 159

        5.3.2.3.2 Filho menor que não está sob autoridade e na companhia dos pais, 162

        5.3.2.3.3 Emancipação do menor, 171

        5.3.2.3.4 Força maior ou caso fortuito que rompem com a responsabilidade objetiva do artigo 933, 177

5.3.3 Quando não dispuserem de meios para indenizar, 186

5.3.4 A redução de indenização de acordo com os graus de culpa (CC, arts. 928, 944 e 945), 192

5.3.5 Quando não respondem nem os representantes nem o incapaz, 197

5.4 Conclusão do capítulo, 199

6 A ANTINOMIA ENTRE OS ARTIGOS 928 E 942 DO CÓDIGO CIVIL, 203

6.1 Conflitos de normas no tempo: antinomia e sua classificação, 203

6.2 Solidariedade ou subsidiariedade, 209

6.2.1 Solidariedade e indivisibilidade, 210
6.2.2 Subsidiariedade e primariedade, 215
6.3 Solução da antinomia: critério da especialidade. Em busca da operabilidade dos dispositivos antinômicos, 218
6.4 Demais soluções possíveis à antinomia, 221
6.5 Solução projetada da antinomia, 224
6.6 Conclusão do capítulo, 227

7 QUESTÕES PROCESSUAIS, 229

7.1 Introdução, 229
7.2 Participação de curador especial e do Ministério Público, 231
7.3 Litisconsórcio passivo, facultativo simples e alternativo eventual, 236
7.4 Conclusão do capítulo, 246

Conclusão, 249

Referências, 253

Prefácio

Conheci José Fernando Simão no ano de 1993, quando ele ainda cursava a Faculdade de Direito do Largo de São Francisco e representava os alunos de graduação junto ao Departamento de Direito Civil.

Depois, quando assumi a Diretoria daquela Faculdade, Simão me auxiliou com a eleição dos representantes de classes, viabilizando o contato direto do corpo docente com o diretor.

Formado no ano de 1996, na seqüência iniciou seus estudos de Mestrado na mesma instituição, sob orientação da professora e amiga Teresa Ancona Lopez. Participei de sua banca de Mestrado no ano de 2002, ao lado da orientadora e do Prof. Newton De Lucca, quando cuidou do tema dos *Vícios do produto no Novo Código Civil e no Código de Defesa do Consumidor*, obra já publicada pela Editora Atlas. Apesar de formalmente não haver nota em razão do Regimento da USP, foi aprovado com 10, por decisão unânime da Banca.

O trabalho que ora prefacio foi resultado de seus estudos para a obtenção do título de Doutor, também sob orientação da Professora Teresa na USP. Novamente, convidado a participar da banca, em março de 2007, composta pela orientadora e pelos Professores Luiz Edson Fachin, Rosa Maria Andrade Nery e Giselda Hironaka, aceitei a incumbência e Simão foi aprovado, depois de defender suas idéias com grande desenvoltura, desta feita, com distinção.

O tema estudado é de grande relevância não só para os acadêmicos, como também para os magistrados e advogados, pois a sociedade pós-moderna é ambiente propício à causação constante de danos.

Atualmente, afastamo-nos de idéias clássicas pelas quais o menor ou o incapaz em razão de doença mereciam o isolamento da sociedade, quer em razão dos colégios internos, quer por causa das clínicas de recuperação e tratamento. Presentemente, o incapaz convive e deve conviver em sociedade, não só pela importância desse fato na sua formação, como também pelo direito de ter uma vida digna.

Em contrapartida, esse convívio maior aumenta as oportunidades de o dano ser causado, razão pela qual o sistema objetiva a responsabilidade dos pais, tutores e curadores, que já não podem mais invocar a *culpa in vigilando* como excludente de sua responsabilidade. É na objetiva dessa responsabilidade que está um dos pilares da tese de Simão: a teoria do risco dependência. O incapaz, pela falta de discernimento, é um potencial causador de danos, e os responsáveis, em razão desse fato, não podem se eximir da indenização por meio de simples prova de prudência ou diligência.

Por outro lado, após apresentar inovador argumento quanto ao risco, na sua modalidade dependência, o livro cuida de dissecar a redação do artigo 928 do Código Civil no tocante à responsabilidade subsidiária do incapaz com relação aos representantes.

Nessa questão, a tese preconiza fórmulas matemáticas de cálculo da indenização devida pelo próprio incapaz, considerando-se o teor do artigo 928, parágrafo único, do Código Civil: "a indenização prevista neste artigo, que deverá ser eqüitativa, não terá lugar se privar do necessário o incapaz ou as pessoas que dele dependem". Aqui, certamente previsto o instituto do "favor debitoris".

Levando-se em conta que caberá ao juiz primeiramente fixar a extensão do dano, buscando a reparação integral da vítima, não sendo possível a aplicação dessa premissa, o livro cuida de esclarecer como e em que medida caberá ao juiz fixar indenização em valor inferior ao do dano efetivamente causado.

Devem ser considerados o patrimônio dos responsáveis, o do próprio incapaz e o impacto da indenização sobre ambos.

A antinomia entre os artigos 928 (que preconiza a responsabilidade subsidiária do incapaz) a 942, parágrafo único (que determina ser solidária a responsabilidade do incapaz e de seus representantes), ambos do Código Civil, não foi esquecida. A obra prevê a solução dessa antinomia aparente pelo princípio da especialidade. Nada mais justo que, em se tratando de incapaz, prevaleça a subsidiariedade, recaindo o fardo sobre os representantes legais. É a aplicação das regras da eqüidade expressamente admitidas pelo legislador de 2002.

À guisa de conclusão, Simão analisa a questão sob as luzes do processo civil, garantindo a operabilidade do sistema, tal como explicitada por Miguel Reale: verdadeiro elemento estruturante do Código Civil.

Enfim, a obra que ora prefacio muito me orgulha, não só pelas suas qualidades e profundidade, como também pelo fato de ter acompanhado a trajetória desse jovem civilista, que hoje é professor da Faculdade de Direito da Fundação Armando Álvares Penteado, e que, recentemente, foi aprovado em Concurso Público e indicado a preencher cargo para Professor-Doutor da Faculdade de Direito da Universidade de São Paulo.

Álvaro Villaça Azevedo

Professor Doutor, Titular de Direito Civil, Regente de Pós-Graduação e ex-Diretor da Faculdade de Direito da Universidade de São Paulo; Diretor da Faculdade de Direito da Fundação Armando Álvares Penteado; Advogado e Parecerista.

Agradecimentos

Disse Judith Martins-Costa que, como todo o trabalho intelectual é sempre a ponte entre o ser solitário e o ser solidário, ela agradecia. Afirmou, também, que assumia, solitariamente, a responsabilidade pelo trabalho em questão.[1]

Essas reflexões servem de inspiração para meus agradecimentos, que não são poucos.

De início, sempre agradeço a Deus e à família. O primeiro pelas bênçãos e graças e a segunda por todo o resto. Suporte, amizade, compreensão e afeto. Como disse na defesa de minha tese para o doutoramento (que ora é publicada como livro), tive sorte, pois meu pai e minha mãe reúnem as três parentalidades: registral, biológica e principalmente a socioafetiva.

Os esforços afetivos e financeiros, que não foram poucos, são a base de minha formação pessoal, sem a qual não haveria formação jurídica.

---

[1] *Comentários ao novo Código Civil*, v. V, t. I, coordenador Sálvio de Figueiredo Teixeira, Forense, Rio de Janeiro, 2003, p. XII.

Depois da família, os amigos, que são a "família que escolhemos". Tive sorte com meus amigos. Poucos de mais de 30 anos (Ciça é uma delas), alguns com mais de 15 anos (Sídnei, Renata, Zé Antonio, Mariangela) e, agora, muitos com mais de três anos (Tartuce, Fernanda, Tusa, Cessettari, Nicolau, Águida, Giselle, Mário Delgado, Catalan, Tonico, Zé Maria, Pablo, Toscano, Wladimir).

Na realidade, esses "novos" amigos só surgiram em razão do Grupo de Estudos Giselda Hironaka, que se transforma no ano de 2008 no Instituto Rubens Limongi França.

A alguns professores, hoje grandes amigos, tenho que agradecer: Álvaro Villaça Azevedo, Antonio Magalhães Gomes Filho, Carlos Alberto Carmona, Giselda Maria Fernandes Novaes Hironaka, Newton De Lucca e Teresa Ancona Lopez. Foram meus mestres, quer seja na sala de aula, quer seja na escola da vida, durante o período de graduação, de mestrado e de doutorado na Faculdade de Direito do Largo de São Francisco (nossa Sanfran).

Agradeço ao mestre e co-autor Sílvio Venosa pelas oportunidades profissionais e palavras de estímulo.

Quanto ao trabalho de doutoramento em si, várias pessoas me auxiliaram de maneira irrestrita e não poderiam ser esquecidas.

Tartuce, Tusa e Lucas pelas leituras e sugestões referentes aos Capítulos 5 e 6 da presente obra; Luis Fernando, pela incansável pesquisa bibliográfica, obtenção dos textos utilizados e sempre sábias observações (vítima constante de meus ataques de mau humor); Aline, nossa secretária, pelos "baldes" de café, sem os quais nada teria sido escrito; Camila, então estagiária, por cuidar dos clientes durante o processo de elaboração do trabalho; Paulo, o sempre compreensivo sócio, e Manuela, minha antiga aluna e revisora de todos os trabalhos acadêmicos.

Aos professores Luiz Edson Fachin, Rosa Maria Andrade Nery, Álvaro Villaça Azevedo, Giselda Maria Fernandes Novaes Hironaka e Teresa Ancona Lopez (minha orientadora), a gratidão pela argüição da tese e pelas sugestões e críticas recebidas.

Duas professoras merecem agradecimentos especiais. Teresa, pelos ensinamentos recebidos na graduação e pela crença de que aquele jovem de 22 anos um dia poderia se tornar professor. Giselda, por ensinar um direito mais humano, por criar um grupo de estudos que foi essencial para mim e para o conhecimento de um novo direito civil, e pelo carinho infinito que recebo.

Por fim, agradeço ao Maurício, fiel amigo e leal assistente, pela inestimável ajuda nas pesquisas e temas referentes ao Concurso de ingresso para Professor-Doutor junto à Faculdade de Direito da USP.

José Fernando Simão
São Paulo, maio de 2008

Introdução

Em tempos de novo Código Civil, já não tão novo assim, muitos são os temas que surgem para a produção de uma *obra*, e não são poucas as questões que impelem os estudiosos à busca de respostas.

A procura é contínua e inesgotável, já que cada pedaço da codificação passa por um exaustivo exame doutrinário e submete-se aos olhos dos magistrados. O objetivo é único: a compreensão do direito posto e a solução dos conflitos à luz de sua principiologia.

O Código Civil de 2002 (que doravante será chamado apenas de Código Civil, pois, quando se tratar das referências ao Código Civil de 1916, a menção será totalmente expressa), permeado por cláusulas gerais, dá aos julgadores mais poderes, que, se bem utilizados, certamente garantirão mais justiça na decisão do caso concreto.

Não se pode esquecer da máxima contida no *Digesto*, pela qual *hominum causa omne ius constitutum est*, ou seja, todo o direito existe por causa dos homens (Hermogenianus, D. 1.5.2).

Neste sistema aberto, que se opõe bastante à noção oitocentista do velho Código Beviláqua, no qual o juiz era a simples boca da lei (*bouche de la loi*),[1] valorizam-se conceitos que não são novos – como a boa-fé objetiva, a função social do contrato e, finalmente, a eqüidade –, mas que ganham novos ares. É a nova disciplina dos velhos institutos.

Diante da profundidade das mudanças do direito civil brasileiro, que chegou com o século XXI, um dos temas que recebem disciplina sistemática efetiva e imprescindível é a responsabilidade civil.

O dever de indenizar e reparar a vítima em relação aos prejuízos sofridos passa a ser disciplinado de maneira clara e cuidadosa, revelando a importância alcançada pela matéria durante o século XX.

Como bem esclarece Lucas Abreu Barroso, a Revolução Industrial e sobretudo a Era Tecnológica fomentaram padrões socioeconômicos que estão a propor ao mundo de hoje e do futuro seus próprios problemas, dentre os quais se ressalta um enorme agravante dos riscos a que fica sujeita a pessoa humana.[2]

---

[1] A expressão *bouche de la loi*, cunhada por Montesquieu, reflete o esquema clássico herdado da Revolução Francesa que retira poderes dos juízes, que passam, exclusivamente, a aplicar a lei, ainda que seja injusta ou iníqua. A retirada de poderes do juiz, que fica adstrito ao texto legal, reflete, exatamente, a preocupação da burguesia francesa pré-revolucionária em impedir que a classe dos nobres pudesse julgar, segundo seus próprios interesses, claro prejuízo aos burgueses.
[2] BARROSO, Lucas Abreu. Novas fronteiras da obrigação. In: DELGADO, Mário Luiz; ALVES, Jones Figueirêdo (Coord.). *Questões controvertidas*: responsabilidade civil. São Paulo: Método, 2006. v. 5, p. 359 (Série Grandes Temas de Direito Privado); NORONHA, Fernando. *Direito das obrigações*: fundamentos do direito das obrigações e introdução à responsabilidade civil. São Paulo: Saraiva, 2003. v. 1, p. 538.

Contrariamente ao Código Civil de 1916 – que apenas cuidava do dano e de sua liquidação nos Títulos VII e VIII do Livro das Obrigações, sem muito destaque, após tratar dos contratos em espécie e dos atos unilaterais –, o atual Código Civil cria um título específico sobre a responsabilidade civil (Título IX), que se subdivide na obrigação de indenizar (arts. 927 a 943) e na indenização (arts. 944 a 954).

A sistematização já revela a importância da matéria. Entretanto, o Código não só sistematizou, o que, por si só, já seria de grande valia, mas também inovou. E justamente uma das inovações revela-se objeto de estudo desta tese: a responsabilidade civil do incapaz de acordo com o disposto no artigo 928 do Código Civil, mas não só.

Abandonando a velha dicotomia entre direito público e privado, o que se fará é a leitura da responsabilidade civil de acordo com seus fundamentos constitucionais, tendo como base o princípio da dignidade da pessoa humana.

Nessa ótica, o incapaz não pode ser entendido como alguém que, em razão da pouca idade ou de certa doença, deve ser mantido afastado do convívio social. Pode e deve conviver em sociedade, mas, para tanto, cabe ao Direito elaborar a forma de reparação mais efetiva de eventuais danos que o incapaz venha a causar à vítima.

Na sociedade atual, mormente em relação aos menores, a chance de incorrência em dano se vê potencializada: quer seja pela ausência – por razões profissionais, dos pais no lar, com número crescente de crianças confiadas a terceiros ou de crianças que vivem na rua –, quer seja pela independência cada vez mais precoce dos menores e pela agressividade crescente destes – em razão dos jogos e dos meios de transporte perigosos –, quer seja, ainda, pela força dos costumes que favorecem viagens, reuniões e campos de férias e a existência de novos métodos educativos e de tratamentos aplicados às crianças, aos deficientes e aos delinqüentes.[3]

De início, o livro cuida da Teoria Geral das Incapacidades, pela qual se analisam a incapacidade absoluta e relativa, bem como a emancipação legal e convencional, como causas de fim da incapacidade. A importância do estudo preambular salta aos olhos. Falar da responsabilidade do incapaz sem antes delimitar o conceito de incapaz, as espécies e as conseqüências no tocante ao dever de indenizar retiraria do trabalho a clareza que se faz necessária e comprometeria a sua compreensão. Conforme será demonstrado no curso deste estudo, os tipos de incapacidade refletirão radicalmente no dever de indenizar.

Após breve análise do tema, quando da vigência do Código Civil de 1916, passa-se ao estudo da noção de culpabi-

---

[3] SOTTOMAYOR, Maria Clara. A responsabilidade civil dos pais pelos fatos ilícitos praticados pelos filhos menores. *Boletim da Faculdade de Direito*, Coimbra, Universidade de Coimbra, v. 71, 1995, p. 403. Nessa ordem de raciocínio, Hannah Arendt, em meados do século XX, preconizava a crise de autoridade que se instalava no seio da família (relação paterno-filial) e que acabaria por contaminar as demais relações de poder. Assim, o sintoma mais indicativo da crise, a indicar a sua profundidade e seriedade, é ela ter se espalhado em áreas pré-políticas, como a educação dos filhos (em que a autoridade, no sentido mais lato, sempre foi aceita como uma necessidade natural). A autoridade dos pais tem por fundamento tanto as necessidades naturais, o desamparo da criança, quanto a necessidade política, ou seja, a continuidade de uma civilização estabelecida que somente pode ser garantida se os recém-chegados, por nascimento, forem guiados por meio de um mundo preestabelecido, no qual nasceram como estrangeiros. Devido ao seu caráter simples e elementar, essa forma de autoridade serviu, no curso de toda a história do pensamento político, como modelo para uma grande variedade de formas autoritárias de governo, de modo que o fato de mesmo essa autoridade pré-política, que governa as relações entre adultos e crianças e entre mestres e alunos, não ser mais segura significa que todas as antigas e reputadas metáforas e modelos para relações autoritárias perderam sua plausibilidade. ARENDT, Hannah. Que é autoridade? In: ARENDT, Hannah. *Entre o passado e o futuro*. 5. ed. São Paulo: Perspectiva, 2000. p. 128.

lidade e de imputabilidade, já que o novo dispositivo rompe com o sistema tradicional pelo qual o absolutamente incapaz jamais seria responsabilizado pelos danos causados, em razão da ausência completa de discernimento.

Analisa-se a questão pela ótica da eqüidade e da maior possibilidade de reparação do prejuízo.

Buscando inspiração no direito estrangeiro, notadamente no Código Civil português, o artigo 928 do novo Código Civil afasta-se da tradição do Código napoleônico, de modo que o incapaz rico ressarcirá os danos suportados pela vítima pobre. A noção pela qual o dano causado por um incapaz equiparar-se-ia a um evento de força maior fica definitivamente superada.

O Código, em um primeiro momento, impõe um regime de responsabilidade subsidiária, ou seja, o incapaz só indenizará a vítima se os seus responsáveis não tiverem obrigação de fazê-lo ou não dispuserem de meio suficiente. Primeiro respondem os representantes e apenas subsidiariamente o incapaz (CC, art. 928). Entretanto, de maneira surpreendente, o próprio Código Civil, no parágrafo único do artigo 942, determina que os responsáveis pelo incapaz respondem solidariamente.

Criado está um conflito de normas em um mesmo diploma. Para a sua solução, o estudo das antinomias é realizado. Mário Luiz Delgado salienta o papel do jurista como construtor de um sistema normativo harmônico e hierarquizado, em oposição ao descompromisso do legislador. Compete ao jurista, àquele que vai elaborar os enunciados e as proposições jurídicas, por meio de um processo epistemológico de criação, desemaranhar o cipoal legislativo, solucionando eventuais antinomias reais ou aparentes; suprindo lacunas; tendo por parâmetro, além da Constituição Federal e da Lei de Introdução ao Código Civil, os diversos processos interpretativos (gramatical, lógico, sistemático, histórico e teleológico).[4]

É esse o nosso objetivo. Interpretar o sistema de maneira a garantir a sua operabilidade, sem esquecer que a eticidade e a socialidade são também fundamentais.

A complexidade da matéria é evidente. De um lado, tem-se o princípio constitucional da mais ampla reparação dos danos, em decorrência da solidariedade social. Assim, se adotada a prevalência do artigo 942, em razão da solidariedade imposta entre ofensor e responsável, a chance de a vítima ver-se indenizada cresceria enormemente, pois ela teria a opção de, desde logo, cobrar da pessoa que lhe pareça ter mais condição de arcar com a indenização. Esta é a grande vantagem da solidariedade passiva sobre a noção de divisibilidade.

Por outro lado, tratando-se de subsidiariedade, caberá à vítima primeiro buscar a reparação perante o responsável pelo incapaz e, somente então, ocorrendo uma das hipóteses previstas em lei, requerer a indenização diretamente ao incapaz. Desvantagem para a vítima, mas grande vantagem para o incapaz.

A solução desse conflito jurídico, que desemboca em um conflito de interesses entre os direitos da vítima e do agressor e seu responsável, será a conclusão desta tese.

Na parte final, cuida-se da questão processual em relação à ação de cobrança e como deve o credor manejá-la

---

[4] DELGADO, Mário Luiz. Controvérsias na sucessão do cônjuge e do convivente. Uma proposta de harmonização do sistema. In: DELGADO, Mário Luiz; ALVES, Jones Figueirêdo (Coord.). *Questões controvertidas no direito de família e das sucessões*. São Paulo: Método, 2006. v. 3 (Série Grandes Temas do Direito Privado). p. 419.

em face do incapaz ou do seu representante. Isso porque a tão aclamada e necessária operabilidade, um dos preceitos do Código Civil, nas palavras de seu sistematizador, Miguel Reale, extrapola o direito material.

De nada adiantaria a superação das questões contidas na codificação civil, sua interpretação e possível harmonização se, em termos processuais, a vítima arcasse com o dano causado pelo incapaz, por lhe faltarem instrumentos processuais que permitissem a efetiva reparação civil.

1
Teoria geral das incapacidades

1.1 INTRODUÇÃO

A necessidade do estudo das incapacidades e de sua cessação é de extrema e vital importância para o desenvolvimento do tema que se pesquisa.

Os limites entre a responsabilidade por fato próprio e de terceiro estão exatamente na questão da plena ou limitada capacidade de fato.

Seria simples, porém precipitado, afirmar que a responsabilidade dos representantes legais existe em toda e qualquer hipótese de incapacidade, como se poderia depreender da interpretação literal do artigo 928 do Código Civil.

Também seria simples, mas nem por isso menos precipitado, afirmar que, com o fim da incapacidade e com a conseqüente extinção do poder familiar ou da tutela, o representante legal do incapaz fica completamente livre de responsabilidades quanto a terceiros, vítimas do dano causado pela pessoa, agora capaz.

O estudo é relevante para se estabelecer em quais casos o representante efetivamente responderá civilmente pelos danos causados por um incapaz, e o motivo determinante desta responsabilidade será a causa da incapacidade (idade, doença, prodigalidade, vícios); e, também, quando finda efetivamente seu dever. Para tanto, o estudo da emancipação, quer seja legal, quer seja voluntária, será de grande valia.

1.2 CONCEITOS

1.2.1 Personalidade

A questão da incapacidade está ligada ao estudo do estado da pessoa natural.[1] O estado é a forma pela qual a pessoa se apresenta perante a sociedade. É o que se chama de situação jurídica neutra, pois não se trata de um direito (situação positiva) nem de um dever (situação negativa).

Assim, estado pode ser definido como a soma das qualificações da pessoa, permitindo sua apresentação à socie-

---

[1] Explica Menezes Cordeiro que a definição biológica do homem como *homo sapiens* não suscita dúvidas: não há qualquer espécie próxima, ao ponto de provocar problemas de delimitação (o homem é caracterizado pela sua biopedia, crânio, linguagem e postura humana etc.). A variação de raças na espécie suscitou muitas discussões no campo das ciências naturais e teve reflexos (ora perigosos) nas ciências humanas. Com o advento do mapeamento genético por meio do DNA, chegou-se à conclusão de que as diferenças genéticas entre as raças humanas são ínfimas, muito menores do que as diferenças de raças entre outras espécies. O Direito decorre da vertente da hominização. A crescente complexidade da vida humana, particularmente desde o momento em que a especialização das tarefas fez a sua aparição, levou ao estabelecimento de instâncias próprias de aprendizagem e de aplicação de regras de conduta social. O Direito separou-se, por essa via, das restantes ordens normativas (CORDEIRO, António Menezes. *Tratado de direito civil português*. Coimbra: Almedina, 2003. t. 3, p. 13).

dade em uma determinada situação jurídica, para que se possa usufruir dos benefícios e vantagens dela decorrentes e sofrer os ônus e as obrigações que dela emanam.[2]

O estado da pessoa natural pode ser estudado segundo alguns critérios. Quanto ao estado pessoal, ou seja, aquele aferido de acordo com a idade ou condições de sanidade do indivíduo, têm-se os capazes, os relativamente incapazes e os absolutamente incapazes. É esta abordagem do estado que interessa neste estudo.

Quanto ao estado familiar do indivíduo, tem-se a questão do parentesco,[3] que pode ser consangüíneo (laços de sangue), envolver situações de afinidade[4] (o parentesco com os parentes do cônjuge ou do companheiro) ou civil (decorrente da adoção ou ainda de caráter socioafetivo, ou seja, não decorre da lei, mas de uma situação fática de cari-

---

[2] DINIZ, Maria Helena. *Curso de direito civil brasileiro*. 19. ed. São Paulo: Saraiva, 2003. v. 1, p. 200.

[3] "Art. 1.593. O parentesco é natural ou civil, conforme resulte de consangüinidade ou outra origem." A questão da "outra origem" permite ao intérprete concluir que o novo Código Civil admite expressamente o parentesco socioafetivo. Nesse sentido, o Enunciado 103 da I Jornada de Direito Civil do CJF: "Art. 1.593. O Código Civil reconhece, no art. 1.593, outras espécies de parentesco civil além daquele decorrente da adoção, acolhendo, assim, a noção de que há também parentesco civil no vínculo parental proveniente, quer das técnicas de reprodução assistida heteróloga relativamente ao pai (ou mãe) que não contribuiu com seu material fecundante, quer da paternidade socioafetiva, fundada na posse do estado de filho."

[4] O Código Civil prevê expressamente que o parentesco por afinidade não só existe no casamento, como também na união estável. Assim, esclarece o artigo 1.595: "Cada cônjuge ou companheiro é aliado aos parentes do outro pelo vínculo da afinidade. § 1º O parentesco por afinidade limita-se aos ascendentes, aos descendentes e aos irmãos do cônjuge ou companheiro. § 2º Na linha reta, a afinidade não se extingue com a dissolução do casamento ou da união estável." Em razão deste dispositivo, o genro e a sogra, bem como o sogro e a nora, jamais poderão se casar, sob pena de nulidade absoluta do casamento (art. 1.521, II, CC).

nho resultante da realidade social). Esta última questão nos interessa pelo fato da responsabilidade civil dos parentes cujos vínculos não advêm da consangüinidade.

Por fim, apenas para que se complete a classificação do estado, em termos políticos, pode-se classificar a pessoa quanto à naturalidade: brasileira ou estrangeira. Isso, porém, revela-se irrelevante no que se refere às incapacidades.

De início, ressalta-se que capacidade não se confunde com personalidade.[5] A personalidade é uma qualidade: a qualidade de ser pessoa que o direito limita-se a constatar e respeitar, não podendo ser ignorada ou recusada, por ser um dado extrajurídico que se impõe ao direito.[6]

Nesse sentido, surge interessante questão: é da suscetibilidade de ser titular de direitos e obrigações que se é pessoa ou sendo pessoa é que se é suscetível a ser titular de direitos e obrigações?

Partindo-se da primeira premissa (corrente tradicional), de que a personalidade é um fator intrajurídico, pode-se dar a justificação para a possibilidade de o direito atribuir *ex lege* direitos e obrigações a um ente fictício, como as pessoas jurídicas e os entes despersonalizados.

Caso se parta da segunda premissa (corrente moderna), de que a personalidade é um dado extrajurídico, concluir-se-á que a personalidade das pessoas humanas não é algo que possa ser recusado pelo direito, é algo que fica fora do poder de conformação social do legislador.[7]

---

[5] "Art. 2º do CC/02. A personalidade civil da pessoa começa do nascimento com vida; mas a lei põe a salvo, desde a concepção, os direitos do nascituro."
[6] VASCONCELOS, Pedro Pais de. *Teoria geral do direito civil*. 2. ed. Lisboa: Almedina, 2003. p. 34.
[7] VASCONCELOS, Pedro Pais. *Teoria geral do direito civil*, p. 36.

A segunda corrente é a mais adequada, apesar de ter a desvantagem de dificultar o enquadramento jurídico da personalidade coletiva ao quebrar a unidade que abrange tanto as pessoas individuais quanto as pessoas jurídicas.

"Este entendimento tem a virtude de não esvaziar o conceito de personalidade da sua dimensão ética e do seu conteúdo substancial e, assim, defender as pessoas [...] de condicionamento e manipulação ou mesmo de recusa da personalidade a pessoas individualmente consideradas ou a grupos de pessoas com base em critérios raciais ou religiosos."[8]

Assim, a primeira corrente torna mais fácil o caminho para se violar a dignidade humana ou impor à pessoa humana condição de um objeto. A pessoa é dotada de uma personalidade, e devido a essa personalidade ela está suscetível a direitos e obrigações pelo simples fato de existir. "O Direito não pode deixar de respeitar o que constitui um dado extralegal, de Direito Natural."[9]

A segunda corrente prestigia a noção de dignidade da pessoa humana, impedindo qualquer discriminação legal, e ainda garante a aplicação da isonomia.

A personalidade pode ser estudada sob uma ótica estática ou dinâmica. Na ótica estática, a personalidade se reduz à identidade pessoal, aos sinais como elementos de identificação. São as características que distinguem o sujeito das demais pessoas, permitindo sua individualização, portanto aparecem no Registro Civil.[10] Já a personalidade dinâmica baseia-se na idéia de uma verdade pessoal que

---

[8] VASCONCELOS, Pedro Pais. *Teoria geral do direito civil*, p. 37.
[9] VASCONCELOS, Pedro Pais. *Teoria geral do direito civil*, p. 37.
[10] SESSAREGO, Carlos Fernández. *Derecho a la identidad personal*. Buenos Aires: Asteca, 1992. p. 23.

se evidencia por meio da projeção social da personalidade, seu desdobramento psicológico, político, filosófico e religioso. Cabe ao ordenamento moldar-se a fim de comportar a individualização do sujeito, abarcando sua singularidade ou identidade.[11]

A personalidade seria a soma de caracteres corpóreos ou incorpóreos da pessoa natural ou jurídica. Então, a função do legislador não seria a de definir personalidade, mas, sim, de protegê-la.[12]

Em conseqüência da personalidade, como qualidade de ser pessoa, surge a possibilidade de se contraírem obrigações e ter direitos.[13] Esta é a capacidade de gozo ou de direi-

---

[11] SESSAREGO, Carlos Fernández. *Derecho a la identidad personal*, p. 23. Nesse sentido, de personalidade dinâmica, pode-se mencionar a questão do transexual e os direitos decorrentes da mudança de sexo. A personalidade supera a idéia de simples dados contidos no Registro Civil.

Note-se, ainda, que dentre os direitos da personalidade está o direito à identidade que não se confunde com o direito à imagem. Isso porque o direito à identidade surge como um direito autônomo, cuja função é identificadora. O direito à imagem nasce de um interesse preponderantemente de individuar-se o sujeito e não o de identificá-lo (DINIZ, Maria Helena. Direito à imagem e sua tutela. In: BITTAR, Eduardo C. B.; CHINELATO, Silmara Juny (Coord.). *Estudos de direito de autor, direito da personalidade, direito do consumidor e danos morais*. Rio de Janeiro: Forense Universitária, 2002. p. 83). Imaginando-se dois irmãos gêmeos univitelinos, cujas imagens sejam praticamente idênticas, é a identidade que garantiria a sua precisa e inequívoca individualização. Assim, toda pessoa tem o direito a uma identidade.

[12] Os direitos da personalidade são o núcleo dos direitos fundamentais, por isso são protegidos constitucionalmente e também pelo Código Civil. Nos dizeres de Canotilho, "um dos temas mais nobres da dogmática jurídica diz respeito às imbricações complexas da irradiação dos direitos fundamentais constitucionalmente protegidos (*Drittwirkung*) e do dever de proteção de direitos fundamentais por parte do poder público em relação a terceiros (*Schutzpflicht*) na ordem jurídico-privada dos contratos" (CANOTILHO, José Joaquim Gomes. *Estudos sobre direitos fundamentais*. Coimbra: Universidade de Coimbra, 2004. p. 192).

[13] VASCONCELOS, Pedro Pais. *Teoria geral do direito civil*, p. 34.

to, que será qualidade da pessoa natural ou jurídica como decorrência direta da personalidade. Sem personalidade, é impossível falar em capacidade.[14]

A capacidade, em sentido genérico, é a aptidão para possuir ou exercer direitos. A teoria da incapacidade é, em seu fundamento, essencialmente individualista, ainda que ela tenda a assumir um interesse social de proteção dos fracos. Ela está fundamentada, com efeito, sobre a existência e sobre o estado moral ou social da pessoa. Como tal, ela é de ordem pública, mas em face das necessidades sociais, principalmente da necessidade de segurança para terceiros, ela tende a estender-se ou a retrair-se em seus efeitos, conforme o caso; essa é a lógica que se extrai da necessidade da vida em sociedade.[15]

Neste ponto, parte da doutrina entende que personalidade seria sinônimo de capacidade, pois, em ambos os conceitos, existiria a chamada aptidão para ser titular de direitos e deveres.[16]

Para fins de personalidade, basta o nascimento com vida. Isso quer dizer que o Código Civil afasta-se da noção de viabilidade[17] (que exigiria certo tempo de vida da crian-

---

[14] "Art. 1º. Toda pessoa é capaz de direitos e deveres na ordem civil."
[15] DEMOGUE, René. *Traité des obligations en général*. Paris: Librairie Arthur Rousseau, 1923. p. 375. É justamente essa lógica da ressocialização do incapaz que promove uma revisão crítica sobre a sua irresponsabilidade e como conseqüência sua maior responsabilização. Por isso, justifica-se a adoção de um sistema de seguros. A questão da capacidade é desenvolvida no próximo item.
[16] RODRIGUES, Silvio. *Direito civil*. 32. ed., ampl. São Paulo: Saraiva, 2002. v. 1, p. 61; BEVILÁQUA, Clóvis. *Código Civil dos Estados Unidos do Brasil*. 11. ed. Rio de Janeiro: Francisco Alves, 1958. v. 1, p. 138.
[17] Explica Clóvis Beviláqua a etimologia. *Viável* vem do latim, *vita habilis*, apto para a vida. Rebate as críticas de Rui Barbosa que acusa o autor de utilizar um galicismo em vez da palavra *vital* ou *vitalidade* (BEVILÁQUA, Clóvis. *Código Civil dos Estados Unidos do Brasil*, v. 1, p. 146).

ça antes de sua morte)[18] ou da forma humana, bastando que a criança seja nascida de mulher.[19]

Para que ocorra o nascimento, é necessária a separação do corpo materno, seja ela natural ou artificial, mediante auxílio da arte cirúrgica.[20] Com a separação, ocorre o nascimento. Antes disso, a criança ainda é um ser dependente e, para muitos, seguindo a tradição romana, é parte das vísceras maternas.[21]

A questão de vida passa pela idéia de sinais inequívocos que se identificam, em regra, com a respiração da criança. Daí famosa ser a Docimazia de Galeno, pela qual o pulmão é mergulhado em certa substância para verificar se recebeu ou não ar e, por esse motivo, permite a circulação do sangue daquele ser humano. Entretanto, a questão não se reduz ao exame mencionado, e qualquer outra técnica pode ser utilizada para a constatação da existência de vida. Exames mais atuais verificam a eventual atividade intestinal do recém-nascido.

Com a personalidade, adquire-se, conseqüentemente, a capacidade de gozo ou de direito, ou seja, a possibilidade de ser titular de direitos e deveres. Importante frisar que se rompe com a noção de direitos e obrigações, conforme

---

[18] Nesse sentido, o Código Civil espanhol que determina no artigo 30 a necessidade de, pelo menos, 24 horas de vida.

[19] Essa é a explicação de Clóvis Beviláqua, que afirma ser ocioso exigir-se a forma humana, pois "há monstros e aleijões viáveis, como há formas teratológicas inadequadas à vida". Conclui o autor que "é humano todo o ser que dado à luz por mulher e, como tal, para os efeitos do direito, é homem" (BEVILÁQUA, Clóvis. *Código Civil dos Estados Unidos do Brasil*, v. 1, p. 146).

[20] RUGGIERO, Roberto. *Instituições de direito civil*. São Paulo: Saraiva, 1957. v. 1, p. 374.

[21] Ruggiero busca no Digesto, mais especificamente em Ulpiano, a definição pela qual *"partus enim antequam edatur, mulieris portio est vel viscerum"* (RUGGIERO, Roberto. *Instituições de direito civil*, p. 374).

anteriormente expresso no artigo 2º do Código Civil que foi revogado.

A crítica da doutrina foi acolhida pelo legislador. Isso porque o termo *obrigação* é restrito, sendo apenas espécie do gênero dever.

A regra jurídica, com a especificidade do processo social de adaptação, de que é meio, dirige-se às pessoas, fixando-lhes posições em relações jurídicas, e o dever jurídico é correlato do direito: ao *plus*, que é o direito, corresponde o *minus*, que é o dever.[22]

Assim, quem está no lado ativo da relação jurídica é o sujeito do direito; quem está no lado passivo é o que deve, o devedor (em sentido amplo); e a atividade (qualidade de ser ativo) de um é o direito; a passividade é o dever. É o princípio da correlatividade dos direitos e deveres.[23]

Dever não se confunde com obrigação, pois, enquanto se faz a correlação entre direitos e deveres, a obrigação é correlata à pretensão.[24]

Em conclusão, há direitos que não têm pretensão correlata, mas apenas deveres. Se há direitos sem pretensão, conseqüentemente não haverá também obrigação. Exemplo disso dá-se em relação aos cônjuges que têm deveres decorrentes do casamento,[25] mas não obrigações, pois faltaria ao titular a existência de uma prestação.

---

[22] PONTES DE MIRANDA, Francisco Cavalcanti. *Tratado de direito privado*. Rio de Janeiro: Borsoi, 1955. t. 5, p. 423.
[23] PONTES DE MIRANDA, Francisco Cavalcanti. *Tratado de direito privado*, t. 5, p. 423.
[24] PONTES DE MIRANDA, Francisco Cavalcanti. *Tratado de direito privado*, t. 5, p. 429.
[25] Nesse sentido, o Código Civil afirma serem deveres de ambos os cônjuges a fidelidade, a mútua assistência etc. (art. 1.566).

Da mesma forma, em decorrência da titularidade de um direito real, surgem deveres ao sujeito passivo indeterminado, deveres estes de conteúdo negativo. Falta ao titular pretensão, portanto não surge obrigação.

A capacidade permite que a pessoa seja titular de direitos e deveres, não apenas de direitos e obrigações.

1.2.2 Capacidade

1.2.2.1 Capacidade de direito ou de gozo

A capacidade de direito ou de gozo é exatamente a aptidão, decorrente da personalidade, que toda pessoa tem de ser titular de direitos e deveres. Esta capacidade garante a todos, indistintamente, a possibilidade de aquisição de direitos.

Historicamente, a capacidade de direito era limitada de acordo com a conveniência e com a época.

Como se sabe, no direito romano, determinadas pessoas não tinham tal capacidade, ou alguns a tinham, mas a perdiam, de acordo com a denominada *capitis deminutio*. A primeira e mais grave das limitações a esta capacidade ocorria com os problemas do *status libertatis*. Os escravos, por serem considerados coisas, eram incapazes de adquirir direitos e deveres, e não gozavam do *jus comercii* e do *jus connubii*, por exemplo.[26] Em Roma, existiam três tipos de pessoas no tocante ao *status libertatis*: os ingênuos (que já nasciam livres), os libertos (*libertini*, que nasciam escravos e obtinham a manumissão) e os escravos.

---

[26] MEIRA, Silvio. *Instituições de direito romano*. 2. ed. São Paulo: Max Limonad, 1968. p. 81.

Os libertos tinham limitações em relação à capacidade de gozo, apesar de adquirirem a cidadania e uma posição na família.[27]

Outra limitação à capacidade de direito decorria da cidadania (*status civitatis*). Quanto ao *status civitatis*, os romanos admitiam três diferentes categorias: os cidadãos (*cives*, tinham plena capacidade de gozo), os latinos (que não tinham cidadania, mas gozavam de certos privilégios em Roma) e os peregrinos (estrangeiros que viviam nas províncias romanas sem ser cidadãos ou latinos).[28]

Em 212 d.C., o Imperador Antonino Caracala estendeu a cidadania a todos os habitantes do Império, acabando com a categoria estrangeiros.[29]

A última das limitações relativas à capacidade de gozo dizia respeito à posição da pessoa na família (*status familiae*). Com referência ao estado familiar, os romanos admitiam os chamados *alieni iuris* (estavam sob o poder do *sui iuris* e, portanto, não adquiriam direitos para si) e os *sui iuris* (tinham capacidade jurídica plena, ou seja, eram *paterfamilias*).

Com a evolução do direito romano, os *alieni iuris* passaram a ter certa autonomia e independência patrimonial, por meio do desenvolvimento do instituto do pecúlio (*pecu-

---

[27] Esclarece Silvio Meira que o liberto não poderia ocupar certos cargos públicos ou sacerdotais, nem se casar com um senador (MEIRA, Silvio. *Instituições de direito romano*, p. 81).

[28] MEIRA, Silvio. *Instituições de direito romano*, p. 95.

[29] A idéia do imperador foi aumentar o número de pessoas que estivessem aptas a pagar impostos aos combalidos cofres imperiais. Foi uma medida com mais fins tributário-fiscais do que humanísticos propriamente ditos. Pela Constitutio Antoninana de 212 "in orbe romano omnes qui sunt, ex constitutione imperatoris Antonini cives romani effecti sunt", ou seja, "no mundo romano todos tornaram-se cidadãos romanos pela Constituição do Imperador Antonino" (MEIRA, Silvio. *Instituições de direito romano*, p. 95).

lium), que era parte do patrimônio da família, entregue à administração direta deles.[30]

Atualmente, no sistema brasileiro, não se concebe retirar do sujeito a sua capacidade de direito, ou mesmo limitá-la. Assim, independentemente da capacidade de fato, que será estudada a seguir, todos têm a garantia da possibilidade de ser titular de direitos e deveres.

Trata-se de decorrência direta do princípio constitucional da isonomia. A igualdade consagrada no *caput* do artigo 5º da Constituição Federal garante o tratamento isonômico entre os iguais, na célebre frase de Ruy Barbosa, pela qual os iguais devem ser tratados de maneira igual, e os desiguais, de maneira desigual, tendo em vista que se desigualam.

Retirar da pessoa humana sua capacidade de direito significaria conduzi-la ao estado de objeto da relação jurídica e, portanto, cometer-se-ia grave afronta à dignidade da pessoa humana, que constitui o fundamento da República.

1.2.2.2 Capacidade de fato ou de exercício

Apesar de todos indistintamente serem titulares de deveres e direitos, a lei restringe o exercício pessoal desses direitos, em determinadas situações, como decorrência de certas limitações da pessoa natural.

A capacidade de fato diz respeito, portanto, à possibilidade de o sujeito exercer pessoalmente os atos da vida civil.

A teoria das incapacidades tem por objetivo a proteção de certas pessoas, as quais, em razão de qualidades e carac-

---

[30] MARKY, Thomas. *Curso elementar de direito romano*. São Paulo: Saraiva, 1992. p. 35.

terísticas pessoais, não têm, ou têm, de maneira limitada, o discernimento para a prática de atos da vida civil.

Então, levando-se em conta essas qualidades, a lei prevê expressamente dois tipos de incapacidade: a absoluta e a relativa. A diferença entre elas está no grau de discernimento da pessoa natural e nas suas conseqüências.

Tratando-se de incapacidade absoluta, entende o ordenamento que o sujeito não tem qualquer discernimento, por isso sua vontade é desprezada. Como a vontade do absolutamente incapaz é irrelevante, a lei determina que ele seja representado, ou seja, efetivamente substituído pelo representante. Caso o absolutamente incapaz pratique um negócio jurídico sem a devida representação, a sanção do ordenamento será a nulidade absoluta do negócio (CC, art. 166, I). A matéria é considerada de ordem pública, razão pela qual o ordenamento reage de maneira violenta, tornando nulo o negócio.

Tratando-se de incapacidade relativa, a pessoa tem certo discernimento, porém não completo. Por conseguinte, a lei determina a simples assistência[31] do incapaz, que participa do negócio com o auxílio de seu representante. A matéria não interessa à ordem pública, mas apenas ao incapaz e, portanto, o negócio praticado sem assistência é meramente anulável (CC, art. 178, III). Nos casos de incapacidade relativa, o incapaz participa do negócio obrigatoriamente ao lado de seu representante.

O critério em que se funda a diferença entre a incapacidade relativa e a absoluta é o grau de discernimento da pessoa natural.

---

[31] Assistência, no sentido de auxílio, tem origem no verbo *assistir* na acepção de transitivo direto, do que deriva a noção de Assistência Judiciária Gratuita.

1.2.2.2.1 Hipóteses de incapacidade absoluta

As hipóteses legais de incapacidade absoluta vêm cuidadas pelo artigo 3º do Código Civil. Assim, são absolutamente incapazes de exercer pessoalmente os atos da vida civil: os menores de 16 anos; os que, por enfermidade ou deficiência mental, não tiverem o necessário discernimento para a prática desses atos e os que, mesmo por causa transitória, não puderem exprimir sua vontade.

Em relação aos menores de 16 anos,[32] já era opção do legislador considerá-los absolutamente incapazes quando da vigência do Código Civil de 1916, e nada foi alterado com o atual diploma.

Entende o legislador que, antes dos 16 anos, o menor não tem experiência ou conhecimento suficiente para distinguir o que é bom do que é ruim para si, sendo a sua vontade irrelevante na prática dos atos da vida civil. A asserção não contém verdade absoluta, pois a lei admite que sua vontade (em princípio desprezada) seja considerada no tocante a determinadas matérias.

Assim, em matéria de adoção, a partir dos 12 anos de idade, o menor deve ser consultado e deve externar sua concordância, sob pena de a adoção não se realizar.[33]

O segundo grupo de absolutamente incapazes é aquele composto por pessoas que, por enfermidade ou deficiência mental, não têm o necessário discernimento para a prática

---

[32] CC/16, art. 5º, I.
[33] Nesse sentido: CC/2002, art. 1.621, e Estatuto da Criança e do Adolescente, art. 45, § 2º. A Convenção relativa à Proteção das Crianças e à Cooperação em matéria de adoção internacional de 29 de maio de 1993, assinada pelo Brasil, determina que o consentimento da criança, quando requerido para sua adoção, deve ser dado livremente na forma legal devida, ou manifestado por escrito (art. 4º, *d*, item 3).

dos atos da vida civil. De maneira pouco técnica, o Código Civil de 1916 chamava-os de loucos de todo o gênero (CC/16, art. 5º, II).

A doutrina, muitas vezes, classifica-os como alienados ou mesmo amentais. As enfermidades do espírito podem, muitas vezes, impedir que o sujeito tenha discernimento. É a perda do discernimento e não a doença em si que causa a incapacidade. O portador da doença, quando esta não se manifesta, é plenamente capaz.

Por esse motivo a alteração das faculdades mentais é uma das principais causas de incapacidade, que é a privação da razão, total ou parcialmente, não sendo o indivíduo capaz de fazer emanar uma vontade consciente que comporte um valor jurídico. Os atos jurídicos não emanarão de um cérebro lúcido, apto a distinguir sua significação. Há a prática de certos atos ilícitos pelos quais eles mesmos não podem ser responsabilizados, pois realizam esses atos inconscientemente e não lhes são dados valor. Em certo sentido, os incapazes sequer seriam os autores desses atos, no sentido filosófico e jurídico da palavra.[34]

Quando a pessoa sofre de demência por ser portadora do mal de Alzheimer ou de esclerose avançada, ou seja, a doença apresenta seus sintomas, é que a incapacidade pode ser verificada. Sobre o tema, interessante notar a pluralidade e o tamanho de problemas. Algumas ponderações sobre a matéria ajudarão a esclarecê-lo.

O termo *demência* descreve um grupo de sintomas que são causados por mudanças nas funções cerebrais. Os sintomas de demência podem incluir: perguntas sobre um mesmo item várias vezes; perder-se em locais familiares;

---

[34] JOSSERAND, Louis. *Cours de droit civil*. 3. ed. Paris: Librairie du Recueil Sirey, 1940. p. 306-307.

tornar-se incapaz de seguir orientações; ficar desorientado em relação ao tempo, pessoas e lugares; e negligenciar a segurança pessoal, a higiene e a nutrição. Pessoas com demência perdem suas habilidades em diferentes níveis. Trata-se de disfunção orgânica mental caracterizada pela perda geral de habilidades intelectuais, envolvendo prejuízo de memória, juízo e raciocínio abstrato, assim como mudanças na personalidade.[35]

Não estão incluídas as perdas de habilidades intelectuais causadas por turvamentos de consciência (como no estado de delírio) nem aquelas causadas por depressão ou qualquer outra disfunção de comportamento (pseudodemência). A demência é causada por diversos fatores. Alguns fatores podem ser reversíveis, outros não; as causas mais comuns para a demência são: Doença de Alzheimer (doença neurológica); Doença de Huntington (doença neurológica); Doença de Parkinson (doença neurológica); Esclerose Múltipla (doença neurológica); Derrame Vascular; Infecção no Sistema Nervoso Central; Trauma Cerebral; Tumor e Anemia Aguda (quando a medula óssea não consegue produzir a quantidade suficiente de células vermelhas).

As mais comuns, principalmente em pessoas idosas, como a Doença de Alzheimer (DA),[36] a Demência Vascular (DV), a Doença de Huntington e a Doença de Parkin-

---

[35] US DEPARTMENT OF HEALTH AND HUMAN SERVICES. Alzheimer's Disease Educational & Referral Center – Online UK's Medical Dictionary. Disponível em: <http://cancerweb.ncl.ac.uk/omd/>. Acesso em: 28 ago. 2006.
[36] A doença recebeu este nome em razão do Dr. Alois Alzheimer, médico alemão que em 1906 verificou mudanças no tecido cerebral de uma mulher que havia morrido de uma desconhecida doença mental. Dr. Alzheimer encontrou acúmulos anormais de tecidos cerebrais (chamados hoje de placas amilóides) e um emaranhado de fibras embaraçadas (chamadas hoje de entrelaçamento neurofibroso). As placas e as fibras embaraçadas são consideradas sinais da doença. US DEPARTMENT OF HEALTH AND HUMAN SERVICES, 2006.

son, são tipos de demência irreversíveis, o que significa que elas não podem ser curadas.[37] Nesses casos, a incapacidade constatada será irreversível, e a perda da capacidade de fato, definitiva.

Conforme se verifica, são doenças degenerativas que retiram completamente o discernimento da pessoa. Geralmente, associam-se a estas enfermidades a idade avançada ou a senilidade da pessoa natural, mas podem decorrer de doenças que não têm qualquer relação com a idade do paciente, tais como o tumor e a anemia.

Cabe, entretanto, esclarecer que o simples fato de a pessoa ser idosa não lhe retira a capacidade plena. A perda de discernimento decorre das doenças e não da idade em si.

Se ao invés de uma doença (adquirida durante a vida) a pessoa natural já nasce com uma deficiência – por exemplo, as decorrentes de distúrbios infantis –, a lei a considera absolutamente incapaz.

Dentre os distúrbios infantis, existe o retardamento mental, que se origina durante o período de desenvolvimento e crescimento, associado ao impedimento de uma das seguintes funções: amadurecimento, aprendizado e sociabilidade.[38]

Causa comum de incapacidade decorrente do distúrbio infantil é o autismo, que é a introspecção mental na qual o interesse e a atenção da criança concentram-se em si mesma, levando-a a um estado em que a realidade é excluída.[39]

Há, ainda, como causa de incapacidade, o distúrbio de conduta que é verificado quando a pessoa tem um padrão persistente e repetitivo, no qual os direitos básicos

---

[37] US DEPARTMENT OF HEALTH AND HUMAN SERVICES, 2006.
[38] US DEPARTMENT OF HEALTH AND HUMAN SERVICES, 2006.
[39] US DEPARTMENT OF HEALTH AND HUMAN SERVICES, 2006.

de terceiros e outras normas de conduta social são violadas. Esses comportamentos podem se converter em atitudes agressivas, ameaças e danos a pessoas, a animais e a objetos alheios, e outras condutas mais leves, como furto de propriedade de terceiros e comportamento enganoso.[40] Nesse sentido, a noção de incapacidade aparece de maneira clara para o direito, já que a agressividade e os danos eventualmente causados em outras pessoas decorrem da falta de discernimento.

Questão relevante é saber se, apesar de o Código Civil dispor que em caso de doença ou deficiência a incapacidade é absoluta, poderia esta ser apenas relativa. A resposta é negativa e tudo dependerá do grau de comprometimento da capacidade, decorrente da doença ou deficiência. Como tal incapacidade será apurada em um processo judicial de interdição, já que não há incapacidade nos termos do artigo 3º, inciso II, do Código Civil, sem declaração judicial,[41] caberá ao perito médico, profissional da área de saúde, identificar o grau de comprometimento e indicar que se trata de incapacidade absoluta (falta total de discernimento) ou relativa (há um discernimento parcial ou reduzido).

Não há fórmula apta a indicar o tipo de incapacidade. O grau sempre dependerá do exame médico no caso concreto.[42] Note-se, conforme já dito, que a simples existência

---

[40] US DEPARTMENT OF HEALTH AND HUMAN SERVICES, 2006.
[41] Sobre o Processo de Interdição, confiram-se os artigos 1.177 e seguintes do Código de Processo Civil.
[42] Relevante a observação de Josserand sobre o tema: apesar de o Código Civil francês distinguir, no artigo 489, os três estados de imbecilidade, demência e furor, com o progresso da psiquiatria e da neurologia, a divisão tripartida revela-se extremamente primária e simplista ao excesso. Cabe ao juiz da causa decidir se tais pessoas gozam ou não da plenitude de suas faculdades e, no caso de negativa, de apreciar a gravidade da alteração constatada; sobre esses dois pontos, sua decisão é soberana e escapa ao controle da Corte

de uma doença (fato objetiva e cientificamente comprovado) não tem o condão de retirar a capacidade de determinada pessoa natural. A questão da incapacidade não se restringe à simples constatação médica da existência do mal. Caberá ao especialista da área a análise acurada do grau de comprometimento do discernimento causado pela existência da doença. Sem a devida comprovação desta perda ou redução de discernimento, a doença em si não trará maiores conseqüências.

É de se indagar se são válidos os atos praticados por tais pessoas nos chamados intervalos lúcidos, ou seja, no momento em que a pessoa tem surtos de lucidez e está plenamente apta à prática de certo ato, mesmo sendo considerada incapaz. A resposta é negativa, pois, em nome da segurança jurídica e da preservação dos interesses do próprio incapaz, os intervalos lúcidos são desconsiderados e todo ato praticado sem a devida representação será considerado nulo.[43]

Além dos menores impúberes e das pessoas que por enfermidade ou deficiência não têm discernimento necessário para a prática dos atos da vida civil, são considerados por lei absolutamente incapazes aqueles que, ainda que por causa transitória, não possam exprimir sua vontade. A ex-

---

de Cassação (JOSSERAND, Louis. *Cours de droit civil*, p. 307). No Brasil, por se tratar de matéria de prova, não poderia ser reexaminada pelo Superior Tribunal de Justiça (Súmula 7).

[43] Silvio Rodrigues informa que nas Ordenações Filipinas a matéria era tratada de outra forma:
"E sendo furioso per intervallos e interposições de tempo, não deixará seu pai, ou sua mulher, de ser seu curador no tempo em que assim parecer sesudo, e tornado a seu entendimento. Porém, em quanto elle estiver em seu siso e entendimento, poderá governar sua fazenda, como se fosse perfeito de siso" (Liv. IV, Tít. 103, § 3º) (Apud RODRIGUES, Silvio. *Direito civil*. 32. ed., ampliada de acordo com o nCC. São Paulo: Saraiva, 2002. v. 1, p. 44).

pressão *exprimir sua vontade* é ampla e inclui desde os cegos, surdos-mudos, até aqueles que estão em coma induzido, por exemplo, ou ainda em estado de recuperação de um acidente automobilístico.

Também aos que transitoriamente não podem exprimir sua vontade se aplica a regra pela qual os intervalos lúcidos são desconsiderados e, assim, nulos os atos praticados.

Como se percebe, a incapacidade pode cessar se a pessoa recuperar suas faculdades no decorrer do tempo. Exatamente por isso a lei fala em causa transitória. Esta pode cessar, retomando o indivíduo a capacidade. Entretanto, cabe salientar que, como a incapacidade será reconhecida por sentença judicial, o fim dela também o será.[44]

Por fim, apesar da vontade do absolutamente incapaz ser desprezada, a lei admite que determinados atos lícitos praticados por ele produzam efeitos.[45] É o que a doutrina costuma classificar de ato-fato jurídico.

Isso porque o fato para existir necessita, essencialmente, de um ato humano, mas a norma jurídica abstrai desse ato qualquer elemento volitivo como relevante. O ato humano é da substância do fato jurídico, mas não importa para a nor-

---

[44] Determina o Código de Processo Civil que será levantada a interdição cessando a causa que a determinou (art. 1.186). O pedido de levantamento poderá ser feito pelo interditado e será apensado aos autos da interdição. O juiz nomeará perito para proceder ao exame de sanidade no interditado e após a apresentação do laudo designará audiência de instrução e julgamento (art. 1.186, § 1º). Acolhido o pedido, o juiz decretará o levantamento da interdição e mandará publicar a sentença, após o trânsito em julgado, pela imprensa local e órgão oficial por três vezes, com intervalo de 10 (dez) dias, seguindo-se a averbação no Registro de Pessoas Naturais (art. 1.186, § 2º).

[45] Interessante a disposição em relação ao incapaz empresário contida no artigo 974 do Código Civil: "Poderá o incapaz, por meio de representante ou devidamente assistido, continuar a empresa antes exercida por ele enquanto capaz, por seus pais ou pelo autor de herança."

ma se houve ou não vontade de praticá-lo. Ressalta-se, na verdade, a conseqüência do ato, ou seja, o fato resultante, sem dar maior significância à vontade de praticá-lo.[46]

Portanto, mesmo em se desconsiderando a vontade (totalmente irrelevante em se tratando de ato-fato jurídico), o menor com dez anos pode, validamente, adquirir um lanche na cantina da escola pagando o respectivo preço. Da mesma forma, um garoto com 14 anos de idade pode ser transportado por um ônibus pagando o preço da passagem, sem que se avente nulidade absoluta do transporte realizado. São as chamadas relações contratuais de fato.[47] Frise-se que todos os atos em questão são válidos e lícitos.

Entretanto, para fins de responsabilidade extracontratual, ou seja, quanto ao dano praticado e sua reparação, aplica-se ao incapaz a regra prevista no artigo 928 do Código Civil, com todas as conseqüências dela advindas quanto

---

[46] BERNARDES DE MELLO, Marcos. *Teoria do fato jurídico* (plano da existência). 7. ed. atual. São Paulo: Saraiva, 1995. p. 110.

[47] Explica Teresa Ancona Lopez que as relações contratuais de fato ou comportamentos sociais típicos são fenômenos da sociedade de massa e cada vez mais se fazem presentes. Consistem em condutas geradoras de vínculos obrigacionais sem a declaração de vontade, mas que geram efeitos na órbita do direito. É o que acontece com a utilização das máquinas automáticas de venda de refrigerantes, salgadinhos, no transporte coletivo, no auto-abastecimento de combustível etc. Nesses casos, não há declaração de vontade e não são exigidos os requisitos de validade do negócio jurídico. Tanto que crianças participam dessas relações. Tais comportamentos sociais típicos, na verdade, são contratos propriamente ditos, pois geram efeitos obrigacionais. ANCONA LOPEZ, Teresa. *Princípios dos contratos* (no prelo). A teoria das relações contratuais de fato (*faktische Vertragsverhältnisse*) foi formulada por Günther Haupt em 1941, mas o termo sofreu severas críticas dos civilistas alemães, mormente Nikisch que entendia conter o termo uma contradição, pois se as relações são de fato, não podem ser ao mesmo tempo contratuais. Larenz, então, aceita a crítica e as qualifica de comportamento socialmente típico (NERY JUNIOR, Nelson. *Código brasileiro de defesa do consumidor*. 5. ed. Rio de Janeiro: Forense Universitária, 1998. p. 356).

ao dever de indenizar. Não se aplica ao ato ilícito a noção de ato-fato jurídico.

1.2.2.2.2 Hipóteses de incapacidade relativa

São relativamente incapazes, de acordo com o disposto no Código Civil, os menores entre 16 e 18 anos (CC, art. 4º, I). A regra do Código reduz a idade da capacidade plena para 18 anos, enquanto no Código anterior a capacidade só se atingia aos 21 anos (CC, art. 6º, I).

Por se tratar de regra de estado da pessoa natural, sua eficácia é imediata, ou seja, todos aqueles alcançados pela nova disposição atingiram a capacidade plena no momento em que o Código Civil entrou em vigor. Portanto, a partir de 11 de janeiro de 2003, todos aqueles com 18 anos completos passaram a ser capazes.

O direito brasileiro admite, por exemplo, mesmo em relação aos menores entre 16 e 18 anos, que pratiquem validamente determinados negócios, como testamento (CC, art. 1.860, parágrafo único) e mandato (CC, art. 666), independentemente da assistência dos representantes.[48]

O segundo grupo de relativamente incapazes é aquele composto pelos ébrios habituais e por viciados em tóxico que tenham discernimento reduzido. Os ébrios são os alcoolizados. No âmbito semântico, ébrio é aquele que se embria-

---

[48] Quanto ao menor dotado de discernimento, ou seja, o adolescente, Josserand afirma que pode ele praticar os seguintes atos de acordo com o direito francês: testamento (pode dispor em testamento os seus bens nos termos do art. 904 do CC francês); reconhecimento de uma criança (criança natural), ou seja, seus filhos (doutrina e jurisprudência); proceder com uma ação de busca de paternidade, no caso da mãe de um filho natural, mesmo menor de idade e contra a vontade dos pais (JOSSERAND, Louis. *Cours de droit civil*, p. 207).

ga com freqüência, sendo propenso à bebida, e que está com a mente ou sentidos perturbados, estonteado, tonto.[49] A lei exige como requisito para incapacidade que a pessoa consuma bebida alcoólica constantemente, ou seja, tenha naquela atitude um hábito. A pessoa deve beber com freqüência, tornando a ingestão da substância parte de sua vida.

Igual efeito prevê a lei para os viciados em tóxico. Em sentido genérico, o álcool ou drogas são considerados substâncias entorpecentes que retiram do usuário a normal capacidade de discernimento. O viciado em tóxico repete o uso diuturnamente, e essa repetição gera-lhe um constante estado de ausência de discernimento.

Evidentemente, em ambos os casos, não basta a ingestão freqüente de substância entorpecente, mas necessária será a falta de discernimento para a prática dos atos da vida civil.[50]

O álcool e os entorpecentes podem causar a bipolaridade e a depressão. A primeira caracteriza-se pela ocorrência de euforia (um sentimento exagerado de bem-estar mental e físico que não possui um lastro real) que se alterna com estados de depressão. A segunda é um estado mental caracterizado por momentos de tristeza, desespero e desencorajamento, o qual pode variar entre um estado de distimia (um tipo de depressão mais leve, com sintomas crônicos de longa duração, mas que não impedem o indivíduo de exercer suas funções normais, apenas reduzindo a intensidade em exercê-las) e depressão profunda (sintoma clínico

---

[49] HOUAISS, Antonio. *Dicionário Houaiss*. Rio de Janeiro: Objetiva, 2001. p. 1.095.
[50] A Portaria do Ministério da Saúde nº 344, de 12 de maio de 1998, atualizada pela última vez por meio da resolução RDC nº 249, de 5 de setembro de 2002, estabelece toda a lista de substâncias entorpecentes, bem como aquelas de venda controlada.

o qual acarreta perda de interesse em certas atividades por mais de duas semanas na ausência de precipitados externos). Pode levar a mudanças de hábitos alimentares, insônia e até a tendências suicidas.[51]

As substâncias entorpecentes multiplicam-se, e o Ministério da Saúde publica periodicamente seu rol. Dentre as substâncias conhecidas estão os alucinógenos que induzem a estados de ilusão, alucinação, paranóia e outras alterações no estado de espírito e raciocínio; a anfetamina, estimuladores do funcionamento do sistema central nervoso, causando excitação, vaso e broncodilatação, e variáveis graus de anorexia e relaxamento muscular; e a cocaína, substância que estimula a criação de dopamina na parte mediana do cérebro, podendo causar comportamentos distintos do padrão normal.[52]

Não será o simples consumo de maconha ou de cerveja aos finais de semana que transformará a pessoa em incapaz, mas a perda completa ou redução de discernimento.

Novamente, não necessariamente se estará diante de incapacidade relativa, pois a perícia médica em ação de interdição deve confirmar o grau da incapacidade. Assim, se o grau de vício for tão intenso que gere na pessoa natural a completa perda da capacidade, estar-se-á diante de incapacidade absoluta nos termos do artigo 3º, II, do Código Civil.

Ainda, considera o Código Civil relativamente incapazes aqueles que, por deficiência mental, tenham o discernimento reduzido (CC, art. 4º, II) ou os excepcionais, sem desenvolvimento mental completo (CC, art. 4º, III).

A diferença entre pessoas com discernimento reduzido em decorrência de deficiência e aqueles considerados

---
[51] US DEPARTMENT OF HEALTH AND HUMAN SERVICES, 2006.
[52] US DEPARTMENT OF HEALTH AND HUMAN SERVICES, 2006.

excepcionais[53] é muito tênue. Na prática, percebe-se que a pessoa natural tem algum tipo de problema relacionado à mente que lhe reduz capacidade. Considera-se excepcional a pessoa que já nasceu com determinada doença, que lhe reduz a capacidade, e o deficiente aquele que adquiriu a moléstia durante a vida.

Nesse sentido, seria excepcional o portador de Síndrome de Down e deficiente aquele que, em razão de um acidente cerebral (AVC), perdeu parte de sua capacidade.

O discernimento reduzido pode decorrer de um problema com os sentidos. Uma pessoa surda-muda, se não tiver recebido educação para superar as dificuldades de sua deficiência, pode ser considerada absolutamente ou relativamente incapaz.

Por fim, considera a lei relativamente incapazes os pródigos. Nos dizeres de Clóvis Beviláqua, são aqueles que desordenadamente gastam e destroem sua fazenda.[54] A prodigalidade deve ser analisada diante de um binômio: o patrimônio da pessoa natural e o volume de gastos por ela despendido. Para ser considerada pródiga, a pessoa deve realizar gastos imoderados de acordo com seu padrão de vida, não apenas considerando o número absoluto de seus gastos.

São pessoas que dilapidam a sua própria fortuna e gastam seu capital sem necessidade e sem utilidade, podendo ser, tradicionalmente, objeto de medidas destinadas à sua própria proteção e à proteção de sua família contra este mal funesto.[55]

---

[53] O termo *excepcional* decorre da opção legislativa conforme se verifica na redação do artigo 4º, III.
[54] BEVILÁQUA, Clóvis. *Código Civil dos Estados Unidos do Brasil*, v. 1, p. 154.
[55] JOSSERAND, Louis. *Cours de droit civil*, 1940, p. 339.

Classicamente, são pródigos aqueles viciados em jogos de azar, como baralho ou caça-níquel. Modernamente, tem-se o exemplo daqueles viciados em bingo.

A questão da prodigalidade é realmente complicada em razão da subjetividade dos gastos de cada pessoa. Caberá ao julgador a difícil tarefa de análise do volume de gastos do interditando, com apoio em prova pericial, e a árdua decisão quanto aos gastos e à possível condução ao estado de miserabilidade.

A interdição do pródigo apenas o considerará inabilitado para a prática dos atos de administração e alienação patrimonial, não para os demais atos da vida civil. Assim, não pode o pródigo, sem a assistência do seu curador, alienar bens móveis ou imóveis (vender, doar, permutar), nem mesmo receber quantias e dar quitação, bem como realizar empréstimos ou dar bens em garantia, nos termos do artigo 1.782 do Código Civil.

Tem o pródigo plena capacidade para casar, bem como para adoção. A idéia é da proteção do próprio pródigo e não apenas de sua família, como ocorria sob a vigência do velho Código Civil. Isso porque, de acordo com o diploma revogado, apenas poderiam propor a interdição o cônjuge, o descendente ou o ascendente.[56] No novo sistema, a interdição pode ser proposta pelos pais, tutores, cônjuge ou qualquer parente, inclusive pelo Ministério Público, como forma de proteção do pródigo.

É decorrência direta do princípio constitucional da dignidade da pessoa humana (art. 1º, III, da Constituição Federal). Não se pretende ver o pródigo em estado de misera-

---

[56] Essa era a redação do artigo 460 do CC/16: "O pródigo só incorrerá em interdição, havendo cônjuge, ou tendo ascendentes ou descendentes legítimos, que a promovam."

bilidade apenas pelo fato de este não ter parentes que com ele se preocupem. Exatamente por isso, o Código Civil não contém norma análoga à contida no artigo 461 do Código Civil de 1916, que permitia o fim da interdição caso o pródigo não tivesse parentes.

A limitação da capacidade do pródigo tem a sua razão na proteção de sua pessoa e de seus familiares. Não é apenas o patrimônio do pródigo que a lei protege. Eis porque não será qualquer ato de liberalidade que caracterizará a prodigalidade, com o condão de tornar alguém relativamente capaz.[57]

Caberá ao julgador verificar o estado de dilapidação patrimonial sem constituição de mendicância ou de dilapidação patrimonial com constituição de mendicância. O primeiro não seria causa para a interdição, diferentemente do que ocorre com o segundo. Ainda, outro fator que deve pesar no momento da interdição é a existência ou não de uma família (em sentido estrito) que dependa desse patrimônio. Nesse caso, justifica-se uma intervenção maior do Poder Judiciário.

Ademais, o estado de miserabilidade do pródigo também não interessa ao Estado. Caso dilapide todo o seu patrimônio, não tendo parentes que o sustentem, o pródigo se tornaria um problema ao Estado que deveria arcar com tal ônus. Não interessa, portanto, nem aos parentes nem ao Estado que o pródigo, em decorrência da autonomia privada, fique na míngua e passe a necessitar de terceiros.

Em conclusão, é importante frisar que a incapacidade do pródigo não terá conseqüências diretas no tocante à indenização decorrente de atos ilícitos por ele praticados.

---

[57] FACHIN, Luiz Edson. *Estatuto jurídico do patrimônio mínimo*. 2. ed. Rio de Janeiro: Renovar, 2006. p. 102.

Conforme será estudado neste trabalho, quanto à responsabilidade extracontratual, o pródigo é considerado capaz e responderá pessoalmente pelos danos causados a terceiros. O curador do pródigo não terá o dever de indenizar, inexistindo, assim, subsidiariedade (CC, art. 928).

1.2.2.3 A questão da capacidade dos índios

A questão da capacidade dos índios não é regida pelo atual diploma, enquanto o Código Civil revogado tratava-os como relativamente incapazes, e, em seu artigo 6º, parágrafo único, mencionava que os silvícolas ficavam sujeitos ao regime tutelar, estabelecido em leis e regulamentos especiais, o qual cessaria à medida que eles fossem se adaptando à civilização do País.

Os índios podem ser capazes, relativamente ou absolutamente incapazes, dependendo de certas características e critérios contidos na legislação especial, mormente o Estatuto do Índio (Lei nº 6.001/73).

Quanto à questão terminológica, os termos *índio* e *silvícola* são utilizados indistintamente (art. 3º, I, do Estatuto), apesar de a Constituição Federal apenas se referir a índios (art. 231).

Deve-se frisar, desde logo, que a questão da capacidade do índio e a responsabilidade pelos danos causados são matérias de direito público, estranhas ao direito civil, e, portanto, não serão objeto deste trabalho. Trabalha-se a questão apenas no tocante à capacidade do índio e não quanto aos atos ilícitos praticados e à responsabilidade da União.

O fundamento constitucional para o tratamento diferenciado dos povos indígenas pela administração pública está na interpretação sistemática dos artigos 3º, inciso IV (promoção do bem coletivo), 4º (princípio das relações internacionais no Brasil, a autodeterminação dos povos), 5º (isonomia), 22 (competência exclusiva da União para legislar sobre povos indígenas) e 129, inciso IV (competência do Ministério Público para defender judicialmente os interesses dos povos indígenas), da Constituição Federal. Ademais, o Capítulo 8º, de acordo com o artigo 231, é dedicado aos povos indígenas.

O Estatuto regula o tratamento jurídico dos povos indígenas e silvícolas a fim de integrá-los culturalmente de forma harmoniosa à comunhão nacional, conforme se depreende do diploma já em seu artigo 1º.

O próprio Estatuto estabelece que a aplicação da legislação civil aos indígenas deve ser flexível, aplicando-se seus benefícios sempre que possível (art. 2º, inc. I).

O Estatuto define em seu artigo 3º os termos *índios* ou *silvícolas* ("todo indivíduo de origem e ascendência pré-colombiana que se identifica e é identificado como pertencente a um grupo étnico cujas características culturais o distinguem da sociedade nacional") e comunidade indígena ou grupo tribal ("um conjunto de famílias ou comunidades índias, quer vivendo em estado de completo isolamento em relação aos outros setores da comunhão nacional, quer em contatos intermitentes ou permanentes, sem contudo estarem neles integrados").

Com essa definição, o legislador formulou as seguintes categorias de inserção cultural dos índios na sociedade brasileira, particularmente considerados ou tomados coletivamente (art. 4º, incs. I, II e III):

    (i)   isolados: quando vivem em grupos desconhecidos ou de que se possuem poucos e vagos informes por meio de contatos eventuais com elementos da comunhão nacional;

(ii) em vias de integração: quando, em contato intermitente ou permanente com grupos estranhos, conservem menor ou maior parte das condições de sua vida nativa, mas aceitam algumas práticas e modos de existência comuns aos demais setores da comunhão nacional, da qual fazem mais para o próprio sustento;

(iii) integrados: quando incorporados à comunhão nacional e reconhecidos no pleno exercício dos direitos civis, ainda que conservem usos, costumes e tradições característicos da sua cultura.

Essas categorias serão relevantes no momento em que se determinar a extensão da capacidade civil dos índios.

O Estatuto erigiu um sistema específico de tutela para este grupo etno-cultural. Por meio do artigo 7º, os índios e as comunidades indígenas ainda não integrados à comunhão nacional ficam sujeitos ao regime tutelar estabelecido (ou seja, este artigo aplica-se tanto àqueles que estão na primeira quanto aos da segunda hipótese), e a legislação comum aplicar-se-á subsidiariamente (art. 7º, § 1º, do Estatuto).

Devido a este regime especial, são nulos os atos praticados entre índios não integrados e qualquer pessoa estranha à comunidade indígena quando não tenha havido assistência do órgão tutelar competente (art. 8º do Estatuto), porém não se aplica a regra deste artigo no caso em que o índio revele consciência e conhecimento do ato praticado, desde que não lhe seja prejudicial, e da extensão dos seus efetivos (art. 8º, parágrafo único, do Estatuto).

Interessante notar que, como o Código Civil se aplica subsidiariamente em relação ao índio, o Estatuto não fala em emancipação, mas, sim, em liberação do sistema tutelar. Certo é que essa liberação se revela verdadeira forma de emancipação, já que põe fim à incapacidade e se dá por meio da solicitação ao juízo competente (Justiça Federal), desde que sejam cumpridos os seguintes requisitos, como estabelece o artigo 9º do Estatuto:

(i) idade mínima de 21 anos;

(ii) conhecimento da língua portuguesa;

(iii) habilitação para o exercício de atividade útil, na comunhão nacional; e

(iv) razoável compreensão dos usos e costumes da comunhão nacional.

Trata-se de procedimento semelhante à emancipação do pupilo, que é judicial, e depende da oitiva do Ministério Público. Sendo o índio considerado capaz, a sentença deve ser transcrita no Registro Civil (art. 9º, parágrafo único, do Estatuto).

A segunda forma de liberação da tutela se dá quando cumpridos os requisitos transcritos; a pedido escrito do índio interessado, o órgão de assistência pode reconhecer, mediante declaração formal, a condição de integrado, cessando toda restrição à capacidade. Entretanto, a declaração da Fundação Nacional do Índio (Funai)[58] só produzirá efei-

---

[58] O Decreto nº 4.645, de 25 de março de 2003, que aprova o Estatuto e o Quadro Demonstrativo dos Cargos em Comissão e das Funções Gratificadas da Fundação Nacional do Índio (Funai), determina em seu anexo I que o órgão tem por finalidade exercer, em nome da União, a tutela dos índios e das comunidades indígenas não integradas à comunidade nacional (art. 2º, II), e ainda, que compete à Funai exercer os poderes de representação ou assis-

tos se homologada judicialmente, sendo inscrita no registro civil (art. 10 do Estatuto).

A legislação especial em questão também traz um interessante recurso de emancipação coletiva por meio do qual o Presidente da República, mediante decreto, pode declarar a emancipação da comunidade indígena e de seus membros, quanto ao regime tutelar estabelecido em lei; desde que requerida pela maioria dos membros do grupo e comprovada, em inquérito realizado pelo órgão federal competente, a sua plena integração na comunhão nacional, exigindo-se que os requerentes preencham os requisitos do artigo 9º (art. 11 do Estatuto).

1.2.2.4 O fim da incapacidade: estudo da emancipação legal e convencional

A incapacidade cessa desaparecendo suas causas. O caso mais freqüente ocorre quando o menor completa 18 anos, deixando automaticamente de ser incapaz.

Na hipótese de incapacidade decorrente de doença mental, ou mesmo de algum vício (álcool ou drogas), cessada a causa da incapacidade, a interdição pode ser levantada, e o incapaz pode retomar sua plena capacidade de exercício. A questão verifica-se com freqüência quando determinada pessoa sofre acidente automobilístico, ficando em coma por certo período de tempo. Findo o coma, retomando o doente suas faculdades e tendo discernimento para a prática dos atos da vida civil, volta o sujeito a ter capacidade plena. Para tanto, necessária será uma decisão judicial.

---

tência jurídica inerente ao regime tutelar do índio, na forma estabelecida na legislação civil comum ou em leis especiais (art. 3º).

Entretanto, a lei prevê a possibilidade de, em determinados casos, fazer com que a incapacidade cesse antes do momento em que naturalmente ocorreria. É a chamada emancipação.

A questão da emancipação terá reflexos importantíssimos no tocante à indenização dos danos causados por pessoa incapaz. Cabe saber se a emancipação colocaria ou não fim à responsabilidade dos pais ou tutores dos menores que, já emancipados, praticarem atos ilícitos. Em uma primeira leitura, poder-se-ia concluir de maneira precipitada que, ocorrendo a emancipação, ocorre o fim da incapacidade, bem como do poder familiar ou da tutela, e, então, somente o efetivo causador do dano (a pessoa emancipada) teria o dever de indenizar. Para que se verifique a veracidade da assertiva, o estudo da emancipação e de suas modalidades é imprescindível.

São dois os tipos de emancipação. A voluntária, que decorre de um ato de vontade dos representantes do menor – pais ou tutor (CC, art. 5º, § 1º, inc. I) –, e a legal, que decorre de certas circunstâncias previstas em lei (CC, art. 5º, § 1º, incs. II a V).

A emancipação voluntária pode ser feita desde o momento em que o menor tiver 16 anos completos, jamais antes disso. Será concedida por ambos os pais e não por apenas um deles, como se admitia na vigência do Código Civil de 1916. Pai e mãe devem concordar com a emancipação, sob pena de ela não ocorrer. Só será possível a emancipação por um dos genitores se o outro for morto, tiver sido destituído do poder familiar ou se o menor não for reconhecido, hipótese em que na sua certidão de nascimento constará o nome apenas da sua mãe.

A emancipação voluntária é ato solene que exige instrumento público, sob pena de nulidade, mas independe de homologação judicial.

Estando o menor sob tutela, necessário será o procedimento judicial de emancipação. Não pode o tutor valer-se de escritura pública para tanto. Isso porque o tutor exerce um múnus público, ou seja, a tutela é verdadeiro encargo do qual o tutor não pode se livrar por meio de simples escritura de emancipação. Aliás, tem o tutor o dever de prestar contas de sua gestão quanto aos bens do incapaz.

Assim, a emancipação do pupilo só ocorre por meio de procedimento judicial, com a oitiva do Ministério Público, já que há interesse de menor envolvido, e o ato implica mudança de estado (CPC, art. 85, incs. I e II). O juiz deve analisar se realmente a emancipação atende aos interesses do menor ou apenas à vontade egoísta do seu tutor.

Somente após constatadas claramente as vantagens do pupilo com a emancipação, pode o juiz decretá-la. Se houver discordância fundamentada do Ministério Público, pode seu representante recorrer da decisão que julgar procedente a emancipação.

Tanto a escritura pública quanto a sentença judicial de emancipação serão levadas a registro no Registro Civil de Pessoas Naturais (arts. 29, inc. IV, e 89 a 91 da Lei nº 6.015/73). A emancipação voluntária só produzirá efeitos após o seu registro (art. 91, parágrafo único, da Lei nº 6.015/73).[59]

---

[59] "APELAÇÃO CÍVEL. INDENIZAÇÃO. MORTE. IRMÃO DA VÍTIMA. AUSÊNCIA DE PAIS DESTA. LEGITIMIDADE ATIVA DO IRMÃO. DANO MORAL. PARÂMETRO PARA FIXAÇÃO. Rejeito a preliminar de ilegitimidade de parte passiva *ad causam*, instalada nos autos, pois, como bem acentuou a douta sentença, a emancipação só produz efeito com o competente registro na exegese do artigo 91, parágrafo único, da Lei 6.015/73" (TAC/MG, juiz Dárcio Lopardi Mendes, Apelação Cível nº 379.907-7, rel. Belizário de Lacerda, 20 fev. 2003).

Em ambos os casos, a emancipação é irrevogável, já que, se pudesse ser resilida pela vontade comum das partes, geraria enorme insegurança jurídica para aqueles que celebram negócios com incapazes. Isso não significa dizer que, como ato jurídico em sentido estrito[60] que é, a emancipação não possa ser anulada em razão de vícios do consentimento, como o erro, o dolo ou a coação.

É de se indagar se a responsabilidade dos representantes do menor persistiria mesmo após a emancipação voluntária. A questão é controvertida, mas sob a vigência do Código Civil de 1916 admitia-se a solidariedade dos representantes e do emancipado quando da indenização por ato ilícito, com base nos artigos 156 e 1.518 do diploma revogado.[61]

Tem-se, também, a chamada emancipação legal, que decorre de fatos previstos em lei e que, contrariamente à emancipação voluntária, não será levada a registro no Registro de Pessoas Naturais.

O casamento é a primeira causa de emancipação legal (CC, art. 5º, parágrafo único, inc. II). Na hipótese de casamento, ainda que o menor tenha menos de 16 anos, ou seja, idade inferior à núbil (CC, art. 1.517), e se case com autorização judicial (CC, art. 1.520), ocorrerá automaticamente a emancipação. A regra não se aplica às hipóteses em que o

---

[60] É ato jurídico em sentido estrito, pois a vontade do agente existe, mas todos os efeitos são pré-ordenados pela lei, ou seja, a vontade das partes é irrelevante quanto à produção de efeitos. A manifestação de vontade produz apenas os efeitos necessários, preestabelecidos pelas normas jurídicas respectivas e invariáveis (BERNARDES DE MELLO, Marcos. *Teoria do fato jurídico*, p. 136).

[61] A matéria será abordada de maneira aprofundada no Capítulo 5, item 5.3.2, referente à responsabilidade direta do incapaz, mas já se deve frisar que a jurisprudência unanimemente acompanha a doutrina estabelecendo responsabilidade solidária dos representantes em caso de emancipação convencional. Isso porque parte-se do pressuposto pelo qual a emancipação não pode ser utilizada como forma de redução da responsabilidade dos pais.

menor convive em união estável, pois as causas de emancipação são taxativas devido à mudança de estado que geram e da proteção garantida ao menor.

A segunda causa de emancipação legal é o exercício de emprego público efetivo (CC, art. 5º, parágrafo único, inc. III). Emprego público efetivo é aquele que exige concurso público e, com o decurso do tempo, gera a estabilidade do funcionário. Os concursados são funcionários estatutários e não empregados, e a relação jurídica não é regida pela CLT. Salienta-se que tal hipótese é impossível no ordenamento pátrio, pois, apesar da disposição constitucional que permite ao menor trabalhar a partir dos 16 anos, não vedando que este preste concurso público (CF, art. 7º, XXIII),[62] a Lei nº 8.112/90, em seu artigo 5º, dispõe que é requisito básico para a investidura em cargo público a idade mínima de 18 anos (inc. V).

Questão relevante é saber se o menor de 18 anos pode prestar o concurso público, para, apenas após essa idade, ser investido no cargo, ou se apenas com 18 anos pode se inscrever no certame. Pela leitura da Súmula 266 do Superior Tribunal de Justiça,[63] depreende-se que a inscrição pode ocorrer mesmo antes de o menor completar 18 anos.

Conclui-se que a hipótese é muito remota. Em regra, os editais de concurso exigem a idade mínima de 18 anos, idade com a qual se atinge a plena capacidade de trabalho e a plena capacidade civil.[64]

---

[62] "Art. 7º, inc. XXXIII – proibição de trabalho noturno, perigoso ou insalubre a menores de dezoito e de qualquer trabalho a menores de dezesseis anos, salvo na condição de aprendiz, a partir de quatorze anos." Redação dada pela Emenda Constitucional nº 20, de 1998.
[63] Súmula 266: "O diploma ou habilitação legal para o exercício do cargo deve ser exigido na posse e não na inscrição para o concurso público".
[64] Afirma a doutrina que, se o menor for eleito, sua emancipação também ocorrerá. Apesar de a eleição não gerar um emprego público efetivo, pois o

A terceira hipótese de emancipação diz respeito à colação de grau em curso de ensino superior (art. 5º, parágrafo único, inc. IV). A hipótese afigura-se muito rara. Dificilmente haverá um curso superior com duração inferior a dois anos, já que, em regra, os cursos duram quatro ou cinco anos. Ainda que o curso seja de rápida duração, dificilmente será concluído antes de o menor completar 18 anos.

Por fim, a incapacidade cessa quando o menor, com 16 anos completos, tenha relação de emprego ou tenha um estabelecimento e, em função deles, tenha economia própria (CC, art. 5º, parágrafo único, inc. V). O dispositivo que se analisa exige alguns esclarecimentos.

A expressão *economia própria* é entendida como independência financeira quanto aos seus representantes. Assim, os seus ganhos independem daqueles de seus representantes. Se ele tem autonomia em razão de salário ou de negócio próprio, nada mais justo que assuma as responsabilidades decorrentes. Quem aufere os bônus arca com os ônus.

A regra, exceção ao princípio da proteção ao incapaz, pretende garantir a terceiros que celebrem contratos com o menor emancipado que estão realizando negócios jurídicos válidos, e não anuláveis em razão da idade. Tal exceção afasta-se da proteção do incapaz para privilegiar a boa-fé dos terceiros que com ele negociam.

---

mandato eletivo tem data para seu fim, em razão da responsabilidade inerente ao exercício da função, ampliou-se o conceito de emprego público também para as pessoas eleitas (VENOSA, Sílvio de Salvo. *Direito civil*. 3. ed. São Paulo: Atlas, 2003. v. 1, p. 177). Percebe-se, entretanto, que a Constituição Federal não permite aos menores de 18 anos a participação em pleito eletivo, sendo idade mínima: (a) 35 anos para Presidente e Vice-Presidente da República e Senador; (b) 30 anos para Governador e Vice-Governador de Estado e do Distrito Federal; (c) 21 anos para Deputado Federal, Deputado Estadual ou Distrital, Prefeito, Vice-Prefeito e juiz de paz; (d) 18 anos para Vereador (art. 14, § 3º, inc. IV).

O Código Civil revogado não tornava capaz o menor que em virtude de relação de emprego tivesse economia própria. Relação de emprego não significa que o menor deve ser registrado como empregado, ou seja, esteja inserido na chamada economia formal, mas basta que tenha os requisitos necessários para a configuração do vínculo empregatício, ainda que esteja diante de um contrato realidade.[65]

Quanto ao estabelecimento, ele pode ser de natureza civil (como prestador de serviços, profissional liberal) ou comercial (relacionado à compra e venda de mercadorias), desde que o menor tenha economia própria.

Tratando-se de emancipação legal, a prova, sempre em processo judicial do qual o emancipado for autor, réu ou terceiro, caberá ao interessado. Em termos de responsabilidade civil, podem os representantes do emancipado fazer prova da emancipação legal para fazer cessar o dever de indenizar, previsto no artigo 928 do Código Civil.[66]

A emancipação é irreversível e, mesmo se desaparecer a sua causa, o emancipado jamais perde a capacidade adquirida. Assim, se o casado se divorciar, separar-se judicialmente ou mesmo tiver seu casamento anulado, não haverá a perda da capacidade. Da mesma forma, se o menor for despedido do emprego ou fechar seu estabelecimento.[67]

---

[65] Os elementos caracterizadores de uma relação de emprego estão no artigo 3º da CLT: "Art. 3º Considera-se empregado toda pessoa física que prestar serviços de natureza não eventual a empregador, sob dependência deste e mediante salário."

[66] A questão também é controversa. Será analisada com maior profundidade no capítulo referente à responsabilidade direta do incapaz (Capítulo 5, item 5.3.2).

[67] Corroborando a tese da irreversibilidade, afirma Washington de Barros Monteiro que mesmo a anulação do casamento não implica retorno do emancipado à situação de incapaz (MONTEIRO, Washington de Barros. *Curso de direito civil*. 39. ed. São Paulo: Saraiva, 2003. v. 1, p. 76).

Trata-se de garantir a segurança jurídica, já que a emancipação significa alteração de estado da pessoa natural.

1.3 CONCLUSÃO DO CAPÍTULO

Os conceitos de personalidade e de capacidade não se confundem. A personalidade é uma qualidade ínsita a toda e qualquer pessoa natural e que a lei empresta a determinados entes denominados pessoas jurídicas ou morais. Tem seus aspectos estáticos e dinâmicos e merece a proteção legal.

A capacidade de gozo ou de direito é decorrência da personalidade. Havendo personalidade, conseqüentemente, existirá a capacidade de gozo ou de direito. Se houvesse limitação quanto a esta capacidade, ferido estaria o princípio da isonomia contido no artigo 5º, *caput*, da Constituição Federal.

Para a proteção de determinadas pessoas, a lei cuida dos incapazes de exercer pessoalmente os atos da vida civil. É a questão da capacidade de fato. As hipóteses de incapacidade são relevantes, para fins de determinação de responsabilidade civil do próprio incapaz, subsidiariamente, ou de seu representante.

Enquanto a incapacidade em razão da idade, quer seja relativa, quer seja absoluta, gera aos pais ou tutores clara hipótese de responsabilidade civil objetiva (CC, arts. 928 e 933), em decorrência dos danos causados pelos menores que estiverem em sua companhia, o mesmo não se dá com a responsabilidade do curador do pródigo, que inexistirá.[68]

Assim, se em relação aos menores os pais tiverem o dever de indenizar na qualidade de representantes legais, o curador do pródigo não o terá.

---

[68] O tema é analisado no Capítulo 5 deste livro.

Em relação aos casos de enfermidade ou excepcionalidade, falta de discernimento, ainda que transitória, bem como em razão de álcool ou tóxicos, deve-se salientar que a incapacidade não é automática e dependerá de um processo judicial de interdição para que seja declarada.

Ainda, o grau de incapacidade decorrerá não da doença ou do vício em si, mas, sim, da perda de discernimento. O simples diagnóstico médico que constate o mal de Alzheimer, por exemplo, não indicará incapacidade. A conseqüente perda de discernimento é que determinará a incapacidade e o seu grau.

Por fim, conclui-se que a incapacidade decorrente da idade cessa com a emancipação, quer seja ela voluntária ou legal. A questão que surge, então, é saber o limite da responsabilidade dos pais ou tutores quando ocorre a emancipação.

Já a incapacidade, que decorre de certas doenças ou vícios, pode ser definitiva ou transitória. Sendo transitória, cessando a causa que determinou a interdição, esta pode ser levantada mediante procedimento judicial. Nessa hipótese, cessada a curatela, automaticamente deixa o curador de ter responsabilidade sobre o curatelado, não mais arcando com eventuais danos que sejam causados a partir de então.

2
Fundamento da responsabilidade civil por fato de terceiro

2.1 INTRODUÇÃO

O estudo da responsabilidade dos incapazes e dos seus representantes faz parte do estudo da responsabilidade por fato de terceiros.

Isso porque a responsabilidade civil é a obrigação imposta a uma pessoa de ressarcir os danos materiais e morais causados a outrem por fato próprio ou por ato de pessoas ou fato de coisas que dela dependam.

No sistema do Código Civil, respondem por danos causados por terceiros os pais, pelos filhos menores que estiverem sob sua autoridade e em sua companhia; o tutor e o curador, pelos pupilos e curatelados que se acharem nas mesmas condições; o empregador ou comitente, por seus empregados, serviçais e prepostos, no exercício do trabalho que lhes competir, ou em razão dele; os donos de hotéis, hospedarias, casas ou estabelecimentos em que se albergue por dinheiro, mesmo para fins de educação, pelos seus hóspedes, moradores e educandos; e os que gratuitamente houverem participado nos produtos do crime, até a concorrente quantia (CC, art. 932).

O problema que se coloca é saber qual seria o fundamento para que certas pessoas respondam por danos causados por terceiros.

Por um lado, pode-se afirmar que, num sistema baseado na culpa, o dano só poderia acarretar a obrigação de indenizar para quem o pratica, respondendo cada um pessoalmente por seus atos. Assim, aceitar a responsabilidade por fato de outrem significaria aceitar que a responsabilidade independe de culpa.[1]

Em contrapartida, os defensores da teoria subjetiva explicam que, na realidade, a responsabilidade por fato de terceiro é também por ato próprio, pois os responsáveis sempre terão contribuído para o evento danoso.[2]

Nessa esteira, o Código Civil de 1916[3] preconizava expressamente a necessidade de culpa dos responsáveis para que surgisse a responsabilidade por fato de terceiros.

O estudo da responsabilidade do empregador ou comitente por seus empregados, serviçais e prepostos, no exercício do trabalho que lhes competir, ou em razão dele (CC, art. 932, II), bem exemplifica a questão do fundamento. Algumas são as teorias apresentadas para fundamentar a responsabilidade civil por fato do empregado, e se reconhece que a dificuldade na tarefa é muito grande.[4] Por esse moti-

---

[1] DIAS, José de Aguiar. *Responsabilidade civil*. 6. ed., rev. e aum. Rio de Janeiro: Forense, 1979. v. 2, p. 553.
[2] DIAS, José de Aguiar. *Responsabilidade civil*. 6. ed., p. 553.
[3] "Art. 1.523. Excetuadas as do art. 1.521, V, só serão responsáveis as pessoas enumeradas nesse e no art. 1.522, provando-se que elas concorreram para o dano por culpa, ou negligência de sua parte."
[4] LIMA, Alvino. *Culpa e risco*. 2. ed., rev. e atual. São Paulo: Revista dos Tribunais, 1998. p. 138-141.

vo, tais teorias serão objeto de estudo no presente capítulo com o objetivo de se extrair o fundamento.

Em síntese, poder-se-ia buscar o fundamento da responsabilidade por fato de terceiros na culpa dos representantes, nas presunções de culpa, no risco ou em fatores diversos que se afastam dessas noções.

2.2 CULPA DOS REPRESENTANTES: A RESPONSABILIDADE SUBJETIVA

O direito moderno adotou, desde a promulgação do *Code Napoleon* (em seu art. 1.382), o princípio da culpa, que subsiste até hoje como regra nos direitos brasileiro e europeu e, com ressalvas pontuais, pode-se perceber uma certa analogia no que concerne aos pressupostos da responsabilidade civil nas nações ocidentais. Assim, o ato ilícito (ato *illecito* na Itália) corresponde ao *fait dommageable* da França, e ao *tort* dos países da *Commom law* e ao *Delikt* da Alemanha. Ao conceito de culpa (*colpa* na Itália) correspondem, respectivamente, na França, na Inglaterra e na Alemanha *faute, fault* e *Schuld*. Ao nexo de causalidade (*nesso de causalità* na Itália) correspondem *causalité, causation* e *Kausazusammenhang*. Ao dano (*damno* na Itália), o conceito de *dommage, damage* e *Schade*.[5]

Significa dizer que a culpa é elemento essencial para que surja o dever de indenizar. A responsabilidade é chamada de subjetiva, pois a verificação da existência ou não de culpa dá-se com a análise da conduta do causador do dano.

---

[5] DUARTE, Ronnie Preuss. A responsabilidade civil e o novo código: contributo para uma revisitação conceitual. In: ALVES, Jones Figueirêdo; DELGADO, Mário Luiz (Coord.). *Questões controvertidas no direito das obrigações e dos contratos*. São Paulo: Método, 2005. v. 4, p. 442.

Curiosamente, nos primórdios, a responsabilidade civil dispensava a culpa, mas a exigência deste requisito está presente no direito romano como base de todo o sistema continental desde a *Lex Aquilia de dano*,[6] ou seja, desde aproximadamente o século III a. C.[7]

O princípio da responsabilidade aquiliana continua, em sua essência, a ser o mesmo em todas as codificações e em nenhuma parte o legislador rompeu, completamen-

---

[6] Giselda Maria Fernandes Novaes Hironaka afirma que, embora a culpa contida na fórmula da *Lex Aquilia* também esteja contida no instituto contemporâneo da responsabilidade civil, é um equívoco imaginar um laço entre ambos os institutos. Isso porque no caso da *Lex Aquilia* a culpa é índice de obrigação, mas não é, sozinha, causa de dever – este depende de ser exigido por quem se sente lesado –, ao passo que, no direito contemporâneo, que se ampara na teoria da culpa, há simultaneidade entre culpa e dever. Enquanto o direito romano é mais positivista, o direito contemporâneo, devido à influência judaico-cristã, é mais moralista (HIRONAKA, Giselda Maria Fernandes Novaes. *Responsabilidade pressuposta*. Belo Horizonte: Del Rey, 2005. p. 31).

[7] No período em questão, Roma estava em fase de ampla expansão territorial em razão das guerras púnicas travadas contra Cartago. Era a fase da República na qual a cidade era governada por dois cônsules.

A chamada *Lex Aquilia de Damno* pode ser considerada verdadeiro marco na matéria de responsabilidade civil e atinge seu alcance mais amplo na época do imperador Justiniano. A fórmula criada permite a responsabilização pelos danos causados à coisa alheia (*damnum in iuria datum*), que é introduzido pelo direito como um novo tipo de delito.

A lei recebe o nome de *aquilia* em homenagem ao Tribuno da Plebe Aquílio, o qual levou a proposição ao plebiscito que a aprovou e, portanto, passou a ser válida para toda a comunidade. Esclarece Thomas Marky que os plebiscitos eram formas anômalas de fonte do direito, pois não contavam com a participação dos patrícios, mas suas deliberações passaram a ser válidas para toda a comunidade desde a *Lei Hortênsia*, de 286 a. C. (MARKY, Thomas. *Curso elementar de direito romano*. São Paulo: Saraiva, 1992. p. 18).

Com a lei em questão, superam-se as restrições existentes no período arcaico, pelas quais haveria necessidade de tipificação legal para que o dano fosse considerado indenizável. Naquele período, conhecia-se a *actio de arboribus succisis* para a indenização de quem cortasse a árvore de seu vizinho, a *actio incensarum punia* para quem incendiasse coisa de terceiro sem culpa e a *actio de pastu* contra quem fizesse seu rebanho pastar em pastagens alheias.

te, com o princípio da responsabilidade baseada na culpa, apesar de serem admitidas as presunções de culpa e a responsabilidade objetiva em um sem-número de casos de responsabilidade.[8]

A noção de culpa está associada à ausência de prudência, de cuidado, de cautela, e reconhece-se que sua definição é matéria das mais complexas para o Direito.[9]

A culpa é, portanto, o elemento capital da responsabilidade civil. Contudo, seu conceito não está presente no Código Civil brasileiro, que, assim como o Código Civil francês, limita-se a dizer que a culpa é constituída não somente por um ato de vontade, mas também por negligência ou imprudência (art. 1.383).[10]

Agostinho Alvim traz a definição de culpa de vários autores pátrios[11] e estrangeiros[12] e divide a culpa em dois elementos: o dever violado (elemento objetivo) e a imputabilidade (elemento subjetivo). A violação de um dever significa desobediência a um comando previsto em lei (*e. g.*, não tra-

---

[8] LIMA, Alvino. *Culpa e risco*, p. 28.

[9] Nesse ponto, adequada é a observação de Alvino Lima no sentido de que seria inútil e sem significação doutrinária se fosse transcrito um sem-número de definições de culpa, em uma falsa demonstração de erudição, porque tudo se reduziria a uma simples transcrição do que já existe nos livros concernentes à matéria (LIMA, Alvino. *Culpa e risco*, p. 44).

[10] Planiol e Ripert afirmam que parece impossível formular utilmente uma definição geral para a prática, sendo a culpa surgida quando não se agiu como se deveria ter agido (PLANIOL, Marcele; RIPERT, George. *Traité pratique de droit civil français*. Paris: Librairie Générale de Droit e de Jurisprudence, 1930. p. 660).

[11] Eduardo Espínola, por exemplo, define culpa como toda e qualquer violação imputável de um dever jurídico que provenha de um fato intencional ou de uma certa falta de diligência (Apud ALVIM, Agostinho. *Da inexecução das obrigações e suas conseqüências*. 3. ed. São Paulo: Saraiva, 1965. p. 246).

[12] René Savatier entende que culpa é a inexecução de um dever que o agente podia conhecer e observar (Apud ALVIM, Agostinho. *Da inexecução...*, p. 245).

fegar acima de determinada velocidade) ou no contrato (*e. g.*, no caso de franquia, não vender na loja produtos de marca concorrente). Já o elemento subjetivo, ou seja, a imputabilidade, guarda relação com a possibilidade de o agente conhecer o dever violado, bem como de observá-lo.[13]

A culpa é uma denominação para um dever moralmente concebível, dever moral este que se exterioriza como índice do dever estabelecido pelo próprio Estado. Assim, se o agente comete uma ação ilícita, e se esta causa dano a outrem, o que legitima o Estado a usar sua autoridade para dar ao prejudicado uma ação de compensação é exatamente o seu poder para definir o causador do dano como devedor desta reparação, em razão de sua atuação moral ou civilmente inadequada.[14]

A responsabilidade por fato de terceiro teria, então, base na culpa dos representantes. Assim, o responsável indenizaria porque agiu de maneira negligente.

No caso do empregador, por exemplo, a responsabilidade derivaria de sua *culpa in eligendo*, pela má escolha dos seus empregados; ou da *culpa in instruendo*, em razão da má orientação dada pelo empregador; ou, por fim, da *culpa in vigilando*, pela ausência ou insuficiência de vigilância.

Note-se que não se desvincula da responsabilidade civil pelo fato do terceiro a culpa daquele a quem cabe o pagamento da indenização. O fundamento é a culpa própria daquele que indeniza por não ter escolhido, instruído ou vigiado adequadamente o causador do dano. Em resumo, o responsável indeniza porque agiu culposamente.

---

[13] ALVIM, Agostinho. *Da inexecução...*, p. 247-257. A noção de imputabilidade, essencial para a questão de responsabilidade civil do incapaz, será aprofundada no Capítulo 5, item 5.1, em que se analisa o artigo 928 do Código Civil.
[14] HIRONAKA, Giselda Maria Fernandes Novaes. *Responsabilidade pressuposta*, p. 37.

Conforme já dito anteriormente, o Código Civil de 1916, em seu artigo 1.523, fundamentava a responsabilidade dos representantes do incapaz em sua culpa.

Entretanto, estava reservado à teoria clássica da culpa o mais intenso dos ataques doutrinários que talvez se tenha registrado na evolução de um instituto jurídico.[15] Assim, a culpa como fundamento do dever de indenizar, quer seja por ato próprio, quer seja por ato de terceiro, foi, gradativamente, abandonada.

2.3 PRESUNÇÃO DE CULPA DOS REPRESENTANTES

As presunções[16] de culpa revelam exatamente o longo caminhar para a aceitação pelos juristas de uma responsabilidade independentemente de culpa.

---

[15] LIMA, Alvino. *Culpa e risco*, p. 39-40.

[16] Presunção e ficção são categorias da técnica de elaboração do Direito e premissas para o raciocínio jurídico. As presunções auxiliam a dialética da prova jurídica (presunção ligada ao *onus probandi*) e trata-se de uma questão de política legislativa, pois assim se busca estabelecer uma maior segurança nas relações sociais e remediar situações de injustiça perante a lei. É interessante notar ser toda essa segurança, instalada por um fator arbitrário e artificial, que torna verdadeiro o que não é senão provável (ANCONA LOPEZ, Teresa. A presunção no direito, especialmente no direito civil. *Revista dos Tribunais*, São Paulo, v. 518, ano 67, p. 26-39, dez. 1978. p. 26). A formação da presunção pode se dar de duas formas, ou por dedução ou por indução. Segundo Teresa Ancona Lopez, a presunção encerra os dois métodos de raciocínio lógico, pois somente utilizando a indução e a dedução pode-se chegar ao que se acha verdadeiro. Se, por dedução, os passos são os seguintes: análise da situação de fato, acontecimentos semelhantes, verificação de resultados/conseqüências semelhantes ou idênticas, hipóteses, hipóteses de indução. Se por indução, os passos são os seguintes: regra, fato novo e conclusão – presunção/probabilidade do afirmado (ANCONA LOPEZ, Teresa. A presunção no direito..., p. 32).

Romper com conceitos estabelecidos exige tempo e aceitação de que certos conceitos, apesar de milenares, necessitam de revisão.[17] A noção de culpa como fundamento do dever de indenizar foi a base da responsabilidade por séculos a fio e, por conseguinte, para admitir sua desnecessidade no tocante à reparação civil, o direito passou pelas presunções de culpa.

Deve-se indagar por que a noção de culpa foi veementemente criticada e lentamente substituída, em certas situações, pela noção de risco.

O ponto fulcral do problema, no tocante à culpa como fundamento da responsabilidade civil, era a enorme, muitas vezes intransponível, dificuldade de sua prova pela vítima.

De acordo com a responsabilidade subjetiva, cabendo à vítima o ônus[18] de provar a culpa do agente causador do dano se esta dele não se desincumbisse, suportaria o dano e ficaria sem a justa e constitucional reparação. Em determinadas situações, exigir a prova da culpa para que surja o

---

[17] Sobre o tema, em relação à experiência argentina, afirma Ghérsi que, durante a modernidade, a discussão se dava em termos de fatores de atribuição, pois se devia romper com a coluna vertebral do injusto Código Civil de Vélez Sarsfield, e, portanto, com o seu estabelecimento de responsabilidade subjetiva (GHÉRSI, Carlos Alberto. *Teoría general de la reparación*. 2. ed. Buenos Aires: Astrea, 1999. p. 47-48). O problema constatado por Ghérsi foi que, mesmo a doutrina inovando a legislação, a jurisprudência continuava recalcitrante na aplicação das teorias objetivas. É a dificuldade com o rompimento da noção de culpa como fundamento do dever de indenizar.
[18] Ônus ou gravame existe quando cabe a determinada pessoa realizar certa conduta, sob pena de não auferir determinada vantagem. É exemplo típico o ônus do comprador registrar o bem adquirido no Registro de Imóveis para lhe transferir a propriedade. Define Antunes Varela ônus como sendo uma necessidade de observância de certo comportamento como meio de obtenção ou de manutenção de uma vantagem para o próprio onerado (VARELA, João de Matos Antunes. *Das obrigações em geral*. 10. ed. Lisboa: Almedina, 2003. v. 1, p. 58).

dever de indenizar significa deixar a vítima diante de situação em que deverá provar o impossível.[19]

A questão ultrapassa o plano teórico e se verifica, comumente, em casos de acidentes automobilísticos. Diante do fato concreto, a vítima do acidente, inocente portanto, arca com o prejuízo do abalroamento em razão da ausência de testemunhas a comprovar a culpa do outro motorista, efetivo causador do dano. A inexistência de reparação desatende ao princípio constitucional da solidariedade social. A não-reparação do dano por seu causador gera, de um lado, prejuízo injustificado à vítima, que não será conduzida ao estado anterior, e, por outro, enriquecimento sem causa do agente que deveria ter pago à vítima a justa indenização.

Em decorrência do problema posto em questão, há muito se reconheceu que, na prática, a teoria da culpa nem sempre conduz aos melhores resultados.[20] Nesse sentido, a presunção de culpa, antes de mais nada, é uma técnica de hierarquização de interesses feita em benefício da vítima.[21]

Por meio das presunções de culpa, o direito valeu-se de uma técnica pela qual o agente causador do dano é, em princípio, culpado e cabe a ele provar a ausência de culpa, sob pena de responder pelos prejuízos causados.

A técnica revelava-se útil para a vítima, que, livre do ônus da prova, vê ampliada a chance de ser ressarcida. Caberá a ela, apenas, fazer prova do liame de causalidade,

---

[19] Ao se imaginar uma relação de consumo, o problema se revela bastante nítido. Se necessário fosse ao consumidor provar a negligência ou imprudência do fornecedor para obter a reparação, diante da impossibilidade de prová-las, acabaria sem indenização, qualquer que fosse o dano causado em decorrência de produtos ou serviços.
[20] VARELA, João de Matos Antunes. *Das obrigações em geral*, v. 1, p. 631.
[21] SOTTOMAYOR, Maria Clara. A responsabilidade civil dos pais pelos fatos ilícitos praticados pelos filhos menores, p. 412.

ou seja, demonstrar que foi aquele fato que deu origem ao dano.[22]

Tratando-se de presunção, não há afastamento do conceito de culpa, mas só se derroga o princípio dominante em matéria de prova.

Duas são as espécies de presunção de culpa admitidas pela doutrina: a presunção simples de culpa (*iuris tantum*) e a presunção absoluta (*iuris et de iure*).

As presunções legais (*presumptiones iuris*) são determinadas por normas jurídicas, podendo ser relativas (*iuris tantum*) ou *iuris et de iure*; as primeiras são ilidíveis por prova em contrário; as segundas, irrefutáveis. Assim, nas presunções legais, é a lei que determina que, provado um fato, até então desconhecido, tem-se por definitivamente estabelecido (presunções absolutas), ou até que seja feita prova em contrário (presunção relativa).[23]

Em resumo, enquanto a presunção simples é aquela que admite prova em sentido contrário, tratando-se de presunção absoluta, não há possibilidade de prova em sentido contrário pelo causador do dano. É irrefragável a presunção de culpa, não se admitindo ao agente provar a sua ausência de culpa.[24]

Ao falar da presunção *iuris et de iure* de culpa, Alvino Lima afirma que é uma presunção superficial, porque, em muitos casos, a culpa presumida é simplesmente imaginária, e uma culpa por presunção legal não é mais uma culpa,

---

[22] ANCONA LOPEZ, Teresa. *Nexo causal e produtos potencialmente nocivos.* 2001. Tese (Livre-docência) – Universidade de São Paulo, São Paulo. p. 30.
[23] NORONHA, Fernando. *Direito das obrigações*: fundamentos do direito das obrigações e introdução à responsabilidade civil. São Paulo: Saraiva, 2003. v. 1, p. 479.
[24] LIMA, Alvino. *Culpa e risco*, p. 72.

mas uma obrigação legal, pois passa a ser apenas um estratagema jurídico de um processo técnico utilizado.[25]

A presunção de culpa, ainda que *iuris et de iure*, conceitualmente não se confunde com a responsabilidade objetiva. Isso porque, no sistema da culpa, ainda que esta tenha sido real ou artificialmente criada, sem sua existência não há indenização e a vítima suporta os prejuízos. Diferentemente, tratando-se de responsabilidade objetiva, responde o agente pelo risco de certa conduta ou atividade, independentemente de culpa, pois sua indagação não tem lugar.

Ghérsi indica verdadeira contradição no sistema da presunção absoluta, apontando uma falha lógica, pois caso se presuma a culpa, mas não se permita prova em contrário, então, não se está num sistema baseado na culpa.[26]

Muitas vezes, confunde-se a teoria da presunção de culpa, mediante a qual, em termos práticos, inverte-se o ônus da prova em favor da vítima do dano injusto, com as teorias não subjetivistas, próprias da responsabilidade objetiva, em que não se deve cogitar a culpa para a fixação da responsabilidade.[27]

Deve-se concordar que, em termos de efeitos práticos, a responsabilidade objetiva e a presunção absoluta de culpa geram idênticos efeitos: o autor do dano é responsabilizado pela indenização, salvo se provar alguma das excludentes de responsabilidade, tais como o caso fortuito e a força maior.

---

[25] LIMA, Alvino. *Culpa e risco*, p. 142.
[26] GHÉRSI, Carlos Alberto. *Teoría general de la reparación*, p. 136.
[27] TEPEDINO, Gustavo Mendes. Premissas metodológicas para a constitucionalização do direito civil. In: TEPEDINO, Gustavo Mendes. *Temas de direito civil*. 3. ed. Rio de Janeiro: Renovar, 2004. p. 198.

O sistema adotado em alguns países, quanto à responsabilidade por fatos de terceiros, tinha por fundamento a culpa presumida dos representantes.

Assim é que, até meados do século XX, prevalecia na França a idéia de presunção de culpa dos pais do menor. O dano causado pelo filho permite supor uma conduta deficiente dos pais, justificando a consagração legal de uma presunção de culpa destes.[28] Isso porque o poder familiar impõe aos pais certas obrigações, não somente em face de seus filhos, mas em face de terceiros: é o dever de fornecer aos seus filhos uma boa educação e vigiá-los atentamente, impedindo-os de que causem dano a outros. Assim, quando um menor causar um dano, pode-se chegar à conclusão de que os seus pais não cumpriram com os seus deveres, incorrendo em culpa. Derroga-se, portanto, o direito comum da responsabilidade: cria-se uma pressuposição ou presunção de culpa dos pais, de maneira que se retira da vítima a necessidade de estabelecer a culpa dos pais, o que lhe facilita a ação, como exige a eqüidade.[29]

No direito português, a responsabilidade dos representantes é a principal e do incapaz, apenas subsidiária, nos moldes do adotado pelo Código Civil de 2002. Entretanto, naquele sistema o representante presume-se culpado (*culpa in vigilando*) e só deixa de responder pelos danos causados se provar que cumpriu o seu dever de vigilância ou que os danos teriam acontecido ainda que tivesse cumprido tal dever. Há uma presunção de culpa clara que atua contra os representantes.

---

[28] ANTUNES, Henrique Sousa. *Responsabilidade civil dos obrigados à vigilância de pessoa naturalmente incapaz*. Lisboa: Universidade Católica Editora, 2000. p. 35.
[29] MAZEAUD, Henri; MAZEAUD, Louis. *Traité théorique et pratique de la responsabilité civile*: delictuelle et contractuelle. 4. ed. Paris: Recueil Sirey, 1950. p. 761.

Conclui-se que o legislador português recorreu à técnica da presunção legal para libertar o lesado do ônus da prova da culpa das pessoas obrigadas à vigilância, circunstância que aumenta inevitavelmente os casos de responsabilidade destas. A prescrição do artigo 491 foi feita no modelo germânico, seja pela (i) amplitude dos sujeitos obrigados a indenizar; seja pela (ii) não-exigência de ser culposo o fato praticado por aquele que deveria ser vigiado, ou seja pela (iii) exclusão da *culpa in educando* ao contrário do modelo latino.[30]

Entretanto, trata-se de presunção simples de culpa (*iuris tantum*). A prova de que não há culpa, ou melhor, o afastamento da responsabilidade pode-se obter por dois modos: ou provando-se que se cumpriu o dever de vigilância, ou mostrando que o dano se teria produzido, mesmo que se cumprisse esse dever.[31]

No direito brasileiro, a presunção de culpa existiu enquanto vigeu o Código de Menores de 1927. O Código, Decreto nº 17.943-A, de 12 de outubro de 1927, dispunha no artigo 68, § 4º, que "são responsáveis pela reparação civil do dano causado pelo menor os pais ou pessoa a quem incumbia legalmente sua vigilância, salvo se provar que não houve de sua parte culpa ou negligência". Assim, em relação aos menores, quer estivessem sob o pátrio poder (atualmente denominado poder familiar) ou mesmo sob tutela, criava-se contra os responsáveis uma presunção simples (*iuris tantum*) de culpa que poderia ser ilidida por prova em sentido contrário.

Entretanto, o novo Código Civil consegue romper com as presunções de culpa definitivamente.[32] Adota, em um

---

[30] SOTTOMAYOR, Maria Clara. A responsabilidade civil dos pais..., p. 404.
[31] VARELA, João de Matos Antunes; PIRES DE LIMA, Fernando Andrade. *Código civil anotado*. Lisboa: Coimbra Editora, 1987. v 1, p. 492.
[32] Mesmo em relação aos danos causados por animais, o Código Civil não

sistema dual, a responsabilidade subjetiva calcada na culpa, com fundamento nos artigos 186 e 927, *caput*, bem como a responsabilidade objetiva baseada no risco da atividade (CC, art. 927, parágrafo único).

A superação se dá, pois, no início do século XXI; a necessidade de se atrelar a reparação civil à culpa está superada. Conforme se analisará a seguir, a idéia de responsabilidade independentemente de culpa foi absorvida pelo ordenamento e, atualmente, não se cogita criticar a opção do legislador por facilitar a indenização à vítima, dispensando-a do ônus da prova de culpa do causador do dano.

2.4 FUNDAMENTO NO RISCO: A RESPONSABILIDADE OBJETIVA

No sistema do Código Civil de 2002, é objetiva a responsabilidade civil dos responsáveis legais pelos danos causados pelo incapaz (CC, art. 933).[33]

---

adota mais a presunção simples de culpa. Isso porque o artigo 936 traz excludentes genéricas de responsabilidade civil. Sobre o tema, veja: SIMÃO, José Fernando. Responsabilidade civil pelo fato do animal: estudo comparativo dos Códigos Civis de 1916 e 2002. In: DELGADO, Mário Luiz; ALVES, Jones Figueirêdo (Coord.). *Questões controvertidas na responsabilidade civil*. São Paulo: Método, 2006. v. 5. p. 346.

[33] No direito romano, era o pai que, na qualidade de responsável, teria que arcar com o dano causado pelo filho ou pelo escravo, salvo se optasse por abandoná-los à mercê do prejudicado em razão do instituto do abandono noxal (*noxa, ae*, culpa, prejuízo; *noxalis, e*, prejudicial; *nocere*, prejudicar, causar dano), segundo Cretella (CRETELLA JUNIOR, José. *Curso de direito romano*. Rio de Janeiro: Forense, 1968. p. 223). Interessante notar que não se exigia a culpa do *pater* para que surgisse tal responsabilidade. Seria, portanto, um risco pelo fato de manter terceiros sob sua guarda. Entretanto, a compilação justinianéia encarrega-se de encontrar um fundamento subjetivo, baseado num critério de *culpa in eligendo* ou *vigilando* (ANTUNES, Henrique Sousa. *Responsabilidade civil dos obrigados à vigilância de pessoa*

Em relação ao incapaz, também o atual sistema francês aproxima-se da noção de responsabilidade objetiva. Isso porque se tem decidido que, para a desoneração de sua responsabilidade, não basta aos pais a prova da ausência de *faute*, mas é necessária a demonstração de existência de força maior ou de culpa exclusiva da vítima.[34]

No tocante à responsabilidade por fato de terceiro, cabe investigar qual seria o fundamento para que o legislador do Código Civil rompesse com o sistema da culpa, quer seja ela provada ou presumida, para se adotar um sistema de responsabilidade objetiva. Basear a responsabilidade dos pais, dos tutores e dos curadores na culpa *in vigilando*, como fazia o revogado Código Civil, tinha por fundamento algo simples, ou seja, o dever de vigiar. Em razão da ausência de discernimento dos incapazes, cabe aos seus representantes sua vigilância, pois são os incapazes potenciais causadores de dano.

Entretanto, tarefa longe de ser fácil é a busca de um fundamento para que a responsabilidade dos pais, dos tutores e dos curadores passe a ser objetiva.

Apesar da resistência daqueles que defendem a responsabilidade subjetiva extremada, sempre com base no fato histórico de que, desde a *Lex Aquilia de damno*,[35] sem

---

naturalmente incapaz, p. 18). Em sentido contrário, afirmam os irmãos Mazeaud que nem no direito romano nem no franco direito arcaico há a responsabilidade dos pais pelos atos de seus filhos. Há apenas o costume da Bretanha a respeito da responsabilidade de uma pessoa por fato de terceiro; o artigo 656 dispunha que "se o infante causa dano a outro, desde que sob o poder de seu pai, este deverá pagar a compensação civil, devendo punir os seus filhos" (MAZEAUD, Henri; MAZEAUD, Louis. *Traité théorique et pratique de la responsabilité civile*, p. 761).

[34] Nesse sentido, a decisão da Cour de Cassation francesa no caso de dano causado por menor que conduzia uma bicicleta (ANTUNES, Henrique Sousa. *Responsabilidade civil dos obrigados à vigilância de pessoa naturalmente incapaz*, p. 42).

[35] Interessante ressaltar que, por meio da *Lex Aquilia*, permitia-se a inde-

culpa não há dever de indenizar, a culpa veio perdendo prestígio no decorrer dos séculos, principalmente com a Revolução Industrial, que causou mudanças profundas na sociedade moderna.

Com o advento da era da massificação da produção e do consumo, o alargamento da teoria da responsabilidade civil deu-se e dá-se, única e exclusivamente, para a proteção da vítima.[36]

A contemporânea sociedade de consumo não poderia restringir a reparação civil à idéia de culpa, tal como fazia a sociedade romana na época dos cônsules. Se mantida fosse a fórmula clássica, as chances de indenização da vítima estariam muito reduzidas em razão da dificuldade de se provar a negligência ou imprudência do agressor.

A responsabilidade objetiva, plantada nas obras pioneiras de Raymond Saleilles, Louis Josserand e Georges Ripert, acabou sendo admitida como exigência social e de justiça para determinados casos. Tem ela por fundamento a teoria do risco, cujo resumo é o seguinte: todo prejuízo deve ser atribuído a seu autor e reparado por quem causou o risco, independentemente de ter agido ou não com culpa.[37]

---

nização de qualquer dano causado por ato positivo (não se incluía a omissão) e consistente em estrago material de coisa tangível. O fato ilícito de prejuízo deve ter se verificado sem direito (*injuria*), não cometendo delito quem matasse escravo alheio em legítima defesa. Também, o prejuízo deve ser causado (*datum*) por ação do delinqüente (*injuria*) e pelo corpo a corpo (*corpore corpori*), em razão de ato positivo material do agente (*corpore*). Por isso, se alguém permitisse a fuga de um escravo, como o corpo permanecia ileso, não surgia o dever de indenizar (CRETELLA JUNIOR, José. *Curso de direito romano*, p. 219).

[36] ANCONA LOPEZ, Teresa. *Nexo causal e produtos potencialmente nocivos*, p. 23.

[37] CAVALIERI FILHO, Sérgio; MENEZES DIREITO, Carlos Alberto. *Comentários ao novo Código Civil*. Rio de Janeiro: Forense, v. 13, p. 12.

No estudo da responsabilidade objetiva, surgem algumas teorias do risco para justificar a responsabilidade independentemente de culpa. Estudar-se-á resumidamente cada uma delas para verificar qual sustenta responsabilidade dos pais, dos tutores e dos curadores em relação aos atos praticados pelos incapazes.

São seis as teorias: do risco-proveito, do risco-criado, do risco administrativo, do risco profissional, do risco excepcional e do risco integral.

Pela teoria do *risco-proveito*, aquele que, com sua atividade, cria um risco, deve suportar o prejuízo que sua conduta acarreta, porque esta atividade de risco proporciona-lhe um benefício (*ubi emolumentum, ibi onus*). Assim, havendo ganho, haverá também o encargo.

A noção de proveito não coincide com a de lucro. Se assim fosse, a vítima teria o ônus de provar que o causador obtém lucro, o que importaria em retorno ao complexo problema da prova.[38] Realmente, se a vítima tivesse que comprovar que certa empresa tem lucro em sua atividade, para que respondesse objetivamente, mesmo dispensada da prova da culpa do agente, seu ônus seria enorme, o que acabaria por conduzir à não-indenização.

Em resumo, proveito não se resume a um lucro, mas a qualquer tipo de ganho material advindo da atividade. Não haveria risco-proveito, em princípio, nas atividades não remuneradas.[39]

---

[38] CAVALIERI FILHO, Sérgio; MENEZES DIREITO, Carlos Alberto. *Comentários ao novo Código Civil*, p. 13.
[39] Fala-se em princípio porque, conforme já se decidiu inúmeras vezes, mesmo o Shopping Center e o Supermercado que não cobram o estacionamento de seus clientes têm um proveito indireto, qual seja, aumentar a freguesia em razão do conforto e segurança fornecidos.

Já pela teoria do *risco-criado*, o agente deve indenizar quando, em razão de sua atividade ou profissão, cria um perigo. Não importa se a atividade traz a ele um proveito econômico nem mesmo se é atividade econômica. Basta a atividade em si.[40]

A diferença entre ambas as teorias reside no fato de que, na teoria do risco-criado, não se cogita o fato de ser o dano correlativo a um proveito ou vantagem para o agente. É óbvio que se supõe que a atividade pode ser proveitosa para o responsável, mas não se subordina o dever de reparar no pressuposto da vantagem. Ocorre, portanto, uma ampliação em relação à teoria do risco-proveito.[41]

---

[40] Planiol e Ripert afirmam que o surgimento da teoria do risco decorre da inaptidão da doutrina da responsabilidade subjetiva, mesmo com presunção de culpa anunciada, demasiadamente, em garantir a indenização de vítimas em alguns casos em que ela se fazia necessária. Essa insuficiência teria conduzido certos autores a propor uma doutrina em que a culpa não é mais necessária para a existência da responsabilidade, que passa a ser chamada de responsabilidade objetiva. Sob a forma mais simples, a teoria consiste na eliminação da idéia de culpa na responsabilidade por admitir que todo risco criado deve ser suportado pela atividade que o criou (PLANIOL, Marcele; RIPERT, George. *Traité pratique de droit civil français,* p. 661). Os autores franceses falam, portanto, em risco criado.

[41] PEREIRA, Caio Mário da Silva. *Responsabilidade civil.* 9. ed. Rio de Janeiro: Forense, 1986. p. 284. Em relação à responsabilidade do fornecedor pelo fato do produto (art. 12, Código de Defesa do Consumidor), é interessante notar a afirmação de Arruda Alvim, com base nas lições de Guido Alpa, pela qual a responsabilidade objetiva teria por base a assunção do risco criado (*cuius commoda, eius et incommoda*) (ALVIM, Arruda José et al. *Código de defesa do consumidor comentado.* 2. ed. São Paulo: Revista dos Tribunais, 1995. p. 94).
Cláudia Lima Marques entende que nem a teoria do risco-proveito, nem a do risco-criado, teriam sido adotadas pelo Código de Defesa do Consumidor. Segundo a autora, o diploma adota hipótese de responsabilidade não culposa que exige para caracterizar o ilícito a existência de um defeito, defeito este imputado objetivamente (*peritus spondet artem suam*) aos fornecedores citados na norma do art. 12. A teoria da responsabilidade não culposa se afasta da teoria do risco por acrescentar a necessidade de um defeito, e não só do

A ampliação revela-se clara. Tome-se, por exemplo, a atividade de portar arma de fogo. Se o porte ocorrer em razão de atividade econômica, ou seja, as empresas de vigilância devidamente registradas para tal fim, estar-se-á diante da teoria do risco-proveito, e a responsabilidade da empresa será objetiva. Entretanto, se se imaginar determinada pessoa que, por mera diversão ou lazer, caça marrecos, na época em que a caça é autorizada pelo governo como forma de controle das populações, sua responsabilidade só será objetiva se for adotada a teoria do risco-criado. Como proveito não há, se adotada a primeira teoria, a responsabilidade do caçador será subjetiva.

Não é pouco o debate que surgiu com a promulgação do novo Código Civil com a disciplina do artigo 927, que torna objetiva a responsabilidade daqueles que praticam atividades de risco e se esta tem como fundamento o risco-proveito ou risco-criado. Apesar deste não ser o objetivo desta obra, algumas breves notas sobre o tema indicam clara crise doutrinária.

Sílvio de Salvo Venosa[42] e Regina Beatriz Tavares da Silva entendem que o artigo adota a teoria do *risco-criado*, porque o dever surge de uma atividade de risco que pode causar danos a terceiros e não se cogita em proveitos ou vantagens para aquele que exerce a atividade, mas na atividade em si.[43] Em outro sentido, Miguel Reale afirma que quando a estrutura ou a natureza do negócio jurídico, como o de transporte, implica existência de riscos inerentes à ati-

---

nexo causal entre a atividade de risco e o dano (MARQUES, Claudia Lima. *Contratos no código de defesa do consumidor*. 5. ed. São Paulo: Revista dos Tribunais, 2005. p. 1.216).
[42] VENOSA, Sílvio de Salvo. *Direito civil*. 3. ed. São Paulo: Atlas, 2003. v. 4, p. 14.
[43] FIUZA, Ricardo. *O novo Código Civil e as propostas de aperfeiçoamento*. São Paulo: Saraiva, 2004. p. 112.

vidade desenvolvida, impõe-se a responsabilidade objetiva de quem dela tira *proveito*.[44]

Seguindo a lição de Reale e Pablo Stolze Gagliano, adota-se o *risco-proveito* decorrente de uma atividade de natureza econômica.[45]

Aqueles que entendem se tratar de risco-proveito valem-se das lições de Alvino Lima, para quem a teoria do risco não se justifica desde que não haja proveito para o agente causador do dano, porquanto se o proveito é a razão de ser da justificativa de arcar o agente com os riscos, na sua ausência deixa de ter fundamento a teoria.[46]

A terceira teoria aplica-se ao dever de indenizar da União, Estados, Municípios e Distrito Federal. Pela teoria do *risco administrativo*, não se exige falta do serviço ou culpa dos agentes praticantes.[47] Basta o fato do serviço (defeito que exponha risco ao usuário) e que o Estado cause um dano em sua atividade. Se há culpa exclusiva da vítima, rompe-se o nexo causal e a administração não paga. Se há

---

[44] REALE, Miguel. *O Estado de S. Paulo*, São Paulo, Espaço Opinião, 26 abr. 2003.

[45] GAGLIANO, Pablo Stolze; PAMPLONA FILHO, Rodolfo. *Novo curso de direito civil*. São Paulo: Saraiva, 2006, v. 3. p. 198.

[46] LIMA, Alvino. *Culpa e risco*, p. 299.

[47] Sobre a responsabilidade civil da administração e sua mudança com o passar do tempo, ensina Chapus que o que se aplica à atividade legislativa não é aceitável para a atividade administrativa; mesmo se dando as ordens e comportando-se em poder de comandante, a administração não é soberana e irresponsável, como se imaginava no século XIX – a coletividade pública leva a cabo certas atividades de ordem administrativa e de base jurídica. Esta irresponsabilidade preconizada era, em realidade, um reflexo das idéias de uma época familiarizada com a existência de um princípio geral de responsabilidade do Estado, na crença de que este princípio não é um obstáculo ao bom funcionamento dos serviços públicos e não onera o tesouro público com encargos muito elevados (CHAPUS, René. *Responsabilité publique et responsabilité privée*: lês influences reciproque dês jurisprudence administrative et judiciare. Paris: Librairie Général de Droit et Jusrisprudence, 1957. p. 195).

culpa concorrente, haverá o dever de indenizar, mas mitigado, ou seja, proporcional ao grau de culpa.

Há também a teoria do *risco profissional*, pela qual a reparação aos empregados no trabalho ou em razão dele independeria da culpa do empregador e teria como objetivo evitar que a discussão de culpa levasse à improcedência da ação acidentária em razão da dificuldade do empregado em fazer a sua prova.[48] Salienta-se que no direito brasileiro, em virtude do artigo 7º, inciso XXVIII,[49] da Constituição Federal, a responsabilidade do empregador perante o empregado será subjetiva, pois a Carta Magna exige prova de dolo ou culpa do empregador. Entretanto, tratando-se de ação acidentária em face do Instituto Nacional da Seguridade Social (INSS), aplica-se a teoria do risco profissional.

Tem-se, ainda, a chamada teoria do *risco excepcional*.[50] Será objetiva a responsabilidade quando o dano decorrer de atividade que escapa à atividade comum da vítima, ainda que estranho ao trabalho que normalmente exerça. Podem ser lembrados os casos de rede elétrica de alta tensão, exploração de energia nuclear e materiais radioativos.

Por fim, a última teoria é a do *risco integral*. Por ela, há responsabilidade civil em qualquer situação, desprezando-se inclusive as excludentes que romperiam o nexo

---

[48] CAVALIERI, Sérgio; MENEZES DIREITO, Carlos Alberto. *Comentários ao novo Código Civil*. Entretanto, caso o empregador desenvolva atividade de risco, é considerada objetiva – Enunciado da IV Jornada Conselho da Justiça Federal: 377 – O art. 7º, inc. XXVIII, da Constituição Federal não é impedimento para a aplicação do disposto no art. 927, parágrafo único, do Código Civil quando se tratar de atividade de risco.
[49] "CF, art. 7º, inc. XXVIII: seguro contra acidentes de trabalho, a cargo do empregador, sem excluir a indenização a que este está obrigado, quando incorrer em dolo ou culpa."
[50] CAVALIERI FILHO, Sérgio; MENEZES DIREITO, Carlos Alberto. *Comentários ao novo Código Civil*, p. 14.

causal. Assim, o dever de indenizar surge mesmo quando não há nexo causal. Basta que haja o dano, ainda que com culpa exclusiva da vítima, fato de terceiro, caso fortuito ou força maior.[51]

Excepcionalmente, a teoria do risco integral é utilizada nos casos de danos ambientais e nucleares, e, nesse aspecto, a lei sobre responsabilidade civil das usinas nucleares não foi recepcionada pela Constituição Federal.[52]

Após a breve análise das teorias do risco, cabe, então, a pergunta se alguma das teorias expostas aplica-se à responsabilidade dos pais, dos tutores e dos curadores pelos atos dos filhos, dos pupilos e dos curatelados (CC, art. 932, I e II).

Note-se que, em relação à responsabilidade dos empregadores pelos atos de seus funcionários (CC, art. 932, III), pode-se claramente verificar a responsabilidade objetiva decorrente do *risco-proveito*, pois quem tem o ganho arca com os ônus. Da mesma forma, a responsabilidade dos donos de hotéis e estabelecimentos de educação e assemelhados (CC, art. 932, IV). São atividades remuneradas cujo proveito é claro e, então, os riscos são impostos àquele que aufere lucros.

Em relação à responsabilidade pelos atos do incapaz, não há qualquer espécie de proveito econômico ou pecuniário.

O risco administrativo não guarda qualquer relação com a incapacidade, pois se refere ao Estado e à sua atividade. Da mesma forma, o risco profissional cuida da relação de trabalho entre empregado e empregador.

---

[51] VENOSA, Sílvio de Salvo. *Direito civil*, v. 4, p. 17.
[52] ANCONA LOPEZ, Teresa. *Nexo causal e produtos potencialmente nocivos*, p. 26.

As teorias do risco atualmente existentes não justificam, por si, a responsabilidade objetiva dos representantes pelos atos das pessoas incapazes.

Constatado o problema, duas seriam as possíveis conclusões sobre o fundamento da responsabilidade objetiva dos pais, dos tutores e dos curadores pelos atos dos incapazes. A primeira conclusão é que não se trataria de responsabilidade objetiva baseada em um risco. O fundamento estaria na teoria do dano objetivo. A segunda possível conclusão é que a responsabilidade continua calcada no risco, não nas hipóteses tradicionais, mas, sim, em uma nova teoria do risco que foi criada pelo diploma de 2002.

Se se seguir a primeira conclusão, a responsabilidade dos pais, dos tutores e dos curadores é objetiva, mas não com base em risco. O poder familiar, a tutela e a curatela não guardam ou provocam riscos. Seria verdadeiro exagero imaginar o risco de ser pai ou filho, pois, se assim fosse, haveria também o risco só pelo fato de ter nascido. O fundamento é o dever objetivo de guarda e vigilância legalmente imposto àqueles que têm vigilância sobre outrem, enquanto o tiverem em sua guarda e companhia.[53]

Afastar-se da teoria do risco significa adotar a idéia de responsabilidade civil com base no denominado *dano objetivo*, ou seja, desde que exista um dano deve este ser ressarcido. Espelha-se no desejo do legislador de indenizar a vítima, com base na dificuldade de prova de culpa.[54]

A noção de dano objetivo não toma por base a verificação da conduta do agente como fonte geradora da repara-

---

[53] CAVALIERI FILHO, Sérgio. *Programa de responsabilidade civil*. 3. ed. São Paulo: Malheiros, 2005. p. 203.
[54] MONTEIRO, Washington de Barros. *Curso de direito civil*. 37. ed. rev. e ampl. São Paulo: Saraiva, 2003. v. 5, p. 399.

ção para concluir que a simples existência do dano justifica o ressarcimento.

Assim, seguindo a teoria do dano objetivo, o Código Civil teria criado uma situação de responsabilidade objetiva, apenas com base na maior possibilidade de indenização da vítima, independentemente da avaliação da atividade em si dos agentes. A justificativa seria a existência de um dano em si, o qual o legislador pretende ver indenizado de maneira mais efetiva, dispensando assim a prova da culpa dos responsáveis.

O fundamento da objetivação da responsabilidade civil dos pais seria a solidariedade familiar, já que a família constitui um agrupamento, unido por estreitos laços. Por isso, os pais devem responder civilmente pelos danos que comprometem a responsabilidade dos seus filhos, uma vez que a condenação repercute em toda a família.[55]

Entretanto, não se pode negar toda a origem da responsabilidade objetiva, para romper com a idéia de culpa, exatamente em razão de atividades de risco.[56] A teoria do dano objetivo ignora tal fato e desvincula a noção de responsabilidade objetiva do conceito de risco.

A segunda conclusão sobre o tema é que, nas relações entre pais e filhos, tutor e pupilo e curador e curatelado, há um risco. Entende-se que deva ser concebida, com base nos princípios constitucionais, uma teoria do *risco dependência*. Essa é a tese que ora se defende: a criação de uma nova modalidade de teoria do risco.[57]

---

[55] ANTUNES, Henrique Sousa. *Responsabilidade civil dos obrigados à vigilância de pessoa naturalmente incapaz*, p. 46.
[56] Como bem afirma Antunes Varela, ao lado da doutrina clássica da culpa, um outro princípio aflora neste setor: o da teoria do risco (VARELA, João de Matos Antunes. *Das obrigações em geral*, v. 1, p. 633). O risco é o fundamento da responsabilidade objetiva.
[57] Interessante notar que, em julgamento do Tribunal de Justiça do Rio Gran-

Isso porque toda a pessoa inimputável e conseqüentemente incapaz necessita de um representante legal do qual será dependente jurídica, econômica ou afetivamente. Ainda, tais pessoas, em razão de sua inimputabilidade, são potenciais causadores de danos, já que nem a idade nem a eventual doença ou vício lhes garante o discernimento entre o certo e o errado.

Assim, ao assumir a tutela ou a curatela, ou em razão do poder familiar, surge o risco dependência. Em razão da falta de discernimento do incapaz, as chances de causar um dano ficam potencializadas e, então, a responsabilidade passa a ser objetiva.

Quem decide pela paternidade ou maternidade assume os riscos de ter sob sua dependência pessoa sem capacidade de discernimento entre o certo e o errado, que, portanto, tem uma maior chance de causar danos a terceiros.[58] Assim, assumido tal risco decorrente desta dependência do incapaz, surge o dever de indenizar. Quem tem a alegria de ter filhos, passa a ter o ônus pelos atos destes, independentemente de culpa, pois, antes dos dezoito anos, serão potenciais causadores de dano. Já os tutores e curadores, por exercerem um múnus, não teriam necessariamente as alegrias, mas apenas a responsabilidade.

---

de do Sul (Apelação Cível nº 70011941028, Nona Câmara Cível, rel. Odone Sanguiné), ocorrido em 14/12/2005, no caso em que um menino, por meio de estilingue, lançou uma pedra que cegou outra criança, aplicou-se o artigo 933 do Código Civil e a responsabilidade objetiva dos pais, tendo como causa de imputação o risco. Cita o relator a lição da lavra de Afrânio Lyra que será transcrita na presente tese, no Capítulo 5.

[58] Sottomayor afirma que haveria um risco de procriação, pois o fato de nascer uma criança turbulenta implicaria, por parte dos pais, uma situação de risco para as outras pessoas (SOTTOMAYOR, Maria Clara. A responsabilidade civil dos pais pelos fatos ilícitos praticados pelos filhos menores, p. 457). A idéia não parece adequada, já que, em última análise, transforma a paternidade em atividade de risco.

Pelo risco dependência, os representantes são responsáveis por aqueles que representam e cujo patrimônio administram em razão da inimputabilidade.

De acordo com o princípio do risco, a ênfase é posta na causação, ou, em casos especiais, na mera atividade desenvolvida.[59] Como justificativa dessa responsabilidade sem culpa, afirma-se que quem causa um dano ou quem exerce determinada atividade deve reparar os danos sofridos porque, se o ordenamento atribui a cada um de nós direitos incidentes sobre nossa própria pessoa ou sobre determinados bens externos, não devem ser toleradas violações deles, mesmo quando a pessoa responsabilizada tenha procedido com todos os cuidados exigíveis. Se alguém tem de suportar o prejuízo, não deve ser a pessoa titular do direito.[60]

Falar em responsabilidade objetiva sem cogitar de alguma espécie de risco não revela adequação à evolução histórica do instituto. A superação da culpa se dá em razão do risco.

O Código Civil já adotou uma cláusula geral de responsabilidade objetiva pelo risco da atividade, artigo 927, ao lado da norma geral da responsabilidade subjetiva calcada na culpa, que tem como base o artigo 186. E a razão da criação desta cláusula explica a tendência de objetivação da responsabilidade que, cada vez mais, prescinde da culpa.[61]

---

[59] Em relação aos empregados, por força da Súmula 341 do Supremo Tribunal Federal, era presumida a culpa do empregador por ato de seu empregado. Entretanto, entende-se que a Súmula não foi recepcionada pelo atual Código Civil, que adota a responsabilidade objetiva em seu artigo 933.
[60] NORONHA, Fernando. *Direito das obrigações*, p. 435. O autor reconhece que, em razão da divisão entre princípio da culpa e do risco, faz-se importante divisão entre responsabilidade subjetiva e objetiva.
[61] TEPEDINO, Gustavo Mendes. Evolução da responsabilidade civil no direito brasileiro e suas controvérsias na atividade estatal. In: TEPEDINO, Gustavo Mendes. *Temas de direito civil*. 3. ed. Rio de Janeiro: Renovar, 2004. p. 194.

O motivo para o alargamento de hipóteses é a garantia maior de indenização que seria inviabilizada pela prova da culpa. Atende-se ao princípio da dignidade da pessoa humana duplamente (Constituição Federal, art. 1º, III). Entretanto, verifica-se que essa garantia toma como base o risco (no caso do art. 927, parágrafo único, o risco da atividade).

Se o representante arcar com a indenização em um maior número de casos, a vítima, grande prejudicada pelo ilícito, estará ressarcida e verá atendida a sua dignidade. Entretanto, uma grande rigidez na indenização a ser paga pelos representantes onera menos o incapaz, que só responderá subsidiariamente.

O sistema é coerente, uma vez que os representantes, na qualidade de maiores, capazes, e, portanto, com pleno discernimento, são os principais responsáveis pela reparação, independentemente de prova de sua culpa, o que aumenta as hipóteses em que deverão indenizar. O risco dependência ligado à inimputabilidade resolve a questão.

Esse aumento reduz as situações em que o incapaz, privado de discernimento e da decisão do que é certo ou errado, responderá com o seu patrimônio, pois sua responsabilidade é subsidiária.

O fundamento, portanto, é o risco dependência, que se justifica pela falta de discernimento dos incapazes e sua potencialidade na causação do dano.[62]

---

[62] Álvaro Villaça Azevedo afirma categoricamente que, ao cogitar-se da responsabilidade pelo risco, entendem-na os doutrinadores objetiva, pois basta, objetivamente, de algum dos fatores previstos em lei, para que ela se materialize, responsabilizando aquele que, em decorrência de sua atividade, ensejou a existência de um risco (AZEVEDO, Álvaro Villaça. Jurisprudência não pode criar responsabilidade objetiva, só a lei. Análise das Súmulas 341, 489 e 492 STF e 132 STJ. *RT*, São Paulo, v. 86, nº 743, p. 109-128, set. 1997. p. 111).

2.5 OUTRAS TEORIAS

Além das teorias que fundamentam a responsabilidade dos representantes na culpa, real ou presumida, bem como no risco, existem outras construções buscando fundamentar a responsabilidade que se analisa.

As teorias que serão analisadas a seguir têm como base a responsabilidade do empregador ou proponente pelos atos do empregado ou preposto.

A primeira delas é a *teoria da* "representação delitual". Baseia-se no fato de o preposto ser um prolongamento da atividade do patrão. Então, o ato praticado pelo comitente é considerado praticado pelo próprio patrão, como se as personalidades se confundissem.[63]

Note-se que, por ficção, conclui-se que teria sido o próprio patrão que cometeu o ilícito e, portanto, seu dever de indenizar decorreria de um ato próprio.

Se a teoria pode ter alguma razão de ser em relação aos empregadores e seus empregados, não serve para justificar a responsabilidade dos pais e tutores pelos filhos e tutelados. A atitude dos incapazes, mormente na prática do ato ilícito, não se confunde com a de seus representantes, sendo ilógico imaginar-se uma confusão de personalidades.

O próprio Código Civil adota tese oposta na qual separa de maneira clara a responsabilidade do incapaz da de seu representante, determinando que o primeiro responde apenas eventual e subsidiariamente ao segundo (CC, art. 928).

A segunda teoria é a do *comitente-caução*. De acordo com esta teoria, apenas o empregado é devedor efetivo da indenização decorrente da prática do ilícito e o empregador

---
[63] LIMA, Alvino. *Culpa e risco*, p. 138.

seria mero garantidor, ou seja, responsável pelo pagamento de uma dívida de terceiro. Por analogia, o patrão seria uma espécie de fiador do seu empregado.

Desdobra-se o vínculo obrigacional em dois: dívida (que em alemão se traduz por *Schuld*) e responsabilidade (em alemão, *Haftung*). A dívida é o dever de cumprir espontaneamente a obrigação e a responsabilidade é a prerrogativa conferida ao credor de executar o patrimônio do devedor.[64]

Nesses dois elementos que compõem o vínculo percebe-se que, enquanto o empregado seria o devedor da indenização e o responsável pelo pagamento (teria dívida e responsabilidade), o patrão teria apenas responsabilidade, caso o empregado não pagasse a indenização (não seria devedor, mas apenas responsável).

Na hipótese de danos causados por incapaz a teoria também não se sustenta. Isso porque, imaginando-se que o pai ou tutor é considerado simples garantidor da obrigação, duas seriam as conseqüências.

A primeira é que pai, tutor ou curador, na qualidade de simples garantidores, poderiam evitar a constrição do seu

---

[64] Segundo Judith Martins-Costa, proposta por autores alemães dos finais dos Oitocentos, notadamente Bekker e Brinz, e aperfeiçoada no início do século XX por Von Gierke, a doutrina significou reação às análises pessoalistas. *Schuld*, no sentido do direito alemão, é um dever legal. *Schuld*, em um sentido muito mais estrito é técnico, é a dívida autônoma, quer dizer uma relação jurídica existente em si mesma e que tem por conteúdo um dever legal. A essência da responsabilidade (*Haftung*) consiste, por sua vez, na submissão ao poder de intervenção daquele a quem não se presta o que deve ser prestado (MARTINS-COSTA, Judith; TEIXEIRA, Sálvio de Figueiredo. Dos direitos das obrigações. Do adimplemento e da extinção das obrigações. In: TEIXEIRA, Sálvio de Figueiredo (Coord.). *Comentários ao novo Código Civil*. Rio de Janeiro: Forense, 2003. t. 1, p. 16).

patrimônio se o menor tiver bens que garantam o pagamento da indenização. Poderiam invocar espécie de benefício de ordem, tal como permite a lei tratando-se de fiador.

No direito brasileiro, a situação é completamente diferente. De acordo com a regra do artigo 928, pelo contrário, os bens do incapaz só responderão pela indenização se os representantes não tiverem a obrigação de indenizar ou não tiverem bens suficientes para o pagamento. Há a adoção da responsabilidade subsidiária do incapaz, sendo o responsável o primeiro a ser chamado a indenizar, na qualidade de principal pagador. Ainda que assim não fosse, caso se aplicasse o artigo 942, a responsabilidade do pai ou do tutor e do incapaz seria solidária.[65] Havendo solidariedade, afasta-se a idéia de garantia e tanto o incapaz quanto o representante passam a ser principais pagadores, cabendo ao responsável o pagamento da dívida toda.

A segunda razão pela qual se afasta a teoria da caução é também contundente. Se o responsável pelo incapaz fosse mero garantidor de uma dívida que não é dele, poderia, em qualquer hipótese, por meio de ação regressiva, cobrar do incapaz aquilo que pagou para indenizar a vítima do ilícito. Entretanto, o Código Civil expressamente proíbe o direito de regresso se o incapaz causador do dano for descendente do responsável.

Assim, se o filho causar um dano a terceiro e o pai pagar a indenização, não terá o último ação de regresso contra o primeiro. Da mesma forma, se o avô for tutor de seu neto, não poderá cobrar deste o valor que desembolsar a título de indenização.

---

[65] A solução da antinomia aparente se dá no Capítulo 6 deste livro.

Não havendo o direito de regresso, a responsabilidade objetiva é chamada de pura, pois o responsável arcará exclusivamente com o pagamento da indenização.[66]

Portanto, não se pode aplicar a teoria pela qual o representante é um garantidor, por não ter regresso contra o garantido.

Quando o Código cuida da figura de terceiro garantidor de dívida alheia, quer seja o fiador, quer seja o devedor solidário (que deve parte da dívida, mas responde pelo todo), quer seja aquele que deu garantia real (penhor, hipoteca) para dívida de um terceiro, o direito de regresso contra o devedor é conseqüência natural e óbvia.[67] Em tais casos, são considerados terceiros os interessados que, não só terão direito ao reembolso, mas também a vantagem da sub-rogação (CC, art. 346, III).

2.6 CONCLUSÃO DO CAPÍTULO

A dificuldade de encontrar o fundamento da responsabilidade por fato de outrem é acentuada. Diversos autores, com base nas mais diferentes teorias, pretendem encontrar o fundamento jurídico para que alguém responda por um dano não causado por si, mas por terceiros.

---

[66] AZEVEDO, Álvaro Villaça. Jurisprudência não pode criar..., p. 112.
[67] Em relação à fiança: "Art. 831. O fiador que pagar integralmente a dívida fica sub-rogado nos direitos do credor; mas só poderá demandar a cada um dos outros fiadores pela respectiva quota." Em relação ao devedor solidário: "Art. 283. O devedor que satisfez a dívida por inteiro tem direito a exigir de cada um dos co-devedores a sua quota, dividindo-se igualmente por todos a do insolvente, se o houver, presumindo-se iguais, no débito, as partes de todos os co-devedores."

Classicamente, a responsabilidade deriva da culpa do responsável pela vigilância (*in vigilando*) ou pela escolha (*in eligendo*) do terceiro. Assim, os responsáveis só indenizariam a vítima caso essa provasse a culpa em uma de suas modalidades. Se o fundamento era lógico e claro, o problema que surgiu era a grande e quase insuperável dificuldade na prova da inobservância do dever de cuidado, por parte dos pais, dos tutores, dos curadores, dos empregadores, entre outros.

Como forma de se minimizar a dificuldade em questão, o sistema passa a se valer de um segundo fundamento. Os responsáveis eram considerados, presumivelmente, culpados pelos atos das pessoas sob sua guarda, vigilância ou instrução, mas poderiam provar a inexistência de culpa, livrando-se, assim, do dever de indenizar.

O sistema de presunções inverte o ônus da prova, transferindo-o ao responsável, que deverá provar sua não-culpa. A situação da vítima melhora, eis que terá mais chances de receber a indenização devida.

Como fundamento derradeiro e efetivamente adotado pelo Código Civil, tem-se a responsabilidade objetiva que pode ser calcada no risco ou no chamado dano objetivo.

Se o fundamento da responsabilidade por fato de terceiro fosse o dano objetivo, concluir-se-ia que a conduta do agente ou do representante é irrelevante ao ordenamento, bastando a existência comprovada de um dano que se quer ver reparado. Nessa ótica, existindo ou não risco, a responsabilidade se justificaria pela simples existência do dano.

Caso se entenda que a responsabilidade objetiva tem sempre por base a noção de risco, e esta premissa é a que conta com o apoio de grande parte da doutrina, os conceitos de risco-proveito, risco-criado, risco profissional, risco excepcional, risco administrativo e risco integral não são suficientes para justificar o porquê da responsabilidade dos pais, dos tutores e dos curadores pelos atos dos filhos, pupilos e curatelados.

Na realidade, o Código Civil, ao adotar expressamente a responsabilidade objetiva, indica que aquele responsável pelos menores ou doentes (incapazes) assume o risco dependência, criando, portanto, nova modalidade de risco. O risco dependência é explicado pelo simples fato de a ausência de discernimento dos incapazes, ou de sua redução, torná-los potenciais causadores de danos. O discernimento completo e a possibilidade de se distinguir entre o certo e o errado faltam ao incapaz. Em decorrência do potencial de causar danos, a responsabilidade dos pais, dos tutores e dos curadores é objetiva. Essa é a tese que se defende.

A conseqüência da adoção da teoria do risco dependência é que, para não surgir o dever de indenizar, os responsáveis devem provar alguma das excludentes de responsabilidade, com o objetivo de quebra do nexo causal.

3
Responsabilidade do incapaz no Código Civil de 1916

3.1 INTRODUÇÃO

O estudo do sistema da responsabilidade civil do incapaz no revogado Código Civil de 1916 é essencial para a compreensão das disposições vigentes.

Isso porque muitos danos foram causados por incapazes antes de 11 de janeiro de 2003. Dessa forma, há demandas em curso, cujo julgamento ocorrerá na vigência do Código Civil atual, mas com base na lei vigente à época do fato. Os dispositivos do Código Civil revogado merecem, portanto, estudo detalhado.

Ainda, a utilidade do estudo da matéria é indiscutível para a clara compreensão das mudanças operadas quanto à responsabilidade civil decorrente de danos causados pelos incapazes.

O cerne da questão é saber se havia ou não responsabilidade pessoal dos incapazes no sistema anterior. Sendo a resposta positiva, deve-se verificar se havia diferenças entre a responsabilidade do relativamente e do absolutamente incapaz.

A segunda questão de relevo é saber, havendo ou não responsabilidade direta do incapaz, em que situações o representante arcaria pessoalmente com os danos causados.

3.2 QUANTO AOS INCAPAZES

Sempre foi matéria de muita complexidade a questão da responsabilidade civil dos absolutamente incapazes que, em razão de enfermidade ou deficiência, não têm discernimento para a prática dos atos da vida civil (CC, art. 3º, II), chamados por parte da doutrina de amentais[1] ou alienados,[2] bem como do menor impúbere (CC, art. 3º, I).

Em razão de sua total ausência de discernimento, falta a eles a opção de escolha entre o certo e o errado, razão pela qual desconhecem a noção de culpa e são considerados inimputáveis. Assim, o Código Civil de 1916 simplesmente nada dispôs a respeito do tema.

Os danos causados pelos alienados, em face da teoria clássica da culpa, não devem ser reparados, excetuando-se a responsabilidade dos seus guardas, porque seria declarar responsáveis indivíduos desprovidos de razão, inconscientes na prática de seus atos, que agem sem conhecimento de causa.[3]

Nessa linha de raciocínio é preciso ponderar que toda a ação de responsabilidade civil deve ser a ação de um homem consciente de seus atos, nem a criança nem o doido o são.[4]

---
[1] RODRIGUES, Silvio. *Direito civil*, 1991, p. 47.
[2] LIMA, Alvino. *Culpa e risco*, p. 87.
[3] LIMA, Alvino. *Culpa e risco*, p. 88.
[4] RIPERT, Georges. *A regra moral nas obrigações civis*. Campinas: Booksel-

Os atos praticados por tais pessoas eram considerados verdadeira força maior e não geravam qualquer dever de indenizar para o incapaz.[5]

Já os menores púberes, entre 16 e 21 anos (CC/16, art. 6º, I), quanto à prática de atos ilícitos, eram equiparados aos maiores, desde que culpados (CC/16, art. 156). Assim, para estes menores, a lei atribuía evidente imputabilidade, já que eram considerados maiores e teriam o dever de indenizar as vítimas de seus atos.

A expressão *em que for culpado*, utilizada pelo dispositivo do revogado Código Civil, apenas indica a existência de nexo causal entre a conduta do menor e o dano causado. Isso não significa que a responsabilidade depende da culpa, porquanto, se o menor não tem capacidade para agir licitamente, não a deve ter, em regra, para agir ilicitamente.[6]

---

ler, 2000. p. 231. Deve-se frisar, entretanto, que, apesar dessa irresponsabilidade, o Estatuto da Criança e do Adolescente já previa em seu artigo 116 a responsabilidade pessoal do adolescente, conforme se analisa no Capítulo 5 deste trabalho.

[5] Note-se que, em idêntico sentido, a responsabilidade civil do próprio incapaz era desconhecida do Direito Romano. As fontes romanas aprovaram a irresponsabilidade do indivíduo privado de razão pelo fato danoso cometido. É a famosa passagem de Ulpiano, comparando o dano ocasionado pelo *furious* ou pelo *infans* com o causado por um quadrúpede ou a queda de uma telha: "Et ideo quarimus, si furiosus damnum derit, na legis Aquiliae actio sit? Et Pegasus negavit:quae enim in eo culpa sit, cum suae mentis non sit? Et hoc est verissimum: cessabit igitur Aquilia action, quemadmodum si quadrupes dederit aut si tegula ceciderit. Sed et si ifans damnum dederit idem erit dicendum" (D. 9, 2, 2, 5) (ANTUNES, Henrique Sousa. *Responsabilidade civil dos obrigados...*, p. 291). A crítica que se fazia à comparação de Ulpiano entre o ato do louco e do menor e o dano causado por uma telha ou por um animal é óbvia. Enquanto a telha e o animal não têm personalidade jurídica, e portanto, nem patrimônio, o menor e o louco tinham a chamada capacidade de direito e um patrimônio que poderia arcar com as dívidas.

[6] BEVILÁQUA, Clóvis. *Código Civil dos Estados Unidos do Brasil*, v. 1, p. 340.

Realmente, parece estranho o dispositivo mencionar a culpa de um menor púbere que ainda não tem o discernimento completo e, portanto, é incapaz.[7]

Como decorrência lógica do artigo 156 do Código Civil de 1916, que só equiparava aos maiores os menores púberes, os demais não são diretamente responsáveis e, então, respondem apenas seus pais ou tutores.[8] Já após os 16 anos, menores e responsáveis são solidários no dever de reparar.[9]

João Luiz Alves criticava a orientação legal, entendendo que melhor seria que todos os menores, púberes ou não, respondessem solidariamente com seus responsáveis.[10]

No tocante à solidariedade entre os menores púberes e seus representantes, interessante questão merece nota. Como o menor a partir dos 16 anos equiparava-se ao maior, nos termos do artigo 156 do Código Civil de 1916, é de se indagar se a solidariedade entre ele e seus representantes realmente existiria. Em uma primeira leitura, por se equiparar ao maior, a conclusão a que se chega é que responderia apenas e tão-somente o incapaz, e não seu representante.

Entretanto, a interpretação do sistema de indenização do Código Civil de 1916 não permite tal conclusão, ape-

---

[7] Note-se que o Projeto Clóvis, no seu artigo 169, previa apenas que o menor é equiparado ao maior em relação às obrigações resultantes dos atos ilícitos pelos quais deve responder. Não mencionava culpabilidade.
[8] Em idêntico sentido: SANTOS, João Manuel Carvalho. *Código Civil brasileiro interpretado*: parte geral. 2. ed. Rio de Janeiro: Freitas Bastos, 1937. t. 3, p. 298.
[9] ALVES, João Luiz. *Código Civil da República dos Estados Unidos do Brasil*. 2. ed., rev. e aum. Rio de Janeiro: Saraiva, 1935. v. 1, p. 170.
[10] Idêntica crítica feita por Carvalho Santos, elogiando a disposição do Código Civil italiano, artigo 1.306. SANTOS, João Manuel Carvalho. *Código Civil brasileiro interpretado*: parte geral. 2. ed. Rio de Janeiro: Freitas Bastos, 1937. t. 3, p. 298. Os autores em questão tiveram seus clamores atendidos com a vigência do atual Código Civil.

sar das falhas de redação do artigo 156. Isso porque mesmo sendo legalmente o menor púbere equiparado ao maior, seus responsáveis responderiam solidariamente nos termos do artigo 1.518, parágrafo único, desde que provada culpa *in vigilando* destes.[11] Não se poderia conceber que, após os 16 anos, a vigilância paterna estaria dispensada em razão da equiparação legal.

3.3 QUANTO AOS TERCEIROS POR ELES RESPONSÁVEIS

Sendo o dano causado por pessoa relativa ou absolutamente incapaz, surgia, no sistema do Código Civil revogado, a obrigação de indenizar dos seus representantes.[12]

Para compreensão da responsabilidade por fato de terceiro naquele sistema, necessária é a análise de dois artigos do diploma então vigente: artigos 1.521[13] e 1.523.

---

[11] Esta questão da necessidade de culpa hoje encontra-se superada, conforme visto no Capítulo 2.

[12] A idéia de responsabilidade por fato de terceiro, em Roma, passa pelo estudo da ação noxal, ou seja, a ação adequada para que a vítima reclame indenização do *paterfamilias* por delitos praticados pelo escravo ou pelo *filiusfamilias*. O pai, na qualidade de responsável, teria que arcar com os danos por eles causados. No direito primitivo, a entrega do filho ou do escravo fazia que o lesado adquirisse a propriedade sobre ele, o que permitiria à vítima exercer a sua vingança, segundo as formas previstas na lei. Na época de Justiniano, tal assertiva não se aplicava aos filhos (ANTUNES, Henrique Sousa. *Responsabilidade civil dos obrigados...*, p. 19).

[13] "Art. 1.521. São também responsáveis pela reparação civil:
I – os pais, pelos filhos menores que estiverem sob seu poder e em sua companhia;
II – o tutor e o curador, pelos pupilos e curatelados, que se acharem nas mesmas condições;
III – o patrão, amo ou comitente, por seus empregados, serviçais e prepostos, no exercício do trabalho que lhes competir, ou por ocasião dele (art. 1.522);
IV – os donos de hotéis, hospedarias, casas ou estabelecimentos, onde se

Pela singela redação do artigo 1.521, *caput*, em que apenas se dizia "são também responsáveis pela reparação civil", sem qualquer menção à conduta culposa dos responsáveis, poder-se-ia concluir que o sistema adotado era o da responsabilidade objetiva, no qual o representante responde independentemente de culpa.

Entretanto, o próprio diploma tratava de desmentir a idéia ao anunciar no seu artigo 1.523 que, "excetuadas as do art. 1.521, V, só serão responsáveis as pessoas enumeradas nesse e no art. 1.522, provando-se que elas concorreram para o dano por culpa ou negligência de sua parte".

A idéia de ocorrência de culpa[14] já transformava a responsabilidade dos terceiros em subjetiva. Assim, caberia à vítima do dano a prova da culpa *in vigilando* ou da culpa *in eligendo* para que surgisse o dever de indenizar por parte de terceiros.

A *culpa in vigilando* ocorre quando há quebra do dever legal de vigilância, de cuidar de determinadas pessoas em razão da imposição legal. Verifica-se nas hipóteses de responsabilidade do pai pelo filho; do tutor pelo tutelado; do curador pelo curatelado; do dono de hotel pelo hóspede e, ainda, do educador pelo educando.

A *culpa in eligendo* decorre da falta de cuidados no ato de escolha ou eleição feita por determinada pessoa. É a hipótese do patrão por ato de seu empregado.

---

albergue por dinheiro, mesmo para fins de educação, pelos seus hóspedes, moradores e educandos;
V – os que gratuitamente houverem participado nos produtos do crime, até à concorrente quantia."

[14] Falar em negligência não era necessário, pois a negligência, ao lado da imprudência, é modalidade de culpa.

A situação era injusta, pois, em muitas ocasiões, a necessidade de prova acabava por privar a vítima da indenização em razão da enorme dificuldade, mormente nas hipóteses em que o dano era causado pelo empregado. A prova da culpa na escolha revelava-se praticamente impossível, conforme explicado no Capítulo 2.

Em relação aos incapazes menores, a alteração das regras referentes à responsabilidade civil de seus representantes ocorreu apenas 10 anos após a vigência do Código Civil de 1916, com a edição do chamado Código de Menores.

Isso porque o Decreto nº 17.943-A, de 12 de outubro de 1927, dispunha no artigo 68, § 4º, que "são responsáveis pela reparação civil do dano causado pelo menor os pais ou pessoa a quem incumbia legalmente sua vigilância, salvo se provar que não houve de sua parte culpa ou negligência". Assim, em relação aos menores, quer estivessem sob o pátrio poder (atualmente denominado poder familiar) ou mesmo sob tutela, criava-se contra os responsáveis uma presunção simples (*iuris tantum*) de culpa, que poderia ser ilidida por prova em sentido contrário.

A inversão do ônus da prova, por si, já beneficiava em muito as vítimas de danos praticados por pessoas menores. Além disso, o Código de Menores de 1927 não exigia que o menor causador do dano estivesse em poder ou companhia do responsável.

Tal situação persistiu até a edição do novo Código de Menores em 1979.[15] Conforme informa Silvio Rodrigues, o novo diploma revogou expressamente o antigo Código que, por sua vez, revogara tacitamente o artigo 1.523 do Código Civil no tocante aos menores. Assim, como no Brasil não se admite a chamada repristinação tácita, somente expressa,

---

[15] Lei nº 6.697, de 10 de outubro de 1979.

afirmava o jurista que, a partir de 1979,[16] o único dispositivo aplicável para a responsabilidade dos pais ou tutores pelos atos dos menores seria o artigo 1.521 do Código Civil de 1916 e, portanto, a responsabilidade seria objetiva desde então.[17]

Mesmo com a edição do Estatuto da Criança e do Adolescente (Lei nº 8.069, de 13 de julho de 1990), a situação quanto aos representantes do incapaz não se alterou, pois o referido diploma não aborda a questão da responsabilidade civil.

Contudo, deve-se salientar que mesmo defendendo-se a objetivação da responsabilidade, a questão não era pacífica em termos de doutrina.

Aguiar Dias afirmava que havia contra os pais e toda pessoa que lhes fizesse as vezes presunção *iuris tantum* de

---

[16] Realmente, da leitura do Código de 1979 se depreende que a questão de responsabilidade não foi abordada, não obstante o diploma tenha cuidado de temas relevantes, como a adoção plena, a adoção simples, a guarda e tutela de menores, as medidas de assistência e proteção aplicáveis aos menores, bem como as penalidades aplicáveis aos pais e responsáveis. A título de curiosidade, o artigo 56 continha regra que sempre causou espécie aos adolescentes: a proibição ao menor de 18 anos, desacompanhado dos pais ou responsável, de hospedar-se em hotel, motel, pensão ou estabelecimento congênere.

[17] Em sentido contrário, Antonio Junqueira de Azevedo explica que a revogação do antigo Código de Menores e a sua substituição pelo novo, que não traz preceito idêntico ou semelhante ao anterior, não altera a situação. Deixando de lado o argumento de que a substituição da lei revogadora não dá nova vigência à lei revogada (não ocorre a chamada repristinção), é preciso não perder de vista que o antigo Código de Menores somente veio a confirmar tendência hermenêutica preexistente e não propriamente alterar o disposto no Código Civil. Na realidade, mesmo sem o antigo preceito do Código de Menores, a presunção de culpa dos pais já se deveria entender como existente, invertendo o ônus da prova (AZEVEDO, Antonio Junqueira de. Responsabilidade civil dos pais. In: CAHALI, Yussef Said (Coord.). *Responsabilidade civil: doutrina e jurisprudência*. 2. ed. São Paulo: Saraiva, 1988. p. 60).

responsabilidade.[18] No mesmo sentido, Francisco Amaral asseverava que, no caso dos pais, dos tutores e dos curadores e donos de educandários, chegava-se a se configurar responsabilidade por fato próprio, uma vez que o revogado Código Civil estabelecia uma presunção *iuris tantum* de culpa *in vigilando*.[19]

Antonio Junqueira de Azevedo propunha solução completamente diferente. Se o ato danoso fosse cometido por menor *infans* (menor de 7 anos), seria praticamente inarredável a responsabilidade dos pais (responsabilidade que poderia se dizer direta, por ato próprio), pois o primitivismo do comportamento infantil exigiria uma fiscalização constante. Acima dessa idade, a presunção passa progressivamente da culpa *in vigilando* para a culpa *in educando*, ou seja, os pais deveriam dividir a responsabilidade com o Estado e os educadores profissionais. Já para os menores acima de 16 anos, cuja autonomia é quase plena, a responsabilidade dos pais ficaria muito diminuída, pela impossibilidade de controle de seu comportamento.[20]

Diante dessa situação de caos doutrinário, os julgados sobre o tema eram os mais variados. Assim, há decisões que entendem que, nos termos do artigo 1.523 do Código Civil de

---

[18] DIAS, José de Aguiar. *Responsabilidade civil*, p. 555. Em idêntico sentido: PEREIRA, Caio Mário da Silva. *Instituições de direito civil*. 4. ed. Rio de Janeiro: Forense, 1978. v. 3, p. 503, e Serpa Lopes, que afirma que, por se tratar de presunção *iuris tantum*, era suscetível de ser afastada se o pai ou o outro responsável demonstrasse não ter se distanciado de uma conduta incensurável, quanto à vigilância e educação do menor (SERPA LOPES, Miguel Maria de. *Curso de direito civil*. 6. ed., rev. e atual. Rio de Janeiro: Freitas Bastos, 1996. v. 5, p. 242).
[19] AMARAL, Francisco dos Santos; FRANÇA, Limongi (Coord.). *Enciclopédia Saraiva de Direito*. Responsabilidade civil. São Paulo: Saraiva, 1981. p. 358.
[20] AZEVEDO, Antonio Junqueira de. Responsabilidade civil dos pais, p. 63-64.

1916, a responsabilidade só surgiria com a prova da culpa *in vigilando* do pai ou tutor.[21]

Em outros casos, entendeu o Superior Tribunal de Justiça que sequer haveria responsabilidade civil dos pais se o menor púbere praticava ato para o qual tinha necessária habilitação.[22]

---

[21] Nesse sentido, decisões do Superior Tribunal de Justiça: "Civil. Responsabilidade civil dos pais pelos atos ilícitos dos filhos. Menor púbere. Legitimidade passiva *ad causam*. *Culpa in vigilando*. Presunção *juris tantum*. Solidariedade. Inteligência do art. 1.518, parágrafo único, CC. Recurso não conhecido.
1 – Consoante entendimento jurisprudencial, os pais respondem pelos atos ilícitos praticados pelos filhos, salvo se comprovarem que não concorreram com culpa para a ocorrência do dano.
2 – A presunção da culpa beneficia a vítima, cabendo aos pais o ônus da prova.
3 – Embora o art. 156 do Código Civil equipare o menor púbere ao maior, para os fins de responder pelas obrigações decorrentes de atos ilícitos, os pais respondem solidariamente pelo dano, detendo legitimidade passiva para a ação por meio da qual se postula indenização" (STJ, REsp 13.403/RJ; Recurso Especial 1991/0015813-5, Ministro Sálvio de Figueiredo Teixeira, 4ª T., 6/12/1994, *DJ* 20.2.1995, p. 3.186, *LEXSTJ*, v. 71, p. 78).
"CIVIL – AGRAVO DE INSTRUMENTO – AGRAVO REGIMENTAL – RESPONSABILIDADE CIVIL DOS PAIS – ATO ILÍCITO – MENOR IMPÚBERE – SOLIDARIEDADE – HIPÓTESE – CONCORRÊNCIA COM CULPA.
I – O Acórdão recorrido, ao decidir a lide como posta, entendeu que a indenização é cabível, baseando-se na culpa presumida dos pais do menor, (arts. 159, 1.521, I, e 1.523, do CCB), esta amplamente comprovada nos autos, segundo aspectos fáticos – probatórios que não cabe nesta via eleita o seu reexame (Súmula 7/STJ).
II – Condenação referente ao pagamento de gastos com nova cirurgia e tratamento fisioterápico não constitui decisão condicional. Cuida-se na verdade de reparação de dano já aferido. Inexistência de ofensa ao art. 460 do CPC.
III – Em decorrência das lesões sofridas, cabível condenação por dano moral fundado na perda, pela vítima, da capacidade de vir a exercer qualquer atividade lucrativa, da sua auto-estima e da possibilidade de vir a constituir família" (STJ, AgRg no Ag 99834/MG; Agravo Regimental no Agravo de Instrumento 1996/0007259-0, rel. Ministro Waldemar Zveiter, 3ª T., 10/6/1996, *DJ* 5.8.1996, p. 26.358).
[22] "CIVIL E PROCESSUAL. ACIDENTE DE TRÂNSITO. VÍTIMA FATAL. VEÍCULO CAUSADOR DIRIGIDO E PERTENCENTE A MENOR PÚBERE LEGALMENTE

Realmente interessante e demonstrativo da forte controvérsia quanto à matéria é o julgado datado de 26 de junho de 2000, relatado pelo ministro Ari Pargendler, da 3ª Turma do Superior Tribunal de Justiça.[23] No caso em questão, determinado menor púbere, devidamente habilitado, com 20 anos de idade, dirigindo carro de seu tio, caiu na ribanceira, causando a morte de uma mulher e ferimentos graves em outra pessoa.

O Tribunal de Justiça do Rio de Janeiro entendeu que era *"induvidosa a responsabilidade do genitor do condutor do veículo, pois era o mesmo menor à época do fato, e a jurisprudência tem consagrado de forma cristalina essa mesma responsabilidade, não importando se o menor residia ou não em sua companhia, mas o que fica bem patenteado é que o pai descurou do seu dever de guarda e vigilância, devendo, é claro, responder pelos danos que aquele venha causar a terceiros na condução do veículo".*

HABILITADO. RESPONSABILIDADE DOS PAIS NÃO CONFIGURADA. CARÊNCIA DA AÇÃO. CPC, ART. 267, VI.
I – Achando-se o menor púbere legalmente habilitado à condução de veículo automotor de sua propriedade, os danos por ele provocados a terceiros em acidente no qual também perdeu a vida não devem ser suportados pelos pais, eis que o dever de vigilância inerente ao exercício do pátrio poder não se estende sobre atos para os quais o filho se achava apto a praticar de forma absolutamente autônoma.
II – Conquanto possível, ainda assim, em hipóteses excepcionais, atribuir-se aos pais responsabilidade civil pelo comportamento do filho menor púbere, quando, sendo de seu conhecimento que ele padece de vício (alcoolismo, drogas, etc.), doença ou tratamento que lhe retira reflexo ou capacidade de discernimento para dirigir, se omitem na tomada das providências necessárias, tais situações não se verificam no caso dos autos" (STJ, REsp 392099/DF; Recurso Especial 2001/0164175-2, rel. Ministro Aldir Passarinho Junior, 4ª T., 7/3/2002, *DJ* 15.4.2002, p. 231, v. 24, p. 360).
[23] A íntegra da decisão está disponível em: <http://www.stj.gov.br>. Acesso em: 4 out. 2005.

O relator, Ministro Ari Pargendler, em acurada análise do artigo 1.521 do velho Código Civil, entendeu que, sendo o menor habilitado como motorista pelo Poder Público, a vigilância paterna seria utópica, se não absurda. Assim, se o Estado considera o menor habilitado, absurdo seria responsabilizar seu pai solidariamente por seus atos, faltando, então, os pressupostos da vigilância, que se tornaria impossível ou inócua (*ad impossibilia nemo tenetur*). De acordo com o relator, inexistiria, no caso, qualquer responsabilidade do pai do menor.

Compondo a turma julgadora, o Ministro Nilson Naves compila a doutrina de muitos autores pátrios[24] para discordar do voto do relator e opinar pela responsabilidade objetiva dos pais (concorde com Silvio Rodrigues) ou com a presunção de culpa (Caio Mário da Silva Pereira). Assim, sendo objetiva a responsabilidade, conclui o voto entendendo que o menor, mesmo estudando em cidade vizinha, estava sob o poder familiar, determinando a condenação solidária do pai e do menor causador do dano.

O Ministro Eduardo Ribeiro, em declaração de voto, seguiu o relator, julgando que, no caso concreto, o menor não estava em companhia de seus pais, sendo pessoa de 20 anos que estudava em outro município. Portanto, supor um dever de vigilância significaria "uma ficção, uma abstração da realidade".

Em conclusão, por maioria de votos, decidiu o Superior Tribunal de Justiça que não havia responsabilidade civil do pai no caso *sub judice*.

Em resumo, nota-se que a diversidade de julgados revelava o caos em que estava a responsabilidade de tercei-

---

[24] O Ministro menciona Caio Mário da Silva Pereira, Silvio Rodrigues, Aguiar Dias, Freitas Gomes, Wilson Melo da Silva e Orlando Gomes.

ros pelos atos praticados pelos incapazes. O Código Civil de 2002 veio como grande esperança de melhor disciplinar a matéria e cessar as profundas e constantes divergências doutrinárias e jurisprudenciais.

Entretanto, contrariamente ao almejado, o novo diploma aprofundou ainda mais as controvérsias.

3.4 CONCLUSÃO DO CAPÍTULO

No sistema do revogado Código Civil, algumas certezas e outras tantas dúvidas existiam em relação à responsabilidade civil do incapaz.

Os absolutamente incapazes não respondiam pessoalmente pelos danos causados e seus atos equivaliam à força maior. Nada muito diferente do que preconizava Ulpiano quando comparava o dano causado pelo menor com aquele causado por um animal.

Já em relação aos menores púberes, o sistema equiparava-os aos maiores para fins de reparação civil, desde que culpados. Em decorrência de sua inimputabilidade, a noção de culpa deveria ser verificada à luz da pessoa com pleno discernimento.

Assim, analisando-se o ato praticado, caberia verificar, se este tivesse sido praticado por pessoa imputável, se teria havido culpa na conduta do agente. A pergunta que se fazia é se o ato praticado, ainda que por pessoa com discernimento completo, seria ou não considerado culposo.

Em relação aos representantes legais dos incapazes, as dúvidas eram muitas. Isso porque pela redação original do Código Civil então vigente, a responsabilidade era subjetiva e dependia da prova de culpa *in vigilando* para que os responsáveis tivessem o dever de indenizar (CC/16, arts. 1.521 e 1.523).

Em relação aos incapazes, cuja falta ou redução de discernimento decorria de doenças e vícios, essa regra permaneceu intacta.

No que se refere aos menores, entretanto, o problema era grande em razão da sucessão de leis com relação ao tema. Com a edição do Código de Menores de 1927, que criava presunção simples de culpa em favor da vítima, revogou-se o artigo 1.523 do antigo Código Civil no tocante aos menores. Em 1979, com a edição do segundo Código de Menores, que revogou o primeiro, a matéria simplesmente não foi abordada pelo diploma.

Como não se admite repristinação tácita, concluía-se que apenas o artigo 1.521 era aplicado aos menores e não mais o artigo 1.523, que perdera a vigência com a edição do Código de Menores de 1927.

A partir de então, as opiniões sobre a matéria eram divergentes. Para certos autores, a responsabilidade era subjetiva e por culpa presumida; para outros, objetiva.

De qualquer forma, se verificada a responsabilidade dos pais ou tutor no que diz respeito aos menores púberes, essa era considerada solidária, por força do artigo 1.518 do Código Civil de 1916.

Em resumo, quanto aos absolutamente incapazes, apenas os representantes arcariam com o dever de indenizar. Em relação aos menores púberes, haveria responsabilidade solidária.

4
Fundamentos constitucionais da responsabilidade civil

4.1 INTRODUÇÃO: FUNDAMENTOS DA RESPONSABILIDADE CIVIL

A dicotomia clássica entre os direitos público e privado tende paulatinamente a desaparecer. Deixa o Código Civil de ser o centro das relações do direito privado. Com a consciência da unidade do sistema e do respeito à hierarquia das fontes normativas, a Constituição assume seu lugar como base fundamental dos princípios do ordenamento.[1]

Isso porque o direito civil e o direito público estão, muitas vezes, em campos de convergência, o que coloca por terra os dois critérios tradicionais de distinção, os quais são os seguintes: critério da natureza pública ou privada da pessoa ou ente jurídico; critério do desequilíbrio das partes (o direito público seria caracterizado por uma posição desigual

---

[1] MORAES, Maria Celina Bodin de. A caminho de um direito civil constitucional. *Revista de Direito Civil Agrário, Imobiliário e Empresarial*, ano 17, jul./set. 1993. p. 24.

entre os sujeitos, intervindo os entes públicos com poderes de autoridade sobre os sujeitos privados).[2]

O problema do primeiro critério é que, muitas vezes, o ente público atua na esfera privada como um sujeito privado e despido das prerrogativas de autoridade, assim como os sujeitos privados podem atuar tanto em esferas do direito público quanto no direito eleitoral, penal ou processual.

Em relação ao segundo critério, muitas vezes entes jurídicos de direito público podem tomar parte de um contrato em que ambos estão em mesma posição contratual, ao mesmo tempo em que há situações nas quais um sujeito privado exerce prerrogativas de autoridade sobre outro, como no caso do direito de família (relação paterno-filial).[3]

O Código Civil perdeu o seu papel de Constituição do direito privado,[4, 5] pois os textos constitucionais, paulatina-

---

[2] VASCONCELOS, Pedro Pais de. *Teoria geral do direito civil*, p. 6.
[3] VASCONCELOS, Pedro Pais de. *Teoria geral do direito civil*, p. 6.
[4] Rene David afirma que o envelhecimento dos códigos atenua, se não elimina, a atitude positivista legalista dominante durante o século XIX. Reconhece-se cada vez mais abertamente o papel essencial que a doutrina e a jurisprudência têm na formação e evolução do direito, e nenhum jurista hoje pensa que somente os textos legislativos são importantes para compreensão do direito. O renascimento da idéia de direito natural, que é observado nesta época, faz reviver a idéia de direito comum. Isso vivifica o sentimento de que o direito não deve mais ser conhecido e identificado com a lei e, como conseqüência desse fato, ser uma característica nacional (DAVID, René. *Les grand système de droit contemporains*. 7. ed. Paris: Dalloz, 1978. p. 66). Curiosamente, os romanos, no período clássico de sua História, tinham concepção fundamentalmente oposta às codificações, a ponto de se poder afirmar: o povo do direito não é o povo da lei (SURGIK, Aloísio. *Gens gothorum*: as raízes bárbaras do legalismo dogmático. 2. ed. Curitiba: Livro é Cultura, 2004. p. 17).
[5] Se a referência era verdade inconteste quanto ao Código Civil de 1916, não se pode dizer isso também quanto ao Código Civil atual. Aprovado após quase 15 anos de vigência da Constituição Federal de 1988, o diploma já incorpora diversas normas e preceitos constitucionais, mormente os referentes à função social da propriedade.

mente, definem princípios relacionados a temas antes reservados exclusivamente ao Código Civil e ao império da vontade: a função social da propriedade, os limites da atividade econômica, a organização da família, ou seja, matérias típicas de direito privado passam a integrar uma nova ordem pública constitucional.[6]

Acolher a construção da unidade (hierarquicamente sistematizada) do ordenamento jurídico significa sustentar que seus princípios superiores, isto é, os valores propugnados pela Constituição, estão presentes em todos os recantos do tecido normativo, resultando, como conseqüência, inaceitável a rígida contraposição direito público e direito privado.[7]

A divisão em tela somente tem pertinência no contexto de uma lógica positivista, de um sistema fechado (em torno da abstração racional na criação da norma jurídica), o que não mais satisfaz diante do enfoque de um sistema fulcrado na experiência jurídica. A fragmentação de diversos ramos clássicos em microssistemas reforça a perspectiva integradora do Direito com a *praxis*, no intuito de levar a efeito a resolução dos problemas concretos postos pela realidade social para apreciação e recepcionamento pela ordem jurídica vigente.[8]

---

[6] TEPEDINO, Gustavo. *Premissas metodológicas para a constitucionalização do direito civil*, 2004; BREBBIA, Roberto H. La equidad en el derecho de daños. In: BUERES, Alberto José; CARLUCCI, Aída Kemelmajer (Coord.). *Responsabilidade por danos no terceiro milênio*. Buenos Aires: Abeledo Perrot, 1997. p. 7.
[7] MORAES, Maria Celina Bodin de. A caminho de um direito civil constitucional, p. 24.
[8] BARROSO, Lucas Abreu. Situação metodológica e natureza jurídica do direito amazônico. In: CONGRESSO INTERNACIONAL DE DIREITO AMAZÔNICO, *Anais. Direito amazônico*: construindo o estado da arte. Boa Vista: ABLA; Instituto Gursen de Miranda, 2004. p. 62-82.

Todas as normas infraconstitucionais devem espelhar os princípios precisados pela Constituição Federal de 1988, sob pena de, em desarmonia com o sistema, serem consideradas inconstitucionais e terem sua validade questionada.

O problema que se verifica é exatamente saber como ocorre a relação entre a Constituição e o direito privado.[9] Ao analisar a Constituição alemã (Lei Fundamental) e seu artigo 1º, que determina que ela se aplica sobre o Poder Executivo, jurisdição e legislação, Canaris conclui que o termo *legislação* inclui a legislação privada, pois o "sentido literal possível" constitui o limite da interpretação (neste caso "limite" teria a acepção de "privado"). Na hierarquia de normas, o direito privado está sob a Constituição; assim, logicamente se deduz que a legislação no campo do direito privado esteja vinculada aos direitos fundamentais (princípio *lex superior*).[10]

---

[9] É o que Markensinis chama de "constitutionalisation of private law", ou seja, a constitucionalização do direito privado (Apud CANARIS, Claus-Wilhelm. *Direitos fundamentais e direito privado*. Coimbra: Almedina, 2003. p. 30). Deve-se frisar que o termo recebe fortes críticas porque o Código Civil já foi promulgado incorporando os preceitos constitucionais. Assim, não se falaria em constitucionalização do direito civil, que era aceitável na vigência do revogado Código, mas algo desnecessário atualmente.

[10] CANARIS, Claus-Wilhelm. *Direitos fundamentais e direito privado*, p. 28. É de se indagar se a aplicação dos direitos fundamentais seria mediata ou imediata. Em sustentação à teoria da aplicação mediata da Lei Fundamental sobre o direito civil, isto se daria por meio de conceitos jurídicos indeterminados e cláusulas gerais. Canaris posiciona-se em sentido contrário, argumentando que "parece-me até uma impossibilidade intelectual querer controlar a conformidade de uma norma de direito privado com os direitos fundamentais aferindo-a segundo uma outra norma de direito privado", uma vez que ambas as normas estão no mesmo nível hierárquico. Assim, os direitos fundamentais vigoram imediatamente em face das normas de direito privado, e aqui os direitos fundamentais desempenham as suas funções de proibições de intervenções, de controle de excessos e de imperativos de tutela. Apud CANARIS, Claus-Wilhelm. *Direitos fundamentais e direito privado*, p. 30-31.

É nesse panorama que a separação entre direitos público e privado deve ser abandonada, pelo menos se analisada de acordo com critérios puramente formais pelos quais, enquanto o direito privado cuida apenas da relação entre particulares, o direito público trata da relação entre o Estado e os particulares.

Nesse sentido, a mais notável contribuição de Solari Gióele para o estudo do Direito foi ter definitivamente rompido as distinções casuísticas para ver o Direito Privado como um todo e transpor o fosso que o separava – ou mesmo até hoje separa – do Direito Público, enquanto ramos do saber da Ciência do Direito. Sim, pois a esfera do privado e do público se intui com facilidade, mas não é admissível que alguém queira separar totalmente o estudo analítico de ambas, a ponto de desconhecer que não se pode ser liberal e individualista em matéria de direito e de propriedade e também socialista e coletivista em matéria de intervenção estatal, pois são situações que sutilmente vão uma com a outra se fundir.[11]

Contudo, as dificuldades de distinção entre direito público e privado não são inultrapassáveis desde que se abandone a técnica da classificação dicotômica e se adote um modo de qualificação polar. A distinção não precisa ser feita em termos binários exclusivos, ou dicotômicos, em que certa regulação tenha de ser ou de direito público ou de direito privado, em que todo o direito necessite ser separado em público e privado de modo exato e exaustivo.[12]

A solução estaria na divisão entre dois pólos: um público e outro privado, e o pólo público centra a vertente co-

---

[11] CICCO, Cláudio de. *Uma crítica idealista ao legalismo*. São Paulo: Cone, 1940. p. 197.
[12] VASCONCELOS, Pedro Pais de. *Teoria geral do direito civil*, p. 6-7.

munitária, o componente social, coletivo, estatal, vertente esta relativa à comunidade e ao bem comum, de todos ou da maioria ou dos interesses que ao Estado cabe proteger, assistido de poderes de autoridade e de modo sobreordenado. No pólo privado, centra-se a vertente pessoal – componente individual, particular e privado relativo às pessoas comuns e aos seus interesses – em um modo de relacionamento em princípio paritário. No primeiro, domina o direito heterônomo, a tutela dos interesses gerais ou coletivos e comunitários, de modo tendencialmente autoritário e sobreordenado; no segundo, domina o direito autônomo, interprivado, a tutela dos interesses particulares, de modo paritário e equilibrado.[13]

Deve-se frisar que a divisão feita entre direito público e privado, que é possível conforme anteriormente exposto, tem apenas um caráter didático, pois, de resto, não revela utilidade, em razão do processo de constitucionalização do direito privado.

Entre estes dois pólos existiria uma graduação fluida, uma flexibilização categórica na qual está o direito de família (que mesmo pertencendo ao ordenamento privado possui regulações de interesse e de ordem pública; veja o princípio do melhor interesse da criança), o direito do trabalho e o direito do consumidor.

O fenômeno do intervencionismo tornou-se um dos principais mecanismos pelos quais se realiza a justiça distributiva, conforme exige o ditame constitucional.[14] Esse intervencionismo deixa de ser simplesmente econômico e supera a questão do Estado ditar regras que alteram os rumos da eco-

---

[13] VASCONCELOS, Pedro Pais de. *Teoria geral do direito civil*, p. 7.
[14] MORAES, Maria Celina Bodin de. *A caminho de um direito civil constitucional*, p. 25.

nomia, aumentando ou reduzindo taxa de juros; alterando alíquota de impostos para estimular ou frear a importação e a exportação de produtos. O intervencionismo como forma de garantir efetividade aos princípios constitucionais atinge institutos considerados historicamente de direito privado.

O próprio Código Civil de 2002, por meio das cláusulas gerais, afastou-se da noção pela qual o juiz era a simples *bouche de la loi*,[15] assumindo-o como julgador que, por meio de eqüidade, faz a justiça no caso concreto.[16] O contrato, símbolo máximo da liberdade dos particulares de exprimir sua vontade e produzir efeitos, instituto que representa o direito privado, não resistiu e sofreu forte influência do direito público. Por meio das cláusulas gerais da função social e da boa-fé, o Estado-juiz intervém diretamente no contrato para fins de adequá-lo aos princípios constitucio-

---

[15] Os juízes se contentam em aplicar a lei, o que devem fazer com rigor. Esse é o significado da expressão de *Montesquieu*. Forma análoga, preconizada por Saint-Just, é aquela em que o juiz deverá condicionar a sua razão diante da lei. Segundo tal raciocínio, preferível seria a ditadura da lei, que é conhecida e previsível, pois condicionada a certos parâmetros, à do magistrado, cuja imprevisibilidade é evidente e a chance de cometer injustiças infinita, pois a motivação do homem recai na sombria perquirição da alma humana.

[16] Uma das críticas que se fazem às cláusulas gerais é que haveria uma ruptura com relação à tripartição de poderes preconizada por Montesquieu, pois o juiz acabaria por legislar no caso concreto. Segundo Zippelius, as rupturas do esquema da divisão de poderes não se verificam apenas quando um poder exerce a influência sobre o outro, como ocorre no caso do controle parlamentar, mas também quando um poder exerce funções do outro. Entretanto, o autor explica que o Poder Judiciário participa, por meio das interpretações da lei e da integração de lacunas legais, do processo de tornar mais preciso e completo o direito legislado. As interpretações e o desenvolvimento "aberto" do direito podem, sob a forma de jurisprudência constante, consolidar-se ao ponto de alçarem uma possibilidade de execução fática equivalente a uma interpretação legal ou a outra norma legal qualquer. Dessa forma, apesar de todas as reservas, o poder judicial atua inevitavelmente no âmbito funcional do poder legislativo (ZIPPELIUS, Reinhold. *Teoria geral do estado*. 3. ed. Lisboa: Fundação Calouste Gulbenkian, 1997. p. 416-417).

nais. Pode, então, declarar a nulidade ou inércia do contrato ou de suas cláusulas caso seja ferida a função social do contrato (CC, art. 2.035).

Além do intervencionismo, fala-se, ainda, em restrições constitucionais aos direitos privados com base em duas teorias: a teoria interna ou teoria dos limites imanentes e a teoria externa ou teoria de intervenção e limites.[17]

É o momento de uma urgente e imprescindível releitura do Código Civil à luz da Constituição. No decorrer do século XX, por meio da edição de um grande número de leis extravagantes, o Código Civil perde seu papel de único centro de disciplina das relações civis e identificam-se sinais de esgotamento das categorias de direito privado, constatando-se uma ruptura que pode ser definida, de um lado, como crise entre o instrumento teórico e as formas jurídicas do individualismo pré-industrial; de outro, a realidade econômica industrial ou pós-industrial, que repele o individualismo.[18]

---

[17] Segundo José Joaquim Gomes Canotilho, a primeira teoria, criada por Wolfgang Siebert, prevê a restrição aos direitos privados devido a uma idéia de dever e de comunidade que se sobreporia às intenções particulares, partindo das seguintes premissas: os direitos e os respectivos limites são imanentes a qualquer proteção jurídica; o conteúdo definitivo de um direito é, precisamente, o conteúdo que resulta desta compreensão do direito nascido com limites; e o âmbito de proteção de um direito é o âmbito de garantia efetiva desse direito. Já a segunda teoria, preconizada por Carl Schmitt, declara a ausência de limite para os direitos e as liberdades dos indivíduos. Esses direitos de liberdade são, em termos de princípio, ilimitados, isto é, o seu conteúdo e a sua extensão residem completamente na vontade do indivíduo. Portanto, qualquer restrição deve ser limitada, mensurável e suscetível de ser controlada, partindo das seguintes premissas: direitos e restrições são dimensões separadas; as restrições são sempre desvantagens impostas externamente aos direitos; o âmbito de proteção de um direito é mais extenso do que a garantia efetiva, porque aos direitos sem restrições são apostos limites que diminuem o âmbito inicial de proteção (CANOTILHO, José Joaquim Gomes. *Estudos sobre direitos fundamentais*, p. 192).

[18] TEPEDINO, Gustavo. Premissas metodológicas para a constitucionalização do direito civil, p. 6.

4.2 FUNDAMENTOS DA RESPONSABILIDADE CIVIL DO INCAPAZ

Nesse sistema de nítida influência dos princípios constitucionais sobre o direito civil, está o estudo da responsabilidade civil do incapaz, como agente causador de danos, e a reparação dos prejuízos por ele causados. Há verdadeira influência da ideologia do Direito Público constitucional no Direito Privado.[19] Os mecanismos clássicos de reparação baseados na culpa revelam-se insuficientes no atual estágio da sociedade por não atenderem ao princípio da solidariedade social e da dignidade da pessoa humana.

Realmente, a noção de responsabilidade civil nos fins do século XVIII e início do século XIX, época da promulgação, pelo Imperador Napoleão I, do Código Civil francês, restou superada em muitos de seus aspectos com o advento da Revolução Industrial e o fenômeno da sociedade de massas. Os danos causados ao indivíduo, em uma coletividade agrária e mesmo industrial, não se comparam àqueles causados em uma sociedade pós-industrial com forte desenvolvimento tecnológico.

Nesse contexto de insuficiência de mecanismos, em razão da mudança operada e consolidada no último século, buscam-se, na Constituição Federal, os princípios para delinear-se a responsabilidade civil. Assim, são três os princípios constitucionais básicos que terão reflexos diretos no estudo da responsabilidade civil. São eles: o princípio da dignidade da pessoa humana (CF, art. 1º, III), o da solidariedade social (CF, art. 3º, I) e o da igualdade (CF, art. 5º, *caput*).[20]

---

[19] CICCO, Cláudio de. *Uma crítica idealista ao legalismo*, p. 198.
[20] TARTUCE, Flávio. *Direito civil, concursos públicos*. São Paulo: Método, 2005. v. 2, p. 257.

Com base na leitura constitucional do direito civil, deve-se evoluir juridicamente no sentido de elevar o princípio da justiça social a um dos fundamentos constitucionais da obrigação de indenizar, conferindo acentuado alcance à aproximação da ordem civil com os valores constitucionalmente reconhecidos pela comunidade política, a refletir em uma verdadeira hermenêutica constitucional da responsabilidade civil.[21]

Deve-se enfatizar que os princípios da solidariedade social e da justiça distributiva, capitulados no artigo 3º, incisos I e III, da Constituição[22] – segundo os quais constituem objetivos fundamentais da República a construção de uma sociedade livre, justa e solidária, bem como a erradicação da pobreza e da marginalização e a redução das desigualdades sociais e regionais –, não podem deixar de moldar os novos contornos da responsabilidade civil.[23]

A dignidade da pessoa humana, como fundamento do Estado Democrático de Direito, é a base de todos os valores morais, a síntese de todos os direitos do homem e, assim, inclui todos os direitos da personalidade. Conclui-se que o dano moral nada mais é que a violação do direito à dignidade.[24]

Reflexo do princípio da dignidade da pessoa humana é a determinação da Constituição Federal de que o dano moral deve também ser indenizado.

---

[21] BARROSO, Lucas Abreu. Novas fronteiras da obrigação, p. 363.
[22] Nas palavras de Solari Gióele, o direito é produto coletivo, ainda que isto não apareça (CICCO, Cláudio de. *Uma crítica idealista ao legalismo*, p. 194), e essa é a razão de ser para a tese que se defende: o princípio do dever de indenizar a vítima está fundamentado no princípio de solidariedade, como se depreende do artigo 3º da Constituição Federal.
[23] TEPEDINO, Gustavo. Evolução da responsabilidade civil no direito brasileiro..., p. 194.
[24] CAVALIERI FILHO. Sérgio. Responsabilidade civil constitucional. *Revista Forense*, Rio de Janeiro, v. 95, nº 348, p. 197-203, 1999. p. 202.

Buscando uma caracterização jurídica do conceito de dignidade da pessoa humana, revelam-se duas concepções diversas sobre o tema. A primeira, denominada insular, é fundada no homem como razão e vontade, desconhecendo-se o valor da natureza, já que homem e natureza não se encontram, são respectivamente sujeito e objeto. A segunda corrente, baseada em uma nova ética, vê a dignidade humana fundada no homem como ser integrado à natureza, participante especial do fluxo vital e cuja nota específica não está na razão e na vontade, mas, sim, em rumo inverso, na capacidade do homem de sair de si, reconhecer no outro um igual, usar a linguagem, dialogar e, ainda, principalmente, na sua vocação para o amor como entrega espiritual a outrem.[25]

É nesse modelo do homem integrado à natureza, o qual sai de si para reconhecer no outro um igual, que está o fundamento constitucional da responsabilidade civil do incapaz. Pela noção clássica de responsabilidade civil do direito privado, inexistindo imputabilidade, ou seja, a capacidade de discernimento, desaparece o dever de indenizar. O agente que não poderia optar entre o certo e o errado também não poderia ser responsabilizado pelos seus atos.

De acordo com a simples noção privada, baseada na culpa que remonta ao direito romano e à *Lex Aquilia de damno*, o fato de o incapaz causador do dano ter patrimônio suficiente – ou muitas vezes, mais que suficiente para arcar com a indenização – é questão irrelevante. O fato da vítima, humilde e agora mais onerada em razão do ilícito, suportar o dano, não recebendo a justa indenização, também se revelava indiferente ao sistema, pois diante da inimputabilidade a indenização não existiria.

---

[25] AZEVEDO, Antonio Junqueira de. Caracterização jurídica da dignidade da pessoa humana. *RTDC*, Rio de Janeiro, v. 2, nº 9, p. 3-24, 2002. p. 5.

Com a leitura constitucional da responsabilidade civil, a primazia do interesse da vítima tem-se verificada pela afirmação específica do princípio da igualdade, mediante o qual não pode o intérprete dar tratamento desigual ao dano, segundo considerações que importem variação da carga probatória exigida da vítima ou da exclusão de imputabilidade do responsável.[26]

Podia ser lógica a questão se tomado por base um sistema cujo fundamento era a culpa, ainda em conseqüência da dicotomia direito público e direito privado, pela qual ao direito civil era atribuída a dogmática da responsabilidade aquiliana, deferindo-se ao domínio do direito público a responsabilidade objetiva, ou seja, o dever de reparação fundado em previsões legais específicas.[27]

Em um sistema em que a base do Estado brasileiro é a dignidade da pessoa humana,[28] em que o homem sai de si e vê no outro um igual, que merece respeito, a relação entre imputabilidade, culpabilidade e dever de indenizar teria, forçosamente, que ser superada.

Da dignidade da pessoa humana decorrem os fenômenos da repersonalização e da despatrimonialização. A repersonalização reencontra a trajetória da longa história da emancipação humana, no sentido de repor a pessoa humana como centro do direito civil, passando o patrimônio para o papel de coadjuvante, nem sempre necessário.[29]

---

[26] LÔBO, Paulo Luiz Netto. *Teoria geral das obrigações*. São Paulo: Saraiva, 2005. p. 15.
[27] TEPEDINO, Gustavo. Evolução da responsabilidade civil..., p. 195.
[28] Nos dizeres de Fachin, é o princípio estruturante, constitutivo e indicativo das idéias diretivas básicas de toda a ordem constitucional. Tal princípio ganha concretização por meio de outros princípios e regras constitucionais, formando um sistema interno harmônico, e afasta, de pronto, a idéia de predomínio do individualismo (FACHIN, Luiz Edson. *Estatuto jurídico do patrimônio mínimo*, p. 179).
[29] LÔBO, Paulo Luiz Netto. *Teoria geral das obrigações*, p. 7.

A indenização civil recebe o *status* de direito social.[30] Busca a doutrina, atualmente, uma função social da responsabilidade civil. Resta claro que o esquema atual da responsabilidade civil, amparado nos critérios de valoração subjetivo e objetivo, deva ser implementado, a fim de lograr resultados mais condizentes e equilibrados, na correlação dano/reparação, relativamente aos complexos fatores econômicos e sociais na pós-modernidade.[31] Conclui-se, então, que se torna inevitável reconhecer a premente necessidade de um princípio geral a atuar como critério de valoração da determinação da responsabilidade civil, princípio este apto a estabelecer uma ponderação entre os interesses protegidos.[32]

Por isso, determina o artigo 928 que o dever de indenizar a vítima é primeiro dos representantes do incapaz: seus

---

[30] Explica José Affonso Dallegrave Neto que, exatamente por isso, apaga-se qualquer dúvida no sentido de que a responsabilidade previdenciária pelos acidentes não exclui a responsabilidade civil, por aplicação do artigo 7º, XXVIII, da Constituição Federal (DALLEGRAVE NETO, José Affonso. *Responsabilidade civil no direito do trabalho*. São Paulo: LTr, 2005. p. 178).

[31] A modernidade legou-nos o Estado, o Direito e as instituições. Rompendo com o medievo, o Estado Moderno surge como um avanço. Em um primeiro momento, como absolutista e depois como liberal, mais tarde o Estado transforma-se, surgindo o Estado Contemporâneo sob as suas mais variadas faces. No Brasil, a modernidade é tardia e arcaica. O que houve e há é um simulacro da modernidade. Há uma enorme incoerência em promover os pressupostos neoliberais da pós-modernidade em um ambiente em que as diferenças sociais são impressionantes (STRECK, Luiz Lênio. *Hermenêutica jurídica e(m) crise*: uma exploração hermenêutica da construção do direito. Porto Alegre: Livraria do Advogado, 1999. p. 23).

STRECK faz uma ponderação interessante quando explica que o paradigma da modernidade se reflete no conflito Constituição *versus* Realidade e no plano jurídico Constituição *versus* Direito Privado. Na Constituição, estaria refletido um Welfare State (Estado de bem-estar social) e uma realidade imposta pelas classes dominantes que querem imprimir no Brasil um neoliberalismo e uma realidade dramática. Por isso, o problema da convergência dos imperativos constitucionais com os limites do direito privado e da realidade.

[32] BARROSO, Lucas Abreu. Novas fronteiras da obrigação.

pais, tutores e curadores. Dotados de discernimento, com a clara noção de certo e errado, é deles o dever primário, principal, de indenizar a vítima do dano causado por incapaz.

Isso já ocorria no sistema do Código Civil revogado, pelo qual, conforme entendimento de grande parte da doutrina, a responsabilidade dos representantes decorria de uma presunção simples de culpa que existia contra estes, conforme explicado no capítulo anterior.

Entretanto, caso seja superada a premissa de que a indenização ficará a cargo dos representantes, surgirá, então, a responsabilidade pessoal do incapaz para que a vítima tenha direito à justa indenização e à recomposição de seu patrimônio, dando-se efetividade infraconstitucional ao princípio constitucional da dignidade da pessoa humana. É a leitura constitucional do princípio pregada por Gustavo Tepedino.[33]

A indenização que é garantida à vítima não poderá significar a ruína do agente incapaz e inimputável. Nesse sentido, determina o parágrafo único do artigo 928 que a indenização, fixada por eqüidade, não poderá privar do necessário o incapaz ou as pessoas que dele dependam. O princípio da dignidade, que permite a indenização, impede a ruína do causador do dano.

De nada adiantaria preservar a dignidade da vítima se ofensa houvesse à dignidade do incapaz.

O princípio jurídico da dignidade como fundamento da República exige como pressuposto, e não como conseqüência, a intangibilidade da vida humana, pois, sem ela, não há pessoa nem dignidade. Assim, até mesmo um princípio fundamental necessita de modelação, porque é preciso com-

---

[33] TEPEDINO, Gustavo. Evolução da responsabilidade civil..., 1998.

patibilizar a dignidade de uma pessoa com a de outra e, portanto, alguma coisa da dignidade de uma pessoa poderá ficar prejudicada pelas exigências da dignidade de outra.[34]

Note-se que o Código Civil busca essa modelação para a conciliação do princípio da dignidade humana da vítima e do incapaz. A conciliação dá-se pela fuga de extremos que só garantiriam a dignidade ao incapaz (se este não respondesse pelo dano e a vítima arcasse com os prejuízos) ou à vítima (se a indenização fosse integral e causasse um empobrecimento desmedido ao incapaz, privando-o do necessário).

Dessa forma, a eqüidade é fator preponderante para a fixação da indenização. O Enunciado 39 aprovado na *I Jornada de Direito Civil do Conselho da Justiça Federal*, ocorrida em setembro de 2002, sob a coordenação científica do Ministro Ruy Rosado Aguiar Junior, deixa claro que a indenização eqüitativa decorre do princípio da dignidade da pessoa humana:

> "39 – Art. 928. A impossibilidade de privação do necessário à pessoa, prevista no art. 928, traduz um dever de indenização eqüitativa, informado pelo princípio constitucional da proteção à dignidade da pessoa humana."

O problema que se coloca quanto à eqüidade é a pluralidade de acepções do vocábulo e suas múltiplas conseqüências, ou seja, o termo é plurissignificativo com sentidos de valor antinômico.[35] O conceito de eqüidade no direito passa por duas noções: a primeira é de eqüidade como justiça (âmbito axiológico) e a segunda é de eqüidade como critério, para aferir a justiça no caso concreto.

---
[34] AZEVEDO, Antonio Junqueira de. *Caracterização jurídica*..., p. 14.
[35] CARVALHO FILHO, Milton Paulo de. *Indenização por eqüidade no novo Código Civil*. São Paulo: Atlas, 2003. p. 26.

Para John Rawls, eqüidade é compreendida como momento na identidade, paridade, equilíbrio entre os sujeitos que formarão e elaborarão o contrato social. É o instrumento nuclear para a formação da sociedade mais justa na teoria neocontratualista do ponto original e do véu da ignorância. Para o autor, "ponto original" é aquele em que os indivíduos de uma certa sociedade seriam levados a escrever a constituição dessa sociedade sem saberem de suas posições reais (*status* social, econômico, intelectual, físico etc.), pois estariam encobertos pelo "véu da ignorância". Portanto, ao redigirem a constituição tenderiam a uma posição o mais equânime possível, pois estariam libertos de interesses particulares ou comunitários (que levam a determinadas e diferenciadas concepções de justiça, bens e da distribuição desses); haveria simplesmente o interesse coletivo do maior benefício para todos.[36]

Nessa linha de raciocínio, a eqüidade é o processo que torna possível a concordância com os parceiros sobre as escolhas dos princípios de justiça. A eqüidade atua como determinação das condições, tornando possível o consenso original dos indivíduos.[37] Estaria, portanto, a eqüidade na base da formação do contrato social (daí a razão de se chamar neocontratualismo), cujos princípios seriam o igualitário e o da diferença.

Pelo primeiro princípio, cada pessoa deve ter um direito igual a todos sobre o máximo de liberdades básicas possível para todos. Pelo segundo princípio, as desigualdades sociais e econômicas devem ser organizadas de modo que, ao mesmo tempo, possa-se racionalmente esperar que elas sejam

---

[36] RAWLS, John. *Uma teoria da justiça*. Tradução de Almiro Pisetta e Lenita Esteves. São Paulo: Martins Fontes, 2003. p. 159.
[37] FARAGO, Francis. *A justiça*. São Paulo: Manole, 2005. p. 255.

em benefício de todos e que elas sejam ligadas a posições e a funções abertas a todos.

O princípio igualitário assegura que as liberdades cívicas sejam iguais para todos. Já o princípio não igualitário determina que certas desigualdades devem ser consideradas preferíveis para uma divisão igualitária. Toda sociedade tem funções que variam conforme a responsabilidade e a capacidade de cada um. Contudo, o acesso a essas funções deve estar aberto a todos. Esse princípio é chamado de princípio da diferença e trata sobre a divisão das desigualdades sociais e regula o problema da distribuição das vantagens sociais.[38]

Note-se afastar-se a noção proposta por John Rawls do conceito que se utiliza para a fixação da indenização a ser paga pelo incapaz.

Alípio Silveira reconhece o conceito de eqüidade *lato sensu* e *stricto sensu*. Em sentido lato, a eqüidade constitui o princípio supremo que serve à elaboração do direito positivo, quer se trate da elaboração legislativa, quer consuetudinária, quer jurisprudencial. Em sentido estrito, a eqüidade serve à adaptação ou à aplicação ao caso concreto, ou à integração do caso omisso. Essa adaptação é necessária em qualquer norma, implicando certa dose de poder discricionário. Entretanto, há certa diferença entre as normas rígidas e as normas elásticas. Nas primeiras, o poder discricionário é menor e nas segundas, maior.

---

[38] RAWLS, John. *Uma teoria da justiça,* p. 259.

A segunda noção[39] é que nos interessa com relação à responsabilidade do incapaz. Isso porque, de acordo com o parágrafo único do artigo 928, caberá ao juiz fixar eqüitativamente a indenização quando o dano for causado pelo incapaz e for ele o responsável pelo pagamento. Conforme se disse anteriormente, caberá ao julgador, na aplicação da eqüidade, garantir a indenização à vítima, sem, contudo, causar a ruína do incapaz.

Quando da aplicação da norma ao caso concreto, a eqüidade se faz presente de forma continuada durante o processo, mas adquire uma importância particular quando a aplicação de uma norma legal, em princípio justa, pode conduzir a um resultado oposto, não querido pelo legislador se fosse aplicada literalmente a lei.[40]

Nesse caso, a eqüidade funciona como um controle preventivo deste eventual resultado do litígio devido à sua fun-

---

[39] Milton Paulo de Carvalho Filho explica, em sua obra, que eqüidade tem quatro funções: na elaboração da norma; na interpretação da lei; na correção da lei e na integração da lei. Na elaboração da norma, a eqüidade atua (i) como inspiradora ou informadora da norma ou (ii) como elemento ativo de certas normas (normas gerais). Na interpretação da lei, a eqüidade indica o predomínio do espírito ou intenção do legislador sobre a letra da lei e um meio de escolha entre várias interpretações possíveis, ou seja, a eqüidade atuaria, neste caso, como um elemento de lapidação do conteúdo de uma norma que já existe e está completa. Na correção da lei, a eqüidade trata-se de uma autorização de apreciar, eqüitativamente, segundo a lógica do razoável, interesses de fato não determinados *a priori* pelo legislador, estabelecendo uma norma individual para o caso concreto, ou singular ou omisso. Esse poder, no entanto, não é absoluto e não pode importar em decisão *contra legem*. Por fim, na integração da lei, quando houver lacunas, tanto as voluntárias como as involuntárias. Essa função atua quando a norma existe, mas está incompleta (CARVALHO FILHO, Milton Paulo de. *Indenização por eqüidade no novo Código*, p. 37-44).

[40] O Poder Judiciário atua inevitavelmente no âmbito funcional do Poder Legislativo e esse é o suporte axiológico constitucional para a eqüidade, ou seja, a revisitação crítica do princípio da separação de poderes no mundo de hoje.

ção norteadora para se obter uma decisão justa, obrigando o juiz a examinar se a subsunção do caso ao preceito legal obedece a um erro de qualificação resultante de uma interpretação isolada e literal da norma que se supõe em princípio aplicável, em claro desacordo com os princípios gerais que regem o instituto jurídico que corresponde à relação jurídica controvertida.[41]

Ruy Rosado de Aguiar afirma que se trataria da eqüidade corretiva a que se refere Aristóteles em sua "Ética a Nicômano", ou seja, aquela que o juiz vai aplicar quando tiver a necessidade de afastar uma injustiça que resulta da aplicação estrita da lei.[42]

O termo *corretivo* não parece dos mais acertados. Realmente, a eqüidade permite ao magistrado que suavize, abrande os rigores da lei, mas não que a corrija.

Corrigir significa "emendar", ou seja, "modificar" a lei; e tal possibilidade carece de sustento jurídico no Estado de Direito caracterizado pelo princípio da divisão dos poderes. Entende-se que a eqüidade, em sua função norteadora, que cumpre no processo de aplicação da lei, permite simplesmente "moderar" ou "atenuar" o rigor da tarefa de adequar a regra abstrata à singularidade fática, suprindo até o ponto possível aquela modalidade constitutiva derivada da natureza geral e abstrata da lei; a força da lei não se altera por influência da eqüidade, permanecendo vigente em sua plenitude jurídica. A eqüidade não vai substituir a lei nem "corrigi-la", mas o que pode fazer é moderar ou atenuar o rigor da lei na subsunção do caso concreto.[43]

---

[41] BREBBIA, Roberto H. La equidad en el derecho por daños, p. 45-46.
[42] CAVALIERI FILHO, Sérgio; MENEZES DIREITO, Carlos Alberto. *Comentários ao novo Código Civil*, p. 335.
[43] BREBBIA, Roberto H. La equidad en el derecho por daños, p. 46.

No caso da eqüidade aplicada à indenização, a regra que se abranda é a prevista no artigo 944, *caput*, do Código Civil, pela qual a indenização se mede pela extensão do dano.

Por meio da eqüidade, analisa o juiz o caso concreto e pode, diante das peculiaridades, aplicar a lei de maneira menos rigorosa.

Se a aplicação do princípio da eqüidade no tocante à reparação civil decorre da dignidade da pessoa humana, pode-se concluir que, no momento da aplicação da norma de direito privado, o juiz está vinculado aos direitos fundamentais.

Há, então, os seguintes desdobramentos: a vinculação do juiz aos direitos fundamentais não se dá apenas pelo aspecto jurídico-processual, mas também no aspecto jurídico-material; e a razão que sustenta esta vinculação vem do fato de que a aplicação e o desenvolvimento das leis constituem o necessário complemento da sua aprovação pelo legislador (pois é apenas a jurisprudência que confere às leis conteúdo, a *law in action* em oposição à *law in the books*).[44]

Em resumo, o pressuposto e as conseqüências do princípio da dignidade humana estão expressos pelos cinco substantivos correspondentes aos bens jurídicos tutelados no *caput* do artigo 5º da Constituição Federal: vida (é o pressuposto), segurança (primeira conseqüência), propriedade (2ª conseqüência) e liberdade e igualdade (3ª conseqüência), sendo o pressuposto absoluto e as conseqüências quase absolutas.[45]

Atende o artigo 928 do Código Civil integralmente à dignidade da pessoa humana e a seu pressuposto, pois per-

---

[44] CANARIS, Claus-Wilhelm. *Direitos fundamentais e direito privado*, p. 40.
[45] AZEVEDO, Antonio Junqueira de. Caracterização jurídica..., p. 20.

mite ao julgador que se utilize da eqüidade,[46] quando da fixação da indenização. Assim, conclui-se que o artigo que disciplina a responsabilidade civil do incapaz está validado pela norma constitucional (art. 1º, III) e garante lógica e efetividade ao sistema da responsabilidade civil.

Desnecessário será o trabalho de adequação da legislação civil ao teor e espírito da Constituição, pois, no caso em tela, o legislador ordinário cuidou de fazê-lo.[47]

4.3 CONCLUSÃO DO CAPÍTULO

No sistema de nítida influência dos princípios constitucionais sobre o direito civil, estão o estudo da responsabilidade civil do incapaz, como agente causador de danos, e a reparação dos prejuízos por ele causados. Há verdadeira influência da ideologia do Direito Público constitucional no Direito Privado.

Os mecanismos clássicos de reparação baseados na culpa revelam-se insuficientes, no atual estágio da sociedade, por não atenderem ao princípio da solidariedade social e da dignidade da pessoa humana.

---

[46] Nesse sentido, afirma Brebbia que a função norteadora da eqüidade – e, portanto, racional – é destinada a assegurar o valor justiça e adquire grande importância quando o juiz ou o intérprete, por "delegação expressa ou tácita da lei", possui faculdades discricionárias mais amplas no processo de subsunção do fato à norma, o que estende consideravelmente o seu campo de ação (BREBBIA, Roberto H. La equidad en el derecho por daños, p. 43). No sistema brasileiro, a eqüidade pode ser aplicada quando expressamente autorizada por lei (CPC, art. 127).

[47] Se o caso fosse de inércia do legislador, a função passaria ao juiz e ao jurista, segundo Maria Celina Bodin de Moraes (A caminho de um direito..., p. 32).

Então, o Código Civil busca, na indenização por eqüidade, uma forma de equilíbrio da equação: indenizar a vítima sem causar a ruína ao incapaz. Toma por fundamento a dignidade da pessoa humana (CF, art. 1º, III).

Por isso, determina o artigo 928 que o dever de indenizar a vítima é primeiro dos representantes do incapaz: seus pais, tutores e curadores. Dotados de discernimento, com a clara noção de certo e errado, é deles o dever primário, principal, de indenizar a vítima do dano causado por incapaz.

5
A responsabilidade civil do incapaz nos termos do artigo 928 do Código Civil

5.1 CULPABILIDADE E IMPUTABILIDADE: CONCEITOS

Classicamente, sempre se sustentou a irresponsabilidade dos incapazes. Isso porque a ausência de razão retira-lhes a possibilidade de discernimento entre a conduta normal e a anormal, e conseqüentemente não é possível falar em responsabilidade.[1]

A falta do discernimento, ou seja, a inimputabilidade moral do incapaz, impede a responsabilidade subjetiva. Assim, em regra, os sistemas pregam a absoluta irresponsabilidade do incapaz em indenizar a vítima. Pela teoria subjetiva, calcada na culpa, o dano causado pelo incapaz equipara-se à força maior. Este era o entendimento durante a vigência do Código Civil de 1916.

De acordo com a responsabilidade subjetiva, não basta que o agente tenha praticado determinado ato ou omissão, mas há necessidade de que a conduta seja culposa. Exatamente por isso o Código Civil de 1916 (art. 159) e o de

---

[1] LIMA, Alvino. *Culpa e risco*, p. 155.

2002 (art. 186) falam em imprudência ou negligência do causador do dano.

É a idéia de que o agente faz uma opção, um juízo crítico. Assim, é por escolha que transgride a norma e causa dano a outrem. Exclui-se, em conseqüência, a responsabilidade quando houver uma incapacidade do agente de efetuar um juízo de valor de sua própria conduta, seja esta situação permanente ou transitória.[2]

Para a compreensão da questão, necessária se faz a análise da relação dos conceitos de imputabilidade e culpabilidade.

Em linguagem filosófica, imputar uma ação é declarar a autoria de alguém, e responsabilizar implica a possibilidade de perguntar sobre a ação praticada e obrigar esse alguém a dar explicações. A imputação divide-se em três ordens: o juiz percebe em um indivíduo a causa material do ato e diz a ele "tu o fizeste", hipótese em que ocorre a imputação física; o juiz encontra um sujeito que praticou um ato com vontade inteligente e diz a ele "tu o fizeste voluntariamente", caso em que acontece a imputação moral; e o juiz diz a ele "tu agiste contrariamente à lei", hipótese de imputação legal. Após fazer as três perguntas, pode o juiz concluir que "te imputo este feito como delito".[3]

Tratando-se de incapaz, faltaria a voluntariedade para que surgisse sua responsabilidade.

Imputar significa, então, atribuir a alguém a responsabilidade por alguma coisa. Portanto imputabilidade é o conjunto de condições pessoais que dão ao agente capacidade

---

[2] DUARTE, Ronnie Preuss. *A responsabilidade civil e o novo Código*, p. 450.
[3] ALTERINI, Atilio Aníbal. *Responsabilid civil, límites de la reparación civil*. 3. ed. Buenos Aires: Abeledo-Perrot, 1999. p. 17.

para poder responder pelas conseqüências de uma conduta contrária ao dever. Imputável é aquele que podia e devia ter agido de outro modo.[4]

Novamente, percebe-se que em se tratando de incapaz faltam-lhe condições pessoais para responder por seus atos.

No tocante à responsabilidade civil, a investigação concentra-se na subjetividade do agente, mediante uma dupla operação: determinar se o feito foi resultado de um comportamento querido pelo agente e se essa atuação merece reprimenda ou censura pelo fato de ter agido com dolo ou culpa. Assim, a imputabilidade exige discernimento quando da prática do ato ilícito, ou seja, se o agente tinha aptidão para compreender o alcance deste.[5]

A ação do homem a ser verificada em toda responsabilização civil deve ser a ação de um homem consciente dos seus atos, e, dessa maneira, nem o louco nem a criança são responsáveis pelos seus atos, ou seja, nas palavras de Pothier, as pessoas inconscientes não são capazes de negligência nem de imprudência.[6]

A imputabilidade está ligada, portanto, a uma capacidade. Imputabilidade é, em face do direito civil, uma qualidade natural que decorre do agente estar no uso de suas fa-

---

[4] CAVALIERI FILHO, Sérgio; MENEZES DIREITO, Carlos Alberto. *Comentários ao novo Código Civil*, p. 158.
[5] ALSINA, Jorge Bustamante. *Teoría general de la responsabilidad civil*. 9. ed., ampl. y actual. Buenos Aires: Abeledo-Perrot, 1997. p. 329.
[6] RIPERT, Georges. *A regra moral nas obrigações civis*, p. 231. O próprio autor reconhece que se a solução é facilmente admitida em relação à criança, porque não tem recursos próprios e seus pais acabariam respondendo civilmente pela reparação, em relação ao alienado a questão é bem mais complexa e a própria jurisprudência francesa tratou de abrandar o princípio da irresponsabilidade, conforme será explicada na questão relativa ao direito estrangeiro.

culdades mentais e poder, portanto, atuar livremente. Uma pessoa que é imputável normalmente pode praticar atos desprovidos dessa qualidade e que não lhe são atribuíveis em um plano ético-jurídico; por exemplo, quem age em estado de sonambulismo; em um acesso de loucura; sob hipnose ou narcóticos, bem como em completa embriaguez,[7] ou mesmo aqueles que agem durante um desmaio, um ataque epilético ou em um acesso de febre elevada.[8]

O Código Civil argentino preocupa-se em esclarecer que certos atos são caracterizados pela falta de discernimento e, portanto, de imputação. São eles: os atos lícitos praticados pelos menores impúberes e os ilícitos por menores de dez anos; como também os atos dos dementes que não tenham sido praticados em intervalos lúcidos, e os praticados por aqueles que, em decorrência de qualquer acidente, estão sem uso da razão.[9]

Aguiar Dias, ao comentar a diferença entre responsabilidade civil e penal, explica que, verificadas certas condições de imputabilidade genericamente exigidas por lei, o sujeito, na qualidade de autor de um fato, é obrigado a sofrer as conseqüências deste. Assim, conclui que a imputação, declarada como efetiva e real, constitui a responsabilidade.[10]

Aliás, deve-se salientar que a imputabilidade é tema típico do direito penal, que é descuidado pelos civilistas que,

---

[7] JORGE, Fernando de Sandy Lopes Pessoa. *Ensaio sobre os pressupostos da responsabilidade civil.* Lisboa: Centro de Estudos Fiscais, 1972. p. 331.
[8] São irresponsáveis por falta de imputabilidade (VARELA, João de Matos Antunes. *Das obrigações em geral*, v. 1, p. 563).
[9] Código Civil argentino, artigo 921: "Los actos serán reputados hechos sin discernimiento, si fueren actos lícitos practicados por menores impúberes, o actos ilícitos por menores de diez años; como también los actos de los dementes que no fuesen practicados en intervalos lúcidos, y los practicados por los que, por cualquier accidente, están sin uso de razón."
[10] VENOSA, Sílvio de Salvo. *Direito civil*, v. 1, p. 8.

muitas vezes, valem-se da doutrina penal a fim de encontrarem respostas. Isso se dá porque a base conceitual da noção de imputabilidade é a mesma daquela do direito civil e as normas que regulam as causas de justificação nascem na órbita da codificação penal.[11]

Diz-se imputável a pessoa com capacidade natural para prever os efeitos e medir o valor dos atos que pratica, exigindo-se, assim, para que haja imputabilidade, a posse de certo discernimento (capacidade intelectual e emocional) e de certa liberdade de determinação (capacidade volitiva).[12]

No direito português, o artigo 488 do Código Civil declara que não responde pela conseqüência do fato danoso quem, no momento em que o fato ocorreu, estava, por qualquer causa, incapacitado de entender ou querer. E depois presume a falta de imputabilidade aos menores de sete anos e aos interditados em razão de anomalia psíquica.[13]

Note-se que naquele país a lei determina apenas uma presunção simples de inimputabilidade, sendo, portanto,

---

[11] VISINTINI, Giovanna. *Tratado de la responsabilidad civil*. Buenos Aires: Astrea, 1999. p. 155. A autora explica o porquê da questão. Essa influência do direito penal é típica do direito francês, visto que o *Code*, ao contrário do Código Civil italiano, não contém disposição nenhuma sobre os fatos justificáveis (*faits justificatifs*), contendo apenas as disposições sobre a responsabilidade do incapaz introduzidas pela lei de 1968.

[12] VARELA, João de Matos Antunes. *Das obrigações em geral*, v. 1, p. 563.

[13] A idade em que se adquire a capacidade plena ou relativa varia nos sistemas. Proença indica que, na Grécia, a imputabilidade se verifica a partir dos 10 anos, na Alemanha, a partir dos 14 anos (entre os 14 e os 16, apesar de imputável, os pais respondem com a possibilidade de afastarem sua responsabilidade); e nos Estados Unidos são três as faixas etárias: até os 6 anos há uma presunção absoluta de inimputabilidade; dos 7 aos 14 anos, há uma presunção relativa de inimputabilidade e, dos 15 aos 21 anos, os jovens são sujeitos à imputação subjetiva (PROENÇA, José Carlos Brandão. *A conduta do lesado como pressuposto e critério de imputação do dano extracontratual*. Coimbra: Almedina, 1997. p. 537).

ilidível por prova em sentido contrário.[14] Até o sono pode constituir causa de inimputabilidade, nos termos previstos no nº 1 do artigo 488,[15] mas não deixa de considerar quem se coloca culposamente nesse estado. Exemplifica com o condutor que, apercebendo-se do perigo de adormecer durante a condução, não a suspende até se restabelecer.[16]

Dessa maneira, para o direito civil tradicional, cuja base é o direito romano, somente os imputáveis poderiam ser responsabilizados, pois só eles teriam o discernimento para optar entre o certo e o errado e só eles poderiam agir voluntária e culposamente. Todos os atos causadores de danos praticados pelos inimputáveis só seriam passíveis de reparação por parte de seus representantes ou vigilantes de acordo com as regras próprias de cada sistema.

Entretanto, a ligação aparentemente indissolúvel entre imputabilidade e culpabilidade esfacelou-se no decorrer dos séculos e cada vez um número maior de países passou a admitir a responsabilidade direta e pessoal do incapaz, ainda que inimputável.[17]

---

[14] JORGE, Fernando de Sandy Lopes Pessoa. *Ensaio sobre os pressupostos da responsabilidade civil*, p. 332.
[15] "Art. 488, nº 1. Não responde pelas conseqüências do facto danoso quem, no momento em que o facto ocorreu, estava, por qualquer causa, incapacitado de entender ou querer, salvo se o agente se colocou culposamente nesse estado, sendo este transitório."
[16] ALMEIDA COSTA, Mário Júlio de. Acórdão do STJ português de 25 de julho de 1978. *Direito das obrigações*. 9. ed., rev. e aum. Lisboa: Almedina, 2001. p. 531.
[17] Henrique Sousa Antunes afirma que, em um período de inspiração Jusnaturalista, ao fracionar-se a noção de *iniuria* nos dois conceitos de ilicitude e culpa, deixa esta de ser um elemento essencial do ilícito para se converter em fundamento da indenização, e já o Código de Direito Territorial prussiano de 1794 admitiu indenização subsidiária dos menores e dementes, quando não fosse possível obtê-la de seus vigilantes. (ANTUNES, Henrique Sousa. *Responsabilidade civil...*, p. 292).

5.2 A EXPERIÊNCIA NO DIREITO ESTRANGEIRO

No tocante à responsabilidade civil do incapaz, três são os sistemas adotados pelas legislações positivas: (1) os que, não contendo preceitos expressos sobre a matéria, regulam pelos princípios gerais a responsabilidade dos alienados, como o Código Civil francês[18] e o holandês; (2) o sistema da responsabilidade absoluta, adotado na Inglaterra; (3) o sistema da responsabilidade subsidiária ou mitigada, adotada pelos Códigos Civis alemão (art. 829), suíço (art. 54), português (arts. 2.377 e 2.378), espanhol (art. 19), austríaco (art. 1.310) e italiano (art. 2.047, 3ª alínea).[19]

Será iniciada a análise pela corrente francesa. Pelo sistema francês do Código Napoleônico de 1804, valeria a irresponsabilidade do incapaz, sendo apenas responsabilizados seus representantes, na qualidade de pessoas que exercem atividade de vigilância, controle ou direção.[20] Era a retomada do direito romano clássico, conforme Ulpiano, o qual equiparava o ato do menor ou do louco ao de um quadrúpede.

A idéia de irresponsabilidade do incapaz fundamenta-se no fato de o direito francês do Código de 1804, assim como o brasileiro na vigência do Código Civil de 1916, exigir para a reparação civil uma ação voluntária (daquele que

---

[18] Frise-se que a corrente à qual se refere Alvino Lima é aquela adotada pelo Código Civil francês em sua redação original, o que se modificou em 1968 em razão da alteração da redação do artigo 489, nº 2.

[19] LIMA, Alvino. *Culpa e risco*, p. 156.

[20] "Article 1.384: On est responsable non seulement du dommage que l'on cause par son propre fait, mais encore de celui qui est causé par le fait des personnes dont on doit répondre, ou des choses que l'on a sous sa garde. (L.70-459 du 4/6/1970) – Le père et la mère, en tant qu'ils exercent le droit de garde, son solidairement responsables du dommage causé par leurs enfants mineurs habitant avec eux."

tem vontade e poder de discernimento) e, portanto, culposa do causador do dano.[21]

Assim, o pai e a mãe são solidariamente responsáveis pelos danos que seus filhos menores que com eles residam causarem, enquanto exercerem o direito de guarda. A necessidade de exercício do direito e do dever de guarda decorre do fato de que este tem como corolário o dever de vigiar e educar o menor.

O desconforto com as injustiças decorrentes da posição referida verificou-se com a suavização da regra pela jurisprudência francesa, com base em fundamentos diversos.[22] Assim, mesmo antes da edição da lei de 3 de janeiro de 1968, a jurisprudência utilizava-se de alguns fundamentos para responsabilizar diretamente o incapaz: uma interpretação restritiva dos casos de ausência de discernimento no momento da prática do fato danoso, com a afirmação de que o autor havia conservado uma *raison suffisante* (razão suficiente), ou com o recurso à noção de *faute*[23]

---

[21] Código Civil francês, artigo 1.382: "Tout fait quelconque de l'homme, qui cause à autrui un dommage, oblige celui par la faute duquel il est arrivé, à le réparer." Em tradução livre: "Todo ato do homem que cause dano a outro obriga quem, por sua culpa, o produziu a repará-lo." A tradução pode merecer críticas, pois, segundo Saleilles, a expressão *faute* teria sentido de causa e não de culpa, razão pela qual poder-se-ia concluir pela existência de uma responsabilidade objetiva já prevista no Code Napoleon, pois qualquer fato do homem constitutivo de dano deveria ensejar a reparação, não apenas a conduta culposa (TEPEDINO, Gustavo Mendes. *Evolução da responsabilidade civil...*, p. 202). A nota 23 volta a tratar da matéria.

[22] LIMA, Alvino. *Culpa e risco*, p. 156.

[23] Por muito tempo, a palavra *faute* foi traduzida para a língua portuguesa como sinônimo de culpa. Essa é a orientação tradicional da doutrina pátria. Entretanto, não se ignora a crítica da doutrina estrangeira, mormente Menezes Cordeiro no sentido de que *faute* abrangeria a ilicitude, a culpa e o nexo causal (CORDEIRO, António Menezes. *Da responsabilidade civil dos administradores das sociedades comerciais*. Lisboa: Lex, 1997. p. 430). Walter van Gerven afirma que, na lei francesa, a noção de *faute* é composta pelo elemento objetivo (ilíci-

anterior se o agente tivesse provocado a perda da consciência.[24]

Haveria a responsabilização do incapaz, mesmo no sistema francês de irresponsabilidade: (i) se existisse culpa, ainda que remota, de ele ter causado a sua loucura, pelo abuso de álcool ou entorpecentes, praticando no passado ato que o levou a uma demência; a loucura é, portanto, o resultado de um fato imputável ao alienado (chamada de culpa anterior); (ii) ao atribuir-se ao demente a prova de que realmente se achava privado da razão no momento em que cometeu o ato danoso, não bastando provar um estado geral de demência; (iii) se o ato foi praticado em intervalo lúcido, vale a regra da indenização; (iv) os que obedeceram a impulsos irresistíveis ou foram atingidos por perturbações de vontade (semiloucos) são responsáveis pelos danos.[25]

Assim, mesmo no sistema francês tradicional (antes da reforma de 1968), era considerado responsável o menor que, com o espírito desenvolvido, compreendesse as conseqüências de seus atos, tratando-se, portanto, de uma questão de fato. Os julgados reconheceram a responsabilidade, por imprudência, do menor imperfeitamente capaz de prever as conseqüências de seus atos. A jurisprudência parece ter obedecido às tendências assinaladas em favor da responsabilidade civil dos incapazes.[26]

---

to) e pelo subjetivo (Imputabilidade ou culpabilidade – VAN GERVEN, Walter; LEVER, Jeremy; LAROUCHE, Pierre. *Tort law*. Oxford and Portland: Hart, 2000. p. 301). Em razão da questão tormentosa, optou-se por manter a palavra em francês, quando da citação de texto de autores estrangeiros.
[24] ANTUNES, Henrique Sousa. *Responsabilidade civil...*, p. 36. O último exemplo verifica-se quando a doença decorre de culpa do próprio agente, por excesso de drogas, por exemplo.
[25] LIMA, Alvino. *Culpa e risco*, p. 159.
[26] PLANIOL, Marcele; RIPERT, Goerge. *Traité pratique de droit civil français*, p. 692. Mesmo em relação ao alienado, apesar de ser irresponsável civilmen-

Mesmo no direito português, em que há previsão expressa de reparação pelo próprio incapaz, por ficção, considera-se imputável aquele que culposamente se incapacitou de entender ou querer, mormente aquele que se embriagou ou se utilizou de drogas. Basta a atitude culposa e não necessariamente dolosa do agente.[27]

No direito francês, em que pese a doutrina majoritária ter permanecido fiel à concepção subjetiva de *faute*, mostrando-se hostil à possibilidade de condenar alguém incapaz de entender ou querer, contrapunha-se à concepção dominante uma outra corrente que contestava vigorosamente essa posição tradicional e sustentava o princípio da total responsabilidade do indivíduo privado de razão, fosse ele doente mental ou menor, criticando a aproximação entre a *faute* civil e a *faute* moral, destacadamente os irmãos Mazeaud.[28]

A grande questão que se debatia na França é se a noção de *faute*, ou seja, o ato ilícito exigiria que fosse imputável àquele que o cometeu, no sentido de que o autor do dano pudesse ser pessoalmente responsabilizado por ele. O debate foi superado pela Lei nº 68-5.

Com a Lei nº 68-5, datada de 3 de janeiro de 1968, ocorreu uma modificação no texto do artigo 489-2 do Código Civil francês, que passou a ter a seguinte redação: "Celui qui a causé un dommage à autrui alors qu'il était sous

---

te, assim como penalmente (CP Francês, art. 64), pelas conseqüências dos atos ilícitos praticados por ele em estado de demência, os autores constataram que os juízes estavam cada vez mais recorrendo ao auxílio médico para aferir o grau e a existência ou não de uma dificuldade cognitiva, e, ainda que fosse verificado o estado de demência, a jurisprudência vinha cada vez mais reduzindo a aceitabilidade da irresponsabilidade. Assim, tudo o que se fazia diante de algum tipo de impedimento cognitivo era reduzir o *quantum* da indenização.

[27] VARELA, João de Matos Antunes. *Das obrigações em geral*, v. 1, p. 564.
[28] ANTUNES, Henrique Sousa. *Responsabilidade civil...*, p. 36.

l'empire d'un trouble mental n'en est pas moins obligé à réparation."[29]

Note-se que o sistema francês restou completamente alterado. Saiu do sistema da irresponsabilidade completa para a total reparação, rompendo com a tradição romana na qual se inspirara.

Interessante transcrever as palavras do Ministro da Justiça (*Garde des Sceaux*) na época da mudança, quando da discussão no Parlamento sobre a futura lei.

> "Estamos na presença de uma pequena revolução. Alguns dizem que abandonamos a noção de *faute* com relação à responsabilidade dos doentes mentais. Com isto eu não concordo. Dentro do conceito de *faute,* há dois elementos que devem ser diferenciados um do outro. Primeiro, o elemento objetivo pelo qual se qualifica certo ato como *faute* em razão da conduta que não está em conformidade com a lei.[30] O segundo elemento é o subjetivo em que a conduta contrária à lei pode ser imputada à certa pessoa que a adotou, o que lhe acarreta o dever de compensar a vítima apenas se tiver discernimento do que estava fazendo e tinha a vontade de fazê-lo.[31] Isso é o que era aceito pela lei. O que propomos é apenas que se retire do artigo 489-2 o elemento subjetivo, mas não o objetivo. Conseqüentemente, fica claro que se uma pessoa incapaz de entender as conseqüências de seus atos causar um dano a outra em razão de uma conduta que é objetiva e intrinsecamente inocente, ele não incorrerá em responsabilidade."[32]

---

[29] Em versão livre: "Aquele que causou um dano a outrem enquanto estava sob o domínio de um problema mental não é por isso menos obrigado à reparação."
[30] É o ato ilícito em si.
[31] Seria a imputabilidade.
[32] VAN GERVEN, Walter; LEVER, Jeremy; LAROUCHE, Pierre. *Tort law*, p. 302.

Essa orientação prevaleceu e, desde então, o conceito de *faute* não exige a noção de discernimento ou imputabilidade, mas apenas o elemento objetivo, ou seja, a prática de um comportamento que não é aceito pela sociedade (ilícito, portanto).

O Código Civil de 1916 continuou fiel à redação original do artigo 489-2 do Código Civil francês, até sua completa revogação pelo Código Civil de 2002.

A segunda corrente, adotada pela Inglaterra, determina que o autor do dano, incapaz ou não, deve responder pelos prejuízos causados. A questão é analisada pelo ponto de vista econômico, sendo verificado o estado mental do agressor apenas nos casos de calúnia ou injúria, pois nesses casos o *tort* reside justamente nesta intenção.[33]

O terceiro e último sistema é o da responsabilidade subsidiária ou mitigada. É o sistema alemão, português e italiano. Por ser baseado na eqüidade, consideram-se a fortuna do causador do dano e a da vítima.[34]

No direito português, a inimputabilidade não significa exclusão da obrigação de indenizar, desde que se verifiquem duas condições: ser o ato tal que, praticado por um imputável, represente a omissão de um dever; e ter o agente bens em valor superior ao necessário para lhe assegurar os alimentos adequados ao seu estado e condição, e os alimentos que deva a outrem.[35]

---

[33] LIMA, Alvino. *Culpa e risco*, p. 158.
[34] Será explicada a noção de eqüidade quando da análise do Fundamento Constitucional da Responsabilidade Civil.
[35] Essa é a lição de Fernando de Sandy Lopes Pessoa Jorge no tocante ao artigo 489 do Código Civil português: "Artigo 489 (Indemnização por pessoa não imputável) 1. Se o acto causador dos danos tiver sido praticado por pessoa não imputável, pode esta, por motivo de equidade, ser condenada a repará-los, total ou parcialmente, desde que não seja possível obter a devida reparação

O Código português de 1867 já consagrava a responsabilidade civil dos menores e dos desassisados,[36] se os representantes legais, ou aqueles a cuja guarda e direção estivessem entregues, provassem que não houvera culpa de sua parte (arts. 2.377 a 2.379).[37]

A base do dever de indenizar, mesmo sendo o agente incapaz e, então, inimputável, é a eqüidade, conforme declara expressamente o artigo 489 do Código Civil português. Assim, cabe a verificação tanto da capacidade econômica do agente, como da vítima do evento danoso. A responsabilidade do incapaz é subsidiária e só se efetiva caso o responsável não precise responder (art. 491) ou verificada a impossibilidade prática de conseguir esta reparação.[38]

A previsão de uma responsabilidade subsidiária mensurada por padrões de eqüidade tem a sua *ratio* (justificativa para um tratamento autônomo) de uma norma reparadora (no Código Civil português, o artigo 489; no Código Civil brasileiro, o artigo 928) e de natureza especial, tratando-se de um remédio (uma espécie de segunda garantia) destinado aos lesados, e a comprimir, assim, a esfera da *causam sentit dominus*. E julgando-se que o legislador pretendeu encontrar uma solução equilibrada, os autores que exigem a prática de um ilícito e a comprovação de uma "culpa abstrata" não deixarão, no fundo, de questionar o princípio-regra da subsidiariedade e o apelo à eqüidade, o que, aliás,

---

das pessoas a quem incumbe a sua vigilância. 2. A indemnização será, todavia, calculada por forma a não privar a pessoa não imputável dos alimentos necessários, conforme o seu estado e condição, nem dos meios indispensáveis para cumprir os seus deveres legais de alimentos" (JORGE, Fernando de Sandy Lopes Pessoa. *Ensaio sobre os pressupostos da responsabilidade civil*, p. 333).

[36] Desassisados: os que não têm siso, ou os desajuizados, sem juízo.
[37] VARELA, João de Matos Antunes. *Das obrigações em geral*, v. 1, p. 564.
[38] COSTA, Mário Júlio de Almeida. *Direito das obrigações*. 9. ed., rev. e aum. Lisboa: Almedina, 2001. p. 533.

revelará o desejo de se normalizar o regime indenizatório resultante dos atos danosos dos inimputáveis.[39]

Quanto ao direito italiano, o artigo 2.047, *caput*, do Código Civil italiano dispõe que, no caso de dano produzido pelo incapaz, o responsável é aquele sobre o qual recaia o dever de vigilância, exceto se provar que não haveria como ter impedido o fato. Contudo, em seu § 2º, dispõe que, caso o lesado não tenha no responsável pela vigilância do incapaz o valor suficiente para satisfazer a sua demanda, mas o teria no patrimônio do incapaz, o juiz poderá arbitrar eqüitativamente a indenização.

Assim o sistema italiano prevê a responsabilidade subsidiária do sujeito incapaz que pode ser submetido à obrigação de reparação pecuniária.

Giovanna Visintini afirma que se deve dizer, antes de tudo, que se trata de uma disposição substancialmente inaplicada, no sentido de ter encontrado muito pouca utilização prática. Isso talvez se deva a três razões: (1) ao caráter subsidiário da responsabilidade em si; (2) à tendência de complacência do juiz em relação ao incapaz; e (3) às condições econômicas pouco favoráveis dos incapazes.[40]

Pela experiência jurisprudencial italiana, se não houver pessoas obrigadas à vigilância, a responsabilidade é imputada diretamente ao incapaz, ainda que seja doente mental.[41]

Toda vez que a *fattispecie* do ilícito civil se fundar em critério objetivo de imputação da responsabilidade, o pres-

---

[39] PROENÇA, José Carlos Brandão. *A conduta do lesado...*, p. 534.
[40] VISINTINI, Giovanna. *Tratado de la responsabilidad civil*, p. 169.
[41] Essa solução se iniciou com uma decisão da Corte de Cassação, em 1953, em um caso de estado transitório de incapacidade. A Corte Suprema entendeu que a esposa do sujeito que havia cometido o fato ilícito não devia ser qualificada como uma das pessoas com o dever de vigilância, portanto seria uma questão de responsabilizar diretamente o marido (VISINTINI, Giovanna. *Tratado de la responsabilidad civil*, p. 171).

suposto da imputabilidade, a saber, a capacidade de querer e entender do responsável, é irrelevante e deve entender-se supérflua. Exemplo disso se dá quando um incapaz deve responder na qualidade de guardião ou proprietário de um veículo, e não pode exonerar-se da responsabilidade fazendo alusão ao seu estado de incapacidade.[42]

Quanto ao valor da indenização a ser fixada, essa deve levar em conta a condição econômica do autor do dano e não apenas a extensão efetiva deste.[43]

No direito alemão, a base da responsabilidade civil do incapaz é também a eqüidade. Explica Karl Larenz que são pressupostos da responsabilidade civil por eqüidade: (1) que no caso concreto uma pessoa inimputável haja causado, com sua conduta, um dano a outra e que, de acordo com os parágrafos 823 a 826, tal dano represente um ato objetivamente injusto; (2) que o prejudicado não possa obter do terceiro obrigado a vigiar o incapaz a indenização do dano; e que, finalmente; (3) segundo as circunstâncias do caso, especialmente das relações entre os interessados, a eqüidade exija um ressarcimento total ou parcial e que este não prive o obrigado a indenizar dos meios necessários para sua subsistência, segundo seu estado, e não impeça o incapaz de cumprir os deveres legais de assistência que lhe incumbam (§ 829).[44]

---

[42] VISINTINI, Giovanna. *Tratado de la responsabilidad civil*, p. 172.
[43] Segundo Visintini, em 1977, um incapaz dono de uma fazenda matou o seu empregado e teve a indenização por danos materiais fixada em um milhão de liras, mas não se reconheceu o ressarcimento por dano moral. Outro caso foi o de um menino que feriu uma outra criança, ocasionando a perda do olho dela. Como a condição econômica do autor do dano era consideravelmente maior que a da vítima, a indenização foi vultuosa (37,800 milhões de liras) (VISINTINI, Giovanna. *Tratado de la responsabilidad civil*, p. 173).
[44] LARENZ, Karl. *Derecho de obligaciones*. Tradução espanhola de Jaime Santos Briz. Madrid: Editorial Reviste de Derecho Privado, 1959. t. 2, p. 573.

A doutrina pergunta qual seria o sistema ideal. Discute-se muito sobre qual dos sistemas de reparação é o preferível: o francês com a alteração de 1968 (reparação integral do dano) ou o italiano (equilibrada distribuição da carga entre a vítima e o autor incapaz, recorrendo-se ao conceito de justa indenização), que, em certa medida, é seguido pelo Código Civil brasileiro.

A resposta não é simples. Entretanto, na experiência italiana, o que se fez de concreto nos últimos anos foi a construção de um sistema preventivo de seguros obrigatórios, em especial para aqueles portadores de distúrbios psiquiátricos, e a previsão de um fundo obrigatório para a prevenção de danos produzidos por sujeitos afetados por distúrbios psiquiátricos não declarados.[45]

Em conclusão, não é preciso partir, como tradicionalmente se faz, de uma culpa *tout court* do lesado para excluir as pessoas que não têm capacidade de pecar (inimputáveis), já que sua inconsciência perante o perigo ou a ausência de um ato livre e controlado determina que a questão se resolva em sintonia com a imputação do dano e a necessidade de proteção equilibrada de seu causador.[46]

5.3 CÓDIGO CIVIL DE 2002: TEORIA OBJETIVA OU SUBJETIVA? FICÇÃO E EQÜIDADE

A experiência da indenização por eqüidade, conforme analisado no item anterior, não se constitui novidade. O afastamento da simples noção de responsabilidade subjetiva ou objetiva já é adotado há muito tempo por países como Alemanha, Portugal e Itália.

---

[45] VISINTINI, Giovanna. *Tratado de la responsabilidad civil*, p. 170.
[46] PROENÇA, José Carlos Brandão. *A conduta do lesado...*, p. 529.

Em agosto de 1939, no primeiro Congresso Internacional da "Associação Henri Capitant" ocorrido em Quebec, em decorrência de todos os estudos e do relatório oferecido por André Rouast, professor da Faculdade de Direito de Paris, concluiu-se que a idéia de responsabilidade pessoal dos loucos e dos menores já era acolhida por vários Códigos Civis.[47]

A responsabilidade civil desvincula-se da idéia de que apenas os imputáveis podem ser responsabilizados por seus atos. Não se trata de buscar fundamento na responsabilidade objetiva, mas, sim, de analisar a conduta do incapaz de acordo com a seguinte ótica: se fosse capaz e tivesse praticado o mesmo ato, seria o agente do dano responsabilizado?[48]

Se a resposta for positiva, cabe o dever de indenizar do representante do incapaz e subsidiariamente, do próprio incapaz, nos termos do artigo 928 do Código Civil. Não se pode esquecer de que o dever do representante só surge se ele tiver a obrigação de indenizar e meios para tanto, conforme se desenvolverá a seguir.

Se a resposta for negativa, ou seja, a pessoa imputável não seria responsabilizada, pois o evento decorreu de culpa exclusiva da vítima, caso fortuito ou força maior, por exemplo, desaparece o dever de indenizar tanto do incapaz quanto de seu representante.

Em resumo, são requisitos para que haja a responsabilidade direta do incapaz: (1) que haja um fato ilícito; (2) que esse fato tenha causado dano a outrem; (3) que o fato tenha sido praticado em condições de ser considerado culposo, reprovável, se nas mesmas condições tivesse sido pra-

---

[47] LIMA, Alvino. *Culpa e risco*, p. 28.
[48] VARELA, João de Matos Antunes. *Das obrigações em geral*, v. 1, p. 565.

ticado por pessoa imputável; (4) que haja entre o fato e o dano o necessário nexo de causalidade; (5) que a reparação do dano não possa ser obtida do representante legal; (6) que a eqüidade justifique a responsabilidade total ou parcial do incapaz em face das circunstâncias concretas do caso.[49]

Na realidade, há dois momentos distintos para a fixação da responsabilidade civil do incapaz. No primeiro momento, interroga-se se o incapaz deve ou não indenizar a vítima do ilícito. Em caso afirmativo, verifica-se qual é o valor da indenização a ser fixado.

A resposta à primeira pergunta é a seguinte: para a verificação de se há ou não o dever de indenizar por parte do incapaz, por ficção jurídica, este é considerado capaz e imputável e, assim, verifica-se o ato ilícito praticado como se tivesse sido feito por pessoa adulta em pleno gozo de suas funções e com o discernimento perfeito. Trata-se de ficção evidente, pois não se imagina que um menor com 10 anos de idade tenha igual discernimento que uma pessoa capaz, com mais de 50 anos de vida.

Reconhece a doutrina que o fundamento da responsabilidade do amental deve estar nos princípios de garantia e assistência social, que sacrifica o direito pela humanidade e o restabelecimento do equilíbrio social violado pelo dano e deve ser o denominador comum de todos os sistemas de responsabilidade civil, estabelecendo-se como norma fundamental que a composição ou a restauração econômica se faça, sempre que possível, à custa do ofensor.[50]

---

[49] VARELA, João de Matos Antunes. *Das obrigações em geral*, v. 1, p. 566.
[50] CAVALIERI FILHO, Sérgio; MENEZES DIREITO, Carlos Alberto. *Comentários ao novo Código Civil*, p. 161.

Assim, em relação ao inimputável, a culpa se avalia à luz da conduta que teria tido uma pessoa normal, imputável. Tratar-se-ia de culpa técnica e não real.[51]

Superada a primeira questão e sendo certo que o incapaz responderá pela indenização, cabe analisar o *quantum* e a sua fixação.

Nesse segundo momento, determinando-se o dever de indenizar direto e próprio do incapaz, responde este de acordo com a eqüidade, ou seja, a indenização deve levar em conta sua necessidade de alimentos e a necessidade das pessoas que dele dependam.[52]

A aplicação da eqüidade nas hipóteses de indenização por pessoa incapaz tem bases constitucionais, fundamenta-se no princípio da dignidade da pessoa humana (CF, art. 1º, III), conforme já esclarecido em Capítulo 4.

A eqüidade serve não só para adaptação ou aplicação da norma jurídica ao caso concreto, mas também para integração do caso omisso.[53]

Essa adaptação faz-se necessária no caso de pagamento de indenização por incapaz. Rompe-se com um sistema de irresponsabilidade, cuja base, conforme já dito, era o artigo 1.382 do Código francês de 1804, para passar a um sistema de responsabilidade por eqüidade, e não de responsabilidade plena.[54]

---

[51] PROENÇA, José Carlos Brandão. *A conduta do lesado...*, p. 531.
[52] CC, art. 928, parágrafo único: "A indenização prevista neste artigo, que deverá ser eqüitativa, não terá lugar se privar do necessário o incapaz ou as pessoas que dele dependem."
[53] CARVALHO FILHO, Milton Paulo de. *Indenização por eqüidade no novo Código Civil*, p. 27.
[54] Mesmo muito antes da promulgação do Código Civil, quando na fase do anteprojeto, Álvaro Villaça Azevedo já elogiava o parágrafo único do artigo 928, por eleger a regra da eqüidade como parâmetro de fixação da indeniza-

Assim, se surgir o dever de indenizar para o próprio incapaz, deve o juiz, no momento de fixação do *quantum debeatur*, seguir a orientação do artigo 928, parágrafo único: o valor não pode privar o incapaz ou as pessoas que dele dependam do necessário.

Isso não é novidade em termos de direito alienígena. Já o Código Civil português de 1867 determinava que, no cálculo da indenização a ser fixada contra pessoa incapaz, deveria ser observada a questão dos alimentos de que este necessita para sobreviver e que ele deve a terceiros que dele dependam (art. 2.378).

É importante frisar a noção de eqüidade como forma de correção da lei, não com o significado de que há um erro a ser corrigido, mas, sim, com a noção de que a lei revela-se muito rígida no caso concreto e, assim, poderia o juiz abrandar o rigor, corrigindo os resultados efetivos de sua aplicação, conforme explicado anteriormente.

Na indenização a ser paga pelo incapaz, a questão é cristalina. Se se seguir a regra do *caput* do artigo 944, mede-se a indenização pela extensão do dano, e caberá ao juiz fixá-la, ainda que cause a ruína do agente causador do dano. Com utilização de eqüidade, o valor não precisa representar o total da indenização à vítima, para que assim o incapaz ou as pessoas que dele dependam não fiquem em estado de penúria.

A eqüidade reflete o princípio da dignidade da pessoa humana. Reflete o surgimento de novos paradigmas para a obrigação de indenizar e para o sistema de responsabilidade civil, a fim de tutelar os fatos causadores do dano.[55]

ção devida ao incapaz (AZEVEDO, Álvaro Villaça. Responsabilidade civil I. In: FRANÇA, Limongi (Coord). *Enciclopédia Saraiva de Direito*. São Paulo: Saraiva, 1986. v. 65, p. 345).
[55] BARROSO, Lucas Abreu. *Novas fronteiras da obrigação*, p. 364.

A aplicação da eqüidade na fixação da indenização, quando autorizada por lei, não significa conceder ao juiz um poder despótico e irrazoável. Aliás, acarretará nulidade da decisão do magistrado a chamada eqüidade cerebrina, ou seja, a eqüidade sentimentalista, anticientífica e tirânica, pela qual o juiz julga de acordo com uma religião ou credo.[56]

Tratando-se de eqüidade referente ao incapaz, caberá ao magistrado verificar a condição financeira deste e se há pessoas que dele dependam. Deve-se verificar um estado econômico.[57] Com base nas provas produzidas, decide o juiz de maneira justificada. Há uma seqüência a ser seguida:

1. A decisão inicia-se com a fixação do valor efetivo do prejuízo sofrido pela vítima, ou seja, segue-se a regra do artigo 944 do Código Civil pelo qual a indenização se mede pela extensão do dano.

2. Faz-se uma análise do impacto econômico para o incapaz e pessoas que dele dependam e, então, conclui-se:

    2.1. O valor fixado não priva o incapaz, nem pessoas que dele dependam do necessário e, portanto, o incapaz pagará a indenização integral (nos termos do *caput* do art. 944). Esta é a regra.

    2.2. O valor é elevado e privará o incapaz ou as pessoas que dele dependam do necessário. Aplica-se a eqüidade, motivando-se a deci-

---

[56] CARVALHO FILHO, Milton Paulo de. *Indenização por eqüidade no novo Código Civil*, p. 36.
[57] KARAM, Munir. O processo de codificação do direito civil: inovações da parte geral e do livro das obrigações. *Revista dos Tribunais*, São Paulo, v. 757, nov. 88, p. 27.

são, e, então, a indenização não será integral, mas, sim, reduzida de acordo com o caso concreto. Nesse caso, indica o juiz que o valor da condenação está adequado ao preceito do parágrafo único do artigo 928, atendendo ao preceito constitucional da dignidade da pessoa humana do incapaz.

Importante frisar que a aplicação da eqüidade terá como fundamento a privação do incapaz e das pessoas que dele dependam. Só poderá o juiz invocá-la se a conseqüência da indenização fixada for a privação em questão. Para que se evite a eqüidade cerebrina e irrazoável, deve o magistrado seguir a seqüência criada pelo legislador, sob pena de eventual nulidade da decisão.

Por fim, conclui-se que o direito brasileiro, com o Código Civil, superou a noção de que, pelo fato de o menor não possuir vontade juridicamente relevante, não poderia praticar ato ilícito, por estes pressuporem a violação voluntária de deveres. A questão já está resolvida há muito, conforme demonstrado, pela legislação de vários países.[58]

Duas questões ainda devem ser analisadas: em quais situações o incapaz responde diretamente com seu patrimônio para indenizar as vítimas do ilícito, e, por fim, qual será o valor da indenização a ser fixada, podendo esta ser reduzida ou não, nos termos dos artigos 944 e 945 do Código Civil.

---

[58] JORGE, Fernando de Sandy Lopes Pessoa. *Ensaio sobre os pressupostos da responsabilidade civil*, p. 312.

5.3.1 Quando respondem os representantes

Nas hipóteses a serem estudadas a seguir, serão os representantes legais do incapaz os responsáveis pela reparação civil.

Deve-se salientar que o responsável, em certas hipóteses, terá direito de regresso contra o efetivo causador do dano. A questão é tratada pelo artigo 934 do Código Civil, que assim dispõe:

> "Art. 934. Aquele que ressarcir o dano causado por outrem pode reaver o que houver pago daquele por quem pagou, salvo se o causador do dano for descendente seu, absoluta ou relativamente incapaz."

Nesse sentido, os pais, na qualidade de responsáveis pelos atos de seus filhos menores (CC, art. 832, I) e os avós, na qualidade de tutores nomeados de seus netos menores (CC, art. 832, II), não teriam direito de regresso em decorrência da relação de descendência.

Caso a tutela ou a curatela fossem exercidas por outro parente do incapaz (um tio, por exemplo), ou mesmo por estranhos, o direito de regresso seria possível.

5.3.1.1 Obrigação do pai e da mãe: solidária ou divisível?

A regra é que a responsabilidade civil pela indenização será paga pelos representantes legais do incapaz. Em caso de tutela, será de responsabilidade do tutor; de curatela, do curador; e, em caso dos filhos que estejam sob o poder familiar, a responsabilidade será de ambos os pais.

Note-se que no caso de responsabilidade pelo ato dos filhos, em regra, pai e mãe respondem civil e objetivamente pela indenização, nos termos dos artigos 832, I, e 833.[59] Tratando de dois devedores, cabe saber se a responsabilidade desses será solidária ou divisível.

O desdobramento da questão é saber se cada um dos genitores arca com a indenização integral e cobra regressivamente a metade do valor daquele que nada pagou (solidariedade) ou se responde por metade do valor da indenização (divisibilidade).

Como se sabe, é regra basilar do direito das obrigações que a solidariedade não se presume e decorre da lei ou da vontade das partes (CC, art. 265). Inexistindo solidariedade legal, a obrigação de dar passa a ser divisível, seguindo a regra do *concursu partes fiunt* (CC, art. 257).[60]

No caso em tela, sob a égide do Código Civil de 1916, a solidariedade entre os pais vinha proclamada no artigo 1.518, parágrafo único, do Código Civil, que dispunha serem solidariamente responsáveis com os autores os cúmplices e as pessoas designadas no artigo 1.521, dentre elas os pais, pelos filhos menores que estivessem sob seu poder e em sua companhia. Dúvida não havia quanto à responsabilidade solidária do menor, do pai e da mãe.[61]

---

[59] Para a verificação de situação em que um dos pais não responderá, sugere-se a leitura do item 5.3.2.3.2: Filho menor que não está sob autoridade e na companhia dos pais.

[60] Será explicada detalhadamente a questão ao tratar da antinomia entre os artigos 928 e 932 do Código Civil.

[61] Nesse sentido: "CIVIL – AGRAVO DE INSTRUMENTO – AGRAVO REGIMENTAL – RESPONSABILIDADE CIVIL DOS PAIS – ATO ILÍCITO – MENOR IMPÚBERE – SOLIDARIEDADE – HIPÓTESE – CONCORRÊNCIA COM CULPA. I – O acórdão recorrido, ao decidir a lide como posta, entendeu que a indenização é cabível, baseando-se na culpa presumida dos pais do menor (arts. 159, 1.521, I, e 1.523, do CCB), esta amplamente comprovada nos au-

Fato é que, no novo Código, surge a antinomia entre a disposição do artigo 942, parágrafo único, prevendo a solidariedade do incapaz e de seus representantes, e a subsidiariedade contida no artigo 928, prevalecendo a responsabilidade subsidiária e não solidária, conforme será demonstrado no Capítulo 6.

Prevalecendo a responsabilidade subsidiária entre os representantes e o incapaz, indaga-se também se estaria afastada a solidariedade entre os próprios representantes prevista no artigo 942, parágrafo único, do Código Civil.

A resposta é negativa. O fato de se estabelecer obrigação subsidiária entre o incapaz e seu representante não afasta a solidariedade dos próprios representantes.

O artigo 942, parágrafo único, expressamente prevê a solidariedade entre as pessoas designadas no artigo 932, cujo inciso I cuida dos pais, pelos atos dos filhos menores que estiverem sob sua autoridade e em sua companhia. Assim, a solidariedade dos pais decorre do texto expresso de lei, ainda que se afaste a responsabilidade primária e direta do incapaz.

---

tos, segundo aspectos fáticos – probatórios que não cabem nesta via eleita o seu reexame (Súmula 7/STJ)" (STJ, AgRg no Ag 99.834/MG, rel. Ministro Waldemar Zveiter, 3ª T., julgado em 10.6.1996, *DJ* 5.8.1996, p. 26358).

"CIVIL. RESPONSABILIDADE CIVIL DOS PAIS PELOS ATOS ILÍCITOS DOS FILHOS. MENOR PÚBERE. LEGITIMIDADE PASSIVA *AD CAUSAM*. CULPA *IN VIGILANDO*. PRESUNÇÃO *JURIS TANTUM*. SOLIDARIEDADE. INTELIGÊNCIA DO ART. 1.518, PARÁGRAFO UNICO, CC. RECURSO NÃO CONHECIDO. 3 – Embora o art. 156 do Código Civil equipare o menor púbere ao maior, para os fins de responder pelas obrigações decorrentes de atos ilícitos, os pais respondem solidariamente pelo dano, detendo legitimidade passiva para a ação por meio da qual se postula indenização" (STJ, REsp 13.403/RJ, rel. Ministro Sálvio de Figueiredo Teixeira, 4ª T., julgado em 6.12.1994, *DJ* 20.2.1995, p. 3186).

Quando houver responsabilidade dos pais, esta será solidária e não divisível, podendo a vítima cobrar integralmente o valor da indenização do pai ou da mãe, e aquele que solver a dívida terá direito de regresso quanto ao co-responsável.

Note-se que a premissa do raciocínio é que ambos os pais são responsáveis pela indenização nos termos dos artigos 928 e 932, I, do Código Civil, e, dessa maneira, o são solidariamente.

Curiosa questão que se pode colocar é se, no momento do regresso, poderia aquele que solveu a indenização cobrar do outro genitor apenas 50% do valor pago, ou poderia, eventualmente, provando a responsabilidade do devedor, cobrar a totalidade da quantia paga.

No sistema português, baseado na culpa presumida,[62] admite-se que, havendo prova que ilida a responsabilidade de um dos pais, será este liberado, arcando o culpado com a totalidade do valor a ser pago. E mais, com base na previsão legal, admite-se que dependendo de seu grau de culpa, cada um dos responsáveis pagará parte menor, maior ou igual à do outro.[63] Nesse sistema, caso a vítima proponha a demanda apenas contra um dos genitores que faz a prova da ausência de culpa, afastando a presunção, a ação será julgada improcedente. Entretanto, caso não se desincumba

---

[62] "Artigo 497 (Responsabilidade solidária).
1. Se forem várias as pessoas responsáveis pelos danos, é solidária a sua responsabilidade.
2. O direito de regresso entre os responsáveis existe na medida das respectivas culpas e das conseqüências que delas advieram, presumindo-se iguais as culpas das pessoas responsáveis."
[63] VIANA, Jeovanna. *Responsabilidade civil dos pais pelos atos dos filhos menores*. Rio de Janeiro: Renovar, 2004. p. 232.

do ônus, precisará pagar a indenização na sua totalidade e depois cobrar do outro responsável.[64]

Assim, na ação de regresso, diante da possibilidade de exoneração da indenização, ou mesmo de valores desiguais, haverá o amplo debate da culpa de cada um dos pais e sua efetiva responsabilidade quanto ao ilícito causado.

Para o direito brasileiro, a solução não pode ser idêntica. Tratando-se de responsabilidade objetiva, não pode o genitor demandado pela vítima fazer prova de sua não-culpa.[65] A prova versará a respeito das excludentes de responsabilidade civil como causas de rompimento do nexo (tratadas na seqüência deste trabalho), razão pela qual a questão da culpa será matéria estranha à lide formada entre vítima e responsável legal.

Entretanto, quanto à ação de regresso, que será proposta por um dos responsáveis contra o co-responsável, a matéria da culpa pode vir à baila para que se exonere ou reduza o valor devido por cada um dos genitores. Essa ação autônoma é o campo para a produção da prova e a fixação do *quantum* a ser devolvido por aquele que integralmente pagou a indenização à vítima.

Trata-se de decorrência das regras da solidariedade. No tocante à relação externa (vítima e responsáveis), cada um dos pais responderá pela dívida toda. Já quanto à relação interna (entre os responsáveis co-devedores), admite-se que haja debate a respeito da efetiva responsabilidade de cada um. Não haverá necessária divisão igualitária dos va-

---

[64] SOTTOMAYOR, Maria Clara. *A responsabilidade civil*..., p. 431.
[65] Em Portugal, a doutrina tem admitido que cada progenitor responda por culpa própria, que deve ser analisada independentemente da culpa do outro (SOTTOMAYOR, Maria Clara. *A responsabilidade civil*..., p. 430).

lores despendidos, pois o artigo 283 do Código Civil apenas presume a divisão em partes iguais.[66] Pode, portanto, um dos responsáveis afastar a igualdade presumida.

Ainda quanto à questão que reflete as relações internas dos devedores solidários, deve-se analisar o problema da execução patrimonial dos bens de apenas um ou de ambos os cônjuges. Isso porque, se os pais do incapaz forem casados, os diferentes regimes de bens influenciarão a penhora.

Se o bem penhorado for bem comum, quer em razão do regime da comunhão universal de bens ou da comunhão parcial, sendo cada cônjuge meeiro do bem, e partindo-se da premissa pela qual ambos são devedores da indenização em partes iguais, nenhum problema se verifica, pois o bem comum paga a dívida comum.[67]

Caso o bem penhorado seja de apenas um dos responsáveis, em razão da solidariedade, não poderia o executado se opor à penhora (cada um dos devedores, na relação externa, responde pela dívida toda), mas, certamente, estará ele respondendo pela dívida toda quando só é devedor de parte dela (relação interna entre os co-devedores).

Então, surge em favor do responsável que solveu a dívida um crédito que, conforme já dito, presume-se ser da metade da dívida. Isso se verifica se o regime de bens for o da separação de bens ou da comunhão parcial de bens, e o bem penhorado for particular.

---

[66] Art. 283. O devedor que satisfez a dívida por inteiro tem direito a exigir de cada um dos co-devedores a sua quota, dividindo-se igualmente por todos a do insolvente, se o houver, presumindo-se iguais, no débito, as partes de todos os co-devedores.

[67] Caso na ação de regresso se apure que o valor devido por ambos os cônjuges não é equivalente, surgirá um crédito entre eles. Contudo, em princípio, em razão da presunção legal, cada responsável deve metade da dívida.

5.3.1.2 A questão da paternidade socioafetiva e a responsabilidade civil

Outro tema de relevo na responsabilidade dos pais pelos atos dos filhos menores diz respeito à paternidade socioafetiva, tema da atualidade que tem sido objeto de muito debate doutrinário e jurisprudencial.

A redação do artigo 1.593 do Código Civil expressamente afirma que, além do parentesco natural, decorrente da relação de consangüinidade, há também o parentesco civil, classicamente decorrente da adoção, "ou outra origem". A expressão legal "outra origem" permitiu à doutrina afirmar o reconhecimento legal da chamada parentalidade socioafetiva.

Uma das mais relevantes conseqüências do princípio da afetividade está na jurisdicização da paternidade socioafetiva, que abrange os chamados filhos de criação. Isso porque o que garante o cumprimento das funções parentais não é a similitude genética ou a derivação sangüínea, mas, sim, o cuidado e o desvelo dedicados aos filhos.[68]

Os casos de parentalidade socioafetiva multiplicam-se em um país com enorme variedade de raças, culturas e credos. Exemplo clássico é o da chamada adoção à brasileira. Ocorre quando determinada pessoa registra uma criança, filho biológico de outrem, como se fosse seu, criando-a com tais atributos.[69]

O parentesco não é somente um fato da natureza, e sim uma noção social que varia de cultura para cultura e, em verdade, qualquer adulto pode se converter em um pai

---

[68] PEREIRA, Rodrigo da Cunha. *Princípios fundamentais norteadores do direito de família*. Belo Horizonte: Del Rey, 2005. p. 184.
[69] A prática é tipificada como crime pela legislação.

psicológico, dependendo da qualidade da interação diária, porquanto o verdadeiro pai é aquele que efetivamente se ocupa da função parental.[70] Assim, o parentesco contém elementos biológicos, afetivos e jurídicos.

A simples filiação biológica não é qualquer garantia da experiência da paternidade, da maternidade ou da verdadeira filiação e, portanto, é insuficiente a verdade biológica, pois a filiação é uma construção que abrange muito mais que uma semelhança entre o DNA.[71]

A afetividade, mais que um simples argumento moral, ou fato sociológico ou psicológico, entra no campo do direito e tem fundamento legal, pois há quatro importantes diretrizes na Constituição Federal: a igualdade dos filhos independentemente de sua origem (art. 227, § 6º); a adoção, como escolha efetiva, alcançou a igualdade de direitos (art. 227, §§ 5º e 6º); a comunidade formada por qualquer dos pais e seus descendentes, incluindo-se os adotivos, tem a mesma dignidade de família constitucionalmente protegida (art. 226, § 4º); e o direito à convivência familiar, e não à origem genética, constitui a prioridade absoluta da criança e do adolescente (art. 227, *caput*).[72]

O conceito de nascimento já não se contém nos estritos limites da fisiologia e reclama um enfoque mais abrangente, de modo a alcançar, além da emigração do ventre materno, todo o complexo e continuado fenômeno da formação e amadurecimento da personalidade, ou seja, em outros termos, há um nascimento fisiológico e outro emocional.[73]

---

[70] MADALENO, Rolf. *Direito de família em pauta*. Porto Alegre: Livraria do Advogado, 2004. p. 18.
[71] PEREIRA, Rodrigo da Cunha. *Princípios fundamentais...*, p. 184.
[72] LÔBO, Paulo Luiz Netto. *Código Civil comentado*. São Paulo: Atlas, 2003. p. 43.
[73] VILLELA, João Baptista. Desbiologização da paternidade. *Revista Forense*,

Para que se caracterize a parentalidade socioafetiva, haverá a necessidade da presença de alguns requisitos. Em Portugal, optou-se por identificá-la com a chamada posse do estado de filho, que retrata uma filiação claramente inexata, mas cuja vinculação baseia-se na aparência de uma vida inteira.[74]

No Brasil, a doutrina traça o mesmo rumo e entende que a parentalidade socioafetiva está baseada na tríade *nomen, tractus* e *fama*. Assim, para que haja a posse de estado, é necessário que carregue o nome da família, seja tratado como filho e que sua condição oriunda da filiação seja reconhecida socialmente. Afinal, quem cria um filho que não traz consigo laços biológicos pressupõe que o desejo permeou esta relação, construindo-se o afeto.[75]

O elemento *nomen*, nem sempre presente, muitas vezes não é considerado fator relevante na determinação da paternidade socioafetiva. Nesse sentido, ocorre a paternidade socioafetiva se determinado homem, ao se casar ou iniciar uma união estável, passa a tratar os filhos de sua esposa ou companheira como se seus fossem, e os próprios menores chamam-no de pai, apesar de não o ser jurídica ou biologicamente.[76]

Rio de Janeiro, nº 71, p. 50, 1980.
[74] MADALENO, Rolf. *Direito de família em pauta*, p. 21.
[75] PEREIRA, Rodrigo da Cunha. *Princípios fundamentais...*, p. 185.
[76] Assim decidiu recentemente o Tribunal de Justiça do Rio Grande do Sul, conforme voto do relator desembargador Alfredo Guilherme Englert: "Não há dúvida que sua intenção era deixar seu patrimônio – 50% de uma velha casa de madeira em Canoas – para a enteada que sempre lhe acompanhou. Ademais, de se ver e reconhecer a possível existência de paternidade socioafetiva. Sobre a paternidade socioafetiva, doutrina Luiz Edson Fachin (FACHIN, Luiz Edson. *Estabelecimento da filiação e paternidade presumida*. Porto Alegre: Fabris, 1992. p. 157, 160, 163) o seguinte: 'Apresentando-se no universo dos fatos, a posse de estado de filho liga-se à finalidade de trazer para o mundo jurídico uma verdade social. Aproxima-se, assim, a regra jurídica da realida-

Esse tipo de paternidade não está documentado, mas se revela nos atos diários existentes entre os pais e seus filhos. É aquele pai que mantém o sustento do menor, que lhe dá carinho sempre e que o repreende quando necessário, cuidando de sua educação e formação.

Não se deve confundir a parentalidade socioafetiva com o vínculo de afinidade que se estabelece entre madrastas e padrastos e seus enteados. A relação jurídica, nessa hipótese, não é de filiação, mas, sim, de parentesco por afinidade, que é aquele que se estabelece entre um dos cônjuges ou companheiros e os parentes consangüíneos do outro.[77] Nesse sentido, as madrastas não são obrigadas por lei a vigiar seus enteados, pelo simples fato de se casarem com os seus pais.[78] Como a responsabilidade por fato de terceiro é excepcional, e não regra, não comportará interpretação extensiva.

Já com relação à parentalidade socioafetiva a questão é bem diferente. Se conflito houver entre a verdade biológica e a socioafetiva, é a segunda que tem prevalecido nos

---

de. Em regra, as qualidades que se exigem que estejam presentes na posse de estado são: publicidade, continuidade e ausência de equívoco [...] A posse de estado serve para revelar a face socioafetiva da filiação [...] E no fundamento da posse de estado de filho é possível encontrar a verdadeira paternidade, que reside antes no serviço e no amor que na procriação [...] Diante do caso concreto, restará ao juiz o mister de julgar a ocorrência ou não de posse de estado'" (TJ/RS, Embargos Infringentes nº 70011650108, Quarto Grupo de Câmaras Cíveis, julgado em 12/8/2005).
[77] "Art. 1.595. Cada cônjuge ou companheiro é aliado aos parentes do outro pelo vínculo da afinidade.
§ 1º O parentesco por afinidade limita-se aos ascendentes, aos descendentes e aos irmãos do cônjuge ou companheiro.
§ 2º Na linha reta, a afinidade não se extingue com a dissolução do casamento ou da união estável."
[78] VIANA, Jeovanna. *Responsabilidade civil...*, p. 203. A lei brasileira é clara ao atribuir a responsabilidade aos pais e não aos padrastos ou madrastas (CC, art. 932).

nossos tribunais.[79] O pai socioafetivo é pai e não apenas padrasto.

Assim, nas hipóteses de reparação civil as conseqüências não podem ser diferentes. A paternidade socioafetiva gera as conseqüências da paternidade biológica, com a total e plena responsabilidade dos pais pelos atos dos filhos.

Demandado, o pai socioafetivo, este não terá o direito de se escusar do dever de indenizar, alegando a inexistência de paternidade biológica ou jurídica. Há clara sobreposição do valor do afeto sobre a simples consangüinidade.[80]

---

[79] EMENTA: "ANULAÇÃO DE REGISTRO DE NASCIMENTO. IMPOSSIBILIDADE. ADOÇÃO AFETIVA. Narrativa da petição inicial demonstra a existência de relação parental. Sendo a filiação um estado social, comprovado estado de filho afetivo, não se justifica a anulação de registro de nascimento por nele não constar o nome do pai biológico. Reconhecimento da paternidade que se deu de forma regular, livre e consciente, mostrando-se a revogação juridicamente impossível. NEGADO PROVIMENTO AO APELO. SEGREDO DE JUSTIÇA" (TJ/RS, Apelação Cível nº 70012613139, 7ª Câmara Cível, rel. Maria Berenice Dias, julgado em 16/11/2005).
EMENTA: "APELAÇÃO. NEGATÓRIA DE PATERNIDADE. AUSÊNCIA DE ERRO. PARENTALIDADE SOCIOAFETIVA. ALIMENTOS. IMPOSSIBILIDADE NÃO DEMONSTRADA. Não restou demonstrada a alegação de erro substancial no momento em que a paternidade foi registrada. Ademais, com o tempo, restou configurada a paternidade socioafetiva, que prevalece mesmo na ausência de vínculo biológico. Descabe alterar o valor dos alimentos quando não demonstrada a alegada impossibilidade do alimentante em suportá-los. NEGARAM PROVIMENTO" (TJ/RS, Apelação Cível nº 70012504874, Oitava Câmara Cível, rel. Rui Portanova, julgado em 20/10/2005).

[80] Não se pode afirmar categoricamente que sempre a parentalidade socioafetiva prevalece sobre a biológica. Entretanto, segundo os ditames constitucionais e a possibilidade de seu reconhecimento em decorrência da redação ao artigo 1.593, é recomendável, à luz do melhor interesse da criança e de sua dignidade, que haja prevalência da parentalidade socioafetiva sobre a biológica.

5.3.1.3 Limites do valor da indenização paga pelo representante

Só responde o incapaz pelos danos causados excepcionalmente, sendo a responsabilidade, de início, dos representantes legais. Entretanto, tratando-se de responsabilidade do incapaz, este será beneficiado pela eqüidade quanto à redução do valor da indenização (CC, art. 928, parágrafo único). A pergunta que se faz é se a regra, por analogia, pode ser aplicada aos representantes que, então, teriam a indenização fixada de maneira a considerarem-se os limites previstos no parágrafo único do artigo 928.

O que se questiona é se a eqüidade deve ser adotada como parâmetro para restringir ou reduzir o valor da indenização quando couber ao representante o seu pagamento.

Na experiência estrangeira, a doutrina portuguesa ensina que se o incapaz tem o benefício da fixação de indenização por eqüidade, o imputável responde em harmonia com as regras do direito estrito, ou seja, sem tal benefício.[81]

No sistema espanhol, a situação não é muito diferente. A regra é a da irresponsabilidade do menor. O menor só responde se não responderem o pai ou os tutores. Mesmo estando obrigado pelo seu ato ilícito, o incapaz só deve responder na medida "em que era rico" quando cometeu o ato danoso que originou a sua obrigação, sem que seu futuro patrimônio fique comprometido. Isso quer dizer que o menor deve responder com seus bens presentes, até o limite de bens, como estipula as *Leyes de Enjuiciamiento Criminal y Civil*, mas não com seus bens futuros.[82]

---

[81] VARELA, João de Matos Antunes; PIRES DE LIMA. *Código Civil anotado*, p. 491.
[82] HEREDIA, Carmen López Beltran. Responsabilidade civil no terceiro milênio. In: BUERES, Alberto José; CARLUCCI, Aída Kemelmajer (Coord.). *Res-*

Trata-se de manter o equilíbrio entre a proteção dos menores de idade e de suas hipotéticas vítimas. A responsabilidade do menor limita-se aos seus bens presentes, como a de qualquer devedor normal. Se o patrimônio presente do filho não é suficiente para satisfazer o total da indenização, para a quantia ainda não satisfeita responderão os bens futuros de seus pais ou tutores.[83]

Segundo a doutrina estrangeira a redução por eqüidade, bem como a limitação na fixação da indenização, beneficia apenas o incapaz, mas não seus representantes. Isso porque a eqüidade é a razão para que se afaste a irresponsabilidade do incapaz em face da ausência de discernimento.

Quanto aos responsáveis legais, sendo esses dotados de pleno discernimento e total compreensão da realidade, a indenização à vítima será integral, não havendo motivos para sua redução.

Entretanto, na *I Jornada de Direito Civil*, promovida pelo Conselho da Justiça Federal, em setembro de 2002, concluiu-se o seguinte:

> "Enunciado 39. Como conseqüência, também os pais, tutores e curadores serão beneficiados pelo limite humanitário do dever de indenizar, de modo que a passagem ao patrimônio do incapaz se dará não quando esgotados todos os recursos do responsável, mas se reduzidos estes ao montante necessário à manutenção de sua dignidade."

A justificativa para o enunciado de autoria de Gustavo Tepedino e Anderson Schreiber é que a Constituição de

---

ponsabilidad de los padres por los hechos de sus hijos. Madrid: Técnos, 2004. p. 193-194.
[83] HEREDIA, Carmen López Beltran. Responsabilidade civil no terceiro milênio, p. 194.

1988, ao elevar a fundamento da República o princípio da dignidade da pessoa humana, não impôs apenas a proteção aos diversos atributos inerentes à pessoa, mas exigiu também que se garantam a cada indivíduo os meios necessários para o desenvolvimento de sua personalidade e para a manutenção de uma vida digna.[84]

A ampliação dos limites da regra toma como base a idéia de respeito a um patrimônio mínimo, cuja definição Luiz Edson Fachin reconhece ser muito difícil, mas que deve concretizar, de algum modo, a expiação da desigualdade e ajustar, ao menos em parte, a lógica do Direito à razoabilidade da vida daqueles que, no "mundo do ter", menos têm e mais necessitam.[85]

Parece, então, ser adequada a interpretação extensiva presente no Enunciado 39 da *I Jornada de Direito Civil*, em que pesem as opiniões da doutrina estrangeira em contrário.

5.3.2 Quando respondem diretamente os incapazes

Os incapazes arcam diretamente com o valor da indenização em duas hipóteses específicas previstas em lei. A primeira verifica-se se "as pessoas por ele responsáveis não tiverem obrigação de fazê-lo", e a segunda se tiverem a obrigação, mas "não dispuserem de meios suficientes".

Deve-se frisar que, com o advento do novo Código, todo o sistema muda de uma situação de total irresponsabilidade do incapaz para a possibilidade de responsabilização subsidiária e mitigada. Essa é a tônica do novo sistema.

---

[84] TEPEDINO, Gustavo; SCHREIBER, Anderson. Enunciado sobre o artigo 928 do Código Civil. In: AGUIAR JR., Ruy Rosado (Org.). *Jornada de Direito Civil*. Brasília: Conselho de Justiça Federal, 2003. p. 268.
[85] FACHIN, Luiz Edson. *Estatuto jurídico do patrimônio mínimo*, p. 278.

Primeiro, arcam os responsáveis (como já ocorre na Alemanha, Portugal e Itália) e, somente em casos excepcionais, o próprio incapaz.

Antes da análise das exceções previstas no Código Civil, cabe aventar a hipótese em que o incapaz responde diretamente por não ter um representante legal ou em razão de lei especial (Lei nº 8.069/90 – Estatuto da Criança e do Adolescente).

5.3.2.1 Quando não houver representante legal

A primeira exceção verifica-se quando os pais do menor falecem e não lhe é nomeado um tutor para sua representação. Também, se o curador de determinado incapaz em razão de doença vier a falecer, deixando-o sem a representação devida.

Nos casos em que inexiste a figura do representante legal, a responsabilidade do incapaz é direta e não subsidiária, sendo certa, entretanto, a fixação da indenização pelos critérios de eqüidade. Será o incapaz o único responsável pela indenização.

Problema surge na hipótese em que determinada pessoa, incapaz em razão da idade e portador de doença que lhe retira o discernimento, atinge a idade de 18 anos e, portanto, a maioridade civil. Deve-se frisar que, antes do procedimento de interdição, não se pode considerar o sujeito incapaz.

Nessa hipótese, os pais não poderiam responder pelos atos do filho, pois se trata de pessoa maior e juridicamente capaz, já que não houve a devida declaração judicial de incapacidade.

As regras previstas nos incisos I e II do artigo 932 do Código Civil não deixam dúvidas quanto ao fato de que os pais só respondem pelos atos dos filhos menores (inc. I). Quanto aos tutores e curadores (inc. II), só respondem após nomeados para exercício dessas funções. No exemplo citado, nenhuma dessas situações se verifica.

Se as regras do artigo 932 são inaplicáveis ao caso em questão, percebe-se que também não se aplicará a consagrada responsabilidade objetiva dos pais em relação aos filhos, nem dos curadores em relação aos curatelados, prevista no artigo 933 do diploma.

Nesse caso, dúvida não resta de que, diante da ausência de declaração judicial de incapacidade, responderá diretamente o autor do dano na qualidade de agente capaz, por força do artigo 186 do Código Civil. Responderá subjetivamente.

Também seus pais devem ser responsabilizados. O motivo da responsabilização é: sabendo da doença que retira de seu filho, ainda que não interditado, o discernimento, caberia aos pais o dever de vigilância, conduta esperada do homem médio, já que, apesar de atingida a maioridade, a incapacidade persistiu em razão da falta de discernimento.

É Afrânio Lyra que diz serem os filhos, para os pais, fonte de alegria e esperanças e são, também, fonte de preocupações. Quem se dispõe a ter filhos não pode ignorar os encargos de tal resolução. Assim, pois, em troca de razoável esperança de alegria e amparo futuro, é normal o risco de frustrações, desenganos, decepções e desilusões.[86]

Não podem os pais, jurídica ou moralmente, ignorarem o mal do qual o filho padece, seja ele congênito ou adquiri-

---

[86] LYRA, Afrânio. *Responsabilidade civil*. Bahia, 1977. Apud GONÇALVES, Carlos Roberto. *Responsabilidade civil*. 8. ed. São Paulo: Saraiva, 2003. p. 133-134.

do, e omitirem-se no dever legal de interdição. Se a omissão culposa ou dolosa for premiada, premiada também será a irresponsabilidade dos pais.

O Código Civil não apenas faculta aos pais a interdição de seus filhos incapazes, mas a determina. Assim, devem promover a interdição os pais ou tutores, o cônjuge ou qualquer parente e, por fim, o Ministério Público (CC, art. 1.768); este último só pode promover a interdição se for caso de doença mental grave ou se inexistirem as demais pessoas arroladas para promovê-la (CC, art. 1.769).

A inobservância do dever de promover a interdição significa, legalmente, omissão, sendo os pais responsáveis pela indenização, de acordo com a regra da responsabilidade subjetiva prevista no artigo 186 do Código Civil.

Assim, tanto o causador do dano quanto os seus pais são responsáveis pela reparação do dano mediante a apuração de culpa.

5.3.2.2 Quando o adolescente praticar ato infracional com reflexo patrimonial

A segunda exceção em que o menor responde pessoal e diretamente dá-se nos termos do previsto no artigo 116 do Estatuto da Criança e do Adolescente (Lei nº 8.069/90). Prevê o dispositivo que em se tratando de ato infracional com reflexos patrimoniais, a autoridade poderá determinar, se for o caso, que o adolescente restitua a coisa, promova o ressarcimento do dano, ou, por outra forma, compense o prejuízo da vítima.

A expressão *se for o caso* merece interpretação.

A regra deve ser aplicada à luz do interesse do menor, sempre se levando em conta não só a noção de que a reparação civil não pode significar sua ruína, mas também o caráter socioeducativo da medida.

No sistema do Estatuto da Criança e do Adolescente, o que se busca é a responsabilização com conscientização do infrator adolescente, que traz reflexos também de natureza civil, com possibilidade de reparação do dano material e até mesmo moral, primeiro, com o objetivo socioeducativo, como medida de ressocialização, e, em segundo plano, para satisfação de eventuais prejuízos havidos pela vítima do ato, que, no mesmo processo contraditório para apuração de ato infracional praticado por adolescente, pode ver seus danos, de qualquer ordem, recompostos ou indenizados.[87]

Exatamente por isso, a medida deve ser aplicada de maneira comedida e o próprio Estatuto admite que, havendo manifesta impossibilidade, a medida pode ser substituída por outra adequada (ECA, art. 116, parágrafo único). A noção de impossibilidade deve considerar a dignidade humana do menor causador do dano.[88]

Nesse sentido, o Enunciado 40 da *I Jornada do Conselho da Justiça Federal*:

> "Art. 928. O incapaz responde pelos prejuízos que causar de maneira subsidiária ou excepcionalmente, como devedor principal, na hipótese do ressarcimento devido pelos adolescentes que

---

[87] MILANO FILHO, David Nazir; MILANO, Rodolfo César. *ECA comentado e interpretado de acordo com o novo Código Civil*. 2. ed. São Paulo: Livraria e Editora Universitária de Direito, 2004. p. 133.

[88] O ECA vai além, pois não prevê apenas a tentativa da composição do dano, mas a faculdade do juiz de decidir quanto à reparação do dano; a obrigação de reparar o dano é medida socioeducativa que pode ser aplicada ao autor de ato infracional e, por via de conseqüência, ao seu responsável legal (CURY, Munir. *ECA comentários jurídicos e sociais*. 6. ed., rev. e ampl. São Paulo: Malheiros, 2003. p. 393).

praticarem atos infracionais, nos termos do art. 116 do Estatuto da Criança e do Adolescente, no âmbito das medidas socioeducativas ali previstas."

O mesmo juiz que afere ilicitude do ato é o que decide pela reparação, pois assim se favorece mais a vítima, fazendo com que o adolescente perceba os efeitos sociais e econômicos dos seus atos.[89]

O Estatuto da Criança e do Adolescente afasta-se do caráter reparador principal e prioriza a idéia de ressocialização do infrator por meio da indenização a ser fixada.

5.3.2.3 Quando os representantes não tiverem obrigação de fazê-lo

O Código Civil, de maneira genérica, afirma que o incapaz responderá diretamente pelos danos causados quando seus representantes não tiverem "a obrigação de fazê-lo". Essa questão deve ser esclarecida pela doutrina, já que a lei não o faz.

Como se trata de novidade absoluta no sistema, já que se sai da irresponsabilidade total para a responsabilidade mitigada ou subsidiária, o assunto suscita muita dúvida, e pouco escreveu a doutrina pátria sobre o tema.

Assim, aventam-se quatro diferentes possibilidades em que o representante legal não tem a obrigação de indenizar a vítima do evento danoso causado por incapaz:

---

[89] CURY, Munir. *ECA comentários jurídicos e sociais*, p. 393.

5.3.2.3.1 Dano causado pelo pródigo

Que o pródigo é considerado incapaz pelo ordenamento é questão sem discussão. Dispõe expressamente o artigo 4º, inciso IV, que se trata de pessoa relativamente incapaz, assim como já o fazia o artigo 6º, inciso II, do Código Civil revogado.

A incapacidade do pródigo, conforme já dito no capítulo relativo às incapacidades, não lhe retira a capacidade de fato para a prática de todo e qualquer ato da vida civil, mas apenas o inabilita para a prática dos atos de administração e alienação patrimonial. Assim, não poderá o pródigo, sem a assistência de seu curador, alienar bens móveis ou imóveis (vender, doar, permutar), nem mesmo receber quantias e dar quitação, bem como realizar empréstimos ou dar bens em garantia.

Nesse sentido, dispõe o artigo 1.772 do Código Civil que, pronunciada a interdição do pródigo (art. 1.767, inc. V), o juiz assinará os limites para a curatela e estes podem circunscrever-se aos atos de disposição patrimonial, quais sejam, emprestar, transigir, dar quitação, alienar, hipotecar, demandar e ser demandado e praticar, em geral, atos que não sejam de mera administração (CC, art. 1.782).

A própria questão da prodigalidade como causa de incapacidade é matéria muito discutível. No direito argentino, por exemplo, a qualidade de pródigo não pode gerar sua interdição ou redução de capacidade.[90]

Como explica a doutrina, o Código da Luisiana aboliu, no artigo 413, a incapacidade dos pródigos ou dissipadores

---

[90] Código Civil argentino, Art. 54. "Tienen incapacidad absoluta: 1. Las personas por nacer; 2. Los menores impúberes; 3. Los dementes; 4. Los sordomudos que no saben darse a entender por escrito; 5. (Nota de Redacción) Derogado por la ley 17.711."

sob os argumentos de que a prodigalidade não altera as faculdades intelectuais; de que a liberdade individual não deve ser restringida senão em caso de interesse público imediato e evidente; e de que, por fim, não há um meio seguro de saber se os gastos são realmente exagerados ou perdulários.[91]

Importante frisar que, nos dizeres de Zeno Veloso,[92] a curadoria do pródigo não se trata de *cura persona*, mas, sim, de *cura rei*. Cuida o curador do patrimônio e não da pessoa do pródigo, já que este não padece, em princípio, de doença.

Aliás, o modelo de curatela do pródigo assemelha-se muito àquele previsto para os ausentes. Evidentemente, a curadoria não era da pessoa do ausente, como supor-se-ia pela leitura do artigo 5º do revogado Código Civil, mas, sim, dos bens do ausente, conforme se depreende do disposto nos artigos 22 e seguintes do novo diploma.

Diante dessa clara noção, cabe perguntar se o pródigo pode ser considerado inimputável e, portanto, subsidiariamente responsável pelo pagamento dos prejuízos que causar.

A resposta pode ser positiva ou negativa, dependendo do tipo de ato por ele praticado. No estudo da imputabilidade, concluiu-se que sua falta significa a ausência de discernimento, ou seja, o inimputável não tem a clara noção, como têm os imputáveis, de que existem dois caminhos a seguir: um certo, que não causa danos a outrem; e um errado, que causa dano e prejudica a vítima.

O pródigo é considerado tecnicamente imputável, no que se refere aos atos ilícitos de origem extracontratual por ele praticados. O fato de ser dissipador, gastar imoderada-

---

[91] SALERNO, Marcelo U.; LAGOMARSINO, Carlos A. R. *Código Civil argentino y legislación complementaria*. Buenos Aires: Editorial Heliasta, 2000. p. 45.
[92] VELOSO, Zeno. *Código Civil comentado*. São Paulo: Atlas, 2003. p. 229.

mente sua fortuna, não lhe retira a capacidade de escolha em relação ao ilícito, muito menos a possibilidade real de aferição de sua conduta imprudente ou negligente.

Por estar no uso de suas faculdades mentais e poder, portanto, atuar livremente, responderá diretamente pelos prejuízos que causar. Não se pode comparar a atitude de um menor com 15 anos ou de um sujeito inebriado pelo uso de entorpecentes (ambos são evidentemente inimputáveis) que atropela certa pessoa, com a direção negligente ou imprudente de um pródigo que dirige em velocidade superior à permitida.

Tratando-se de atos negociais, ou seja, de administração patrimonial, declara o juiz na sentença de interdição o limite da falta de discernimento, razão pela qual, no tocante a tais atos, pode-se entender que falta imputabilidade ao pródigo.

Outro forte argumento para o afastamento da responsabilidade do curador do pródigo é que o próprio artigo 932 do Código Civil, nos incisos I e II, impõe aos pais, tutor ou curador o dever de indenizar a vítima do ilícito praticado pelo incapaz, menciona a condição de que este deve estar "sob sua autoridade e em sua companhia".

Evidentemente que não cabe ao curador do pródigo estar em sua companhia. A imposição legal do dever de companhia quanto aos menores e doentes pressupõe a falta de discernimento que pode gerar o ilícito extracontratual. No caso do pródigo, está-se diante de problemas na celebração de certos negócios jurídicos de cunho patrimonial.

Nesse ponto, razão assiste ao deputado Vicente Arruda, ao analisar o Projeto nº 6.960/2002, atualmente com o número 276/07, de autoria do deputado Ricardo Fiuza, projeto esse que pretende suprimir a locução: "se as pessoas por ele responsáveis não tiverem obrigação de fazê-lo", do artigo 928. Afirma Vicente Arruda que a exclusão projetada acarretará a responsabilização do curador do pródigo, em nítido confronto com o disposto no artigo 1.782 do Código Civil, que só retira do pródigo a capacidade de emprestar, transigir, dar quitação, alienar, hipotecar, demandar ou ser demandado.[93]

5.3.2.3.2 Filho menor que não está sob autoridade e na companhia dos pais

Uma segunda forma de exclusão de responsabilidade civil dos representantes do incapaz dá-se nos casos em que este não estiver sob sua autoridade e companhia (CC, art. 832, I e II).

O termo *autoridade* previsto em lei significa que o filho está sob o poder familiar de seu pai, que o pupilo está sob a tutela e o curatelado, sob a curatela. Autoridade, portanto, não é matéria de fato, mas, sim, de direito.[94]

---

[93] Disponível em: <http://www2.camara.gov.br/proposicoes>. Acesso em: 2 jan. 2005.

[94] O sistema romano não se confunde com a moderna responsabilidade pelo fato de terceiros, pois, conforme explica Cretella Junior, o *pater* responsável pela indenização não era aquele sob cuja *potestas* estava o terceiro culpado no momento em que causou o ilícito, mas, sim, no momento em que foi exercida a ação noxal visando ao ressarcimento (CRETELLA JUNIOR, José. *Curso de direito romano*, p. 223). Assim, a simples transferência da propriedade do escravo transferia ao novo dono o dever de indenizar prejuízos ocorridos. É algo que se assemelha às chamadas obrigações *propter rem*, ou seja, a obrigação que surge pelo simples fato de a pessoa exercer o direito real de propriedade. A obrigação noxal seguia a regra pela qual *ambulat cum dominium*. E, nas hipóteses de escravo fugitivo, bastava ao detentor o abandono, abdicando da qualidade de proprietário, para livrar-se da responsabilidade decorrente do ilícito (ANTUNES, Henrique Sousa. *Responsabilidade civil...*, p. 20).

Não sai da autoridade paterna o filho que está com a mãe em razão de guarda judicial, pois persistem os diretos e deveres do pai, no tocante à educação, aos alimentos, à instrução e mesmo ao afeto. Entretanto, em situação de perda ou suspensão do poder familiar, deixa o genitor de ter autoridade sob o menor, e, se a perda ocorrer, a autoridade não mais será recuperada; mas, se apenas ocorrer suspensão, a autoridade, após certo tempo, será readquirida.

O pai destituído do poder familiar perde os direitos e os deveres em relação ao filho e, se não tem os primeiros, dele não poderão ser exigidos os segundos. Objeção que se poderia fazer é que, então, a perda e a suspensão do poder familiar significariam um prêmio ao mau pai. A resposta é não, pois ele continua com certos deveres para com o filho, ou seja, não se libera do dever de prover o sustento e toda a educação do filho, mas, como perde a chance de convívio com o menor, não pode mais ser responsabilizado pelos seus atos ilícitos.

Em idêntico sentido, se o tutor ou o curador forem destituídos de seus múnus. Aquele que não pode controlar e vigiar o incapaz não pode ser responsabilizado pelos danos por este causados.

Diante dessa observação, nota-se que a noção de companhia também se revela muito importante para fins de responsabilidade dos pais, dos tutores e dos curadores. A companhia é um elemento fático, mais que jurídico. Entretanto, não é meramente fático. Se assim fosse, só seria responsável o pai que estivesse na presença física do filho no momento em que este causou o dano. A companhia não é presença física e, dessa forma, o pai que viaja a trabalho continua responsável pelos atos de seu filho, pois mantém sua autoridade e companhia.

O fato de os pais do causador do dano serem casados ou conviverem em união estável nenhuma conseqüência traz para fins de responsabilidade civil. Essa decorre do menor estar sob sua autoridade e companhia, e não do estado civil dos genitores.

Nesse sentido, a simples separação de fato dos pais, sem que haja qualquer acordo quanto à guarda ou direito de visitas, não altera suas responsabilidades, quer more o menor com sua mãe, seu pai ou terceiros. A simples separação de fato não altera responsabilidades.

Entretanto, em caso de pais separados judicialmente, aquele genitor que tiver a guarda do filho estará em sua companhia e será o responsável pela vigilância. Nos dias de visita, inverte-se a situação, e o pai ou mãe que não é o guardião terá a companhia do filho.[95]

É a chamada teoria do traspasso de responsabilidade, que se baseia na idéia pela qual a responsabilidade traspassa-se com o menor e responde o genitor que o tiver em sua companhia no momento em que este cometer o fato danoso.[96]

É de se salientar que o traspasso não pode ser aplicado quando um dos pais deixa o menor com uma babá ou empregada de sua confiança, bem como pede a algum amigo

---

[95] Assim já decidiu o Superior Tribunal de Justiça: "Acidente de trânsito. Responsabilidade do proprietário do veículo e dos pais do motorista. Precedentes da Corte. 2. A responsabilidade do pai foi afastada porque não detinha a guarda nem estava o filho em sua companhia, mas não a da mãe, porque não enfrentado o argumento da falta de condições econômicas apresentado no especial para afastar seu dever de indenizar, prevalecendo, portanto, precedentes da Corte amparados no art. 1.521, I, do Código Civil de 1916" (REsp 540459/RS; Recurso Especial 2003/0068859-6, Ministro Carlos Alberto Menezes Direito (1108), 18/12/2003, *DJ* 22.3.2004, p. 299).

[96] VIANA, Jeovanna. *Responsabilidade civil...*, p. 241.

ou parente que cuide dele. Nessa hipótese, quer seja uma relação de cortesia (um favor de um familiar), quer seja alguém contratado para tal mister, a responsabilidade dos pais permanece íntegra.[97]

Dando seqüência à noção esposada, é de se questionar o que aconteceria se, no dia de visita do pai, este não buscasse o menor que permanece com a mãe. A conclusão é que dela será a responsabilidade em razão da companhia, já que, de fato, não está o pai com o filho. Não ocorreu o traspasso. A responsabilidade é fruto da convivência de fato com o representante legal.[98]

Em resumo, ter o filho sob autoridade e em sua companhia significa tê-lo sob o mesmo teto, de modo a possibilitar o poder de direção dos pais sobre o menor e sua eficiente vigilância.[99] Assim, o exercício unilateral da guarda impede a vigilância do menor e exclui a responsabilidade do genitor.

Não é suficiente, portanto, que o menor esteja sob o poder familiar dos pais; é preciso que viva em companhia e esteja sob sua vigilância para que haja a responsabilidade materna ou paterna. Assim, se o menor estava sob a guarda e companhia da mãe, em razão de separação judicial ou divórcio, esta responderá pelo ato ilícito do filho, e não o pai;[100] já se a guarda for compartilhada, ambos terão o exercício do poder familiar e, conseqüentemente, a

---

[97] Nesse sentido, apenas poder-se-ia imaginar eventual direito de regresso contra a pessoa que detinha a guarda fática do incapaz. Entretanto, tratando-se de um favor, nitidamente se configura a prestação de serviços gratuita, que, sendo um contrato benéfico, só responde o não favorecido (pessoa que vigia e cuida do menor) pelos danos causados dolosamente (CC, art. 392).
[98] GAGLIANO, Pablo Stolze; PAMPLONA FILHO, Rodolfo. *Novo curso de direito civil*, v. 3, p. 171.
[99] CAVALIERI FILHO, Sérgio; MENEZES DIREITO, Carlos Alberto. *Comentários ao novo Código Civil*, p. 204.
[100] Conforme *RJTJSP*, 54:182.

responsabilidade objetiva pelos danos causados a terceiros por seus filhos menores.[101]

Em decisão publicada no *Diário de Justiça*, de 3 de março de 2006, a 1ª Câmara Cível do Tribunal de Justiça de Goiás afastou a responsabilidade do pai de um garoto de 11 anos que atirou acidentalmente em seu colega, também de 11 anos, enquanto mostrava um dos revólveres de seu padrasto aos seus amigos.

O relator ponderou que no momento do fato o filho não estava sob a autoridade e em companhia do pai, já que não detinha a sua guarda, "o que o exime de responsabilidade sob o ato em questão".[102] No caso em questão, a indenização ficou a cargo da mãe e do padrasto do menor, pelo fato deste ser o dono da arma de fogo que causou os danos.

No direito italiano, nos moldes do que acontece em outros sistemas jurídicos, a coabitação é condição de responsabilidade, pois, apenas em relação aos menores que convivem com os progenitores, podem estes exercer seu dever de vigilância e de educação.[103]

O assunto, entretanto, está longe de ser pacífico. Há aqueles que entendem que, no caso de separação de fato ou de direito dos cônjuges, há de se verificar a situação fática, muito mais que a jurídica, pois embora a guarda possa ter sido atribuída à mãe, pode acontecer de o filho menor ain-

---

[101] DINIZ, Maria Helena. *Curso de direito civil brasileiro*. 19. ed. São Paulo: Saraiva, 2003. v. 7, p. 513.
[102] Apelação Cível. Ação de indenização por danos morais e materiais. Homicídio. Ato de menor impúbere contra outro menor. Guarda não pertencente ao pai. Exclusão da responsabilidade. 1 – "Os pais são responsáveis pela reparação civil do ato ilícito praticado pelo filho menor, nos termos do art. 932, I do Código Civil, no entanto, para que subsista tal responsabilidade, é indispensável que o tenha sob seu poder e em sua companhia" (TJ/GO, Apelação Cível nº 92479-0/188 – 200502256367, *DJ* 3/3/2006).
[103] ANTUNES, Henrique Sousa. *Responsabilidade civil*..., p. 60.

da se submeter à autoridade do pai, e o caso concreto definirá a responsabilidade. Em caso de dúvida, ambos serão responsáveis.[104]

Como contribuição para o debate, deve-se mencionar que a doutrina portuguesa separa em duas situações diversas os danos causados pelos filhos menores: na primeira, o dano foi causado em razão da ausência do dever de vigiar de um dos genitores (a chamada vigilância *stricto sensu*); na segunda, o dano decorreu de uma falha na educação do menor (vigilância *lato sensu*).[105]

Na primeira situação, apenas o genitor que detenha a guarda, portanto o dever de vigiar de fato, será responsável pela indenização. No segundo caso, se o dano decorre de uma falha na educação do menor causador do dano, tendo em vista o exercício comum do poder familiar, ambos os pais seriam responsáveis pela indenização, já que ambos são obrigados à educação do menor, ainda que se diga que a educação é moldada pelo convívio diário.[106]

O fundamento dessa teoria é a chamada culpa *in educando*. Por este critério, o dever de indenizar surge em razão de falhas na educação do menor. Independentemente de quem tenha a guarda ou o direito de visita, é dever de ambos os pais a educação dos filhos (CC, art. 1.566, IV). Não importa quando o dano foi causado ou qual dos pais estava (ou deveria estar) em sua efetiva companhia. A causa do dano foi a educação defeituosa. Se ambos falharam, ambos respondem.

O conceito de culpa *in educando* provém do Código Civil francês de 1804, cujos trabalhos preparatórios se refe-

---

[104] VENOSA, Sílvio de Salvo. *Direito civil*, p. 63.
[105] ANTUNES, Henrique Sousa. *Responsabilidade civil...*, p. 116.
[106] ANTUNES, Henrique Sousa. *Responsabilidade civil...*, p. 115.

rem, de acordo com o espírito da época, ao dever de os pais inculcarem nos filhos respeito pela propriedade dos outros, de os prepararem para ser bons cidadãos e de os educarem como modelos de virtude.[107]

A tese é adotada em Portugal, porque o sistema não exige guarda e coabitação do menor,[108] e para a sua aplicação é essencial se falar em obrigação de vigilância a cargo dos pais, independentemente da coabitação.[109]

Tende-se a discordar da solução alvitrada para os casos em que, mesmo estando em companhia de um dos genitores, o menor pratica um ilícito em razão de falhas na educação.

Que a educação compete a ambos os pais, sendo inclusive um dever decorrente do poder familiar, dúvidas inexistem. Exemplifica-se: se o menor, no dia de visita de seu pai, recebe uma educação ruim e é estimulado a agredir fisicamente as pessoas, mas só comete a agressão quando está em companhia de sua mãe, ainda que se diga que a culpa foi da educação dada pelo pai, que de maneira imprudente instruiu erroneamente seu filho, ou mesmo foi omisso em seus deveres, a responsabilidade de indenização será da mãe, pois, no dia da agressão, o pai não estava em companhia do menor e não poderia exercer a vigilância, portanto não preenchia o requisito exigido por lei (CC, art. 932, I).

A solução dada pelo ordenamento brasileiro não pode ser igual à do direito português, pois, nesse sistema, o Códi-

---

[107] SOTTOMAYOR, Maria Clara. *A responsabilidade civil...*, p. 424.
[108] "Artigo 1.906 (Exercício do poder paternal em caso de divórcio, separação judicial de pessoas e bens, declaração de nulidade ou anulação do casamento)."
4. Ao progenitor que não exerça o poder paternal assiste o poder de vigiar a educação e as condições de vida do filho (Redação da Lei nº 84/95, de 31 de agosto).
[109] SOTTOMAYOR, Maria Clara. *A responsabilidade civil...*, p. 442.

go Civil fala em vigilância, mas, no sistema brasileiro, fala-se em companhia.[110] De mais a mais, naquele sistema, o processo envolverá a discussão da culpa *in vigilando*, que se presume em face dos responsáveis. Assim, o debate de culpa fará, naturalmente, parte do processo indenizatório.

Com o Código Civil, a discussão de culpa deixou de fazer parte do sistema em razão da objetivação decorrente do artigo 933. Reintroduzir sua possibilidade de admissão no processo de indenização será, no mínimo, retroceder e dificultar a conclusão do feito, piorando, em muito, a situação da vítima.

A culpa dos pais, seja ela *in vigilando*, seja ela *in educando*, será matéria a ser debatida entre os co-responsáveis em eventual ação de regresso, mas não caberá na ação a ser proposta pela vítima visando à reparação civil. Ademais, é de se indagar qual seria o critério a ser adotado pelo juiz para verificar essa culpa *in educando*. Na sociedade pós-moderna, em que o modelo único de família foi substituído por inúmeros novos modelos, como a família anaparental, eudemonista e mosaico, determinar-se um modelo de virtude como faziam os franceses no século XIX é tarefa hercúlea e quiçá impossível.[111]

---

[110] Antonio Junqueira de Azevedo, ainda na vigência do revogado Código, defendia que apesar de ser impossível uma resposta definitiva sobre o tema, a falta da guarda pode levar à exclusão da responsabilidade (AZEVEDO, Antonio Junqueira de. *Responsabilidade civil dos pais*, p. 66).
[111] As definições das várias espécies de família são de Maria Berenice Dias: (1) Família matrimonial: decorrente do casamento; (2) Família informal: decorrente da união estável; (3) Família homoafetiva: decorrente da união de pessoas do mesmo sexo; (4) Família monoparental: constituída pelo vínculo existente entre um dos genitores com seus filhos, no âmbito de especial proteção do Estado; (5) Família anaparental: decorrente "da convivência entre parentes ou entre pessoas, ainda que não parentes, dentro de uma estruturação com identidade e propósito", tendo sido essa expressão criada pelo professor Sérgio Resende de Barros. Vale lembrar aqui a hipótese de duas

No direito brasileiro, poderia a mãe, após indenizar a vítima, cobrar do pai regressivamente os valores pagos, provando sua culpa na educação do menor. À luz do direito das obrigações, mormente de acordo com os requisitos previstos no artigo 932, I, como a mãe estava na companhia do menor, é ela a responsável pela indenização perante a vítima. Nesse caso, em ação autônoma entre os pais do incapaz, a matéria da culpa aquiliana (CC, art. 186) seria o fundamento, razão pela qual pode e deve ser discutida.

Em relação à responsabilidade dos pais, conclui-se que não se pode punir, com o dever de reparar, aquele que está impedido de vigiar por não estar em companhia do menor. Isso não significa que se houver culpa *in educando*, aquele que reparou o dano não possa cobrar os valores pagos a título de indenização.

Em resumo, somente aquele que tiver o filho sob sua autoridade e companhia, no momento em que o menor praticou o ato ilícito, será responsável pela indenização à vítima. Entretanto, na ação de regresso contra o outro genitor, debate-se a eventual *culpa in educando*, com base no artigo 186 do Código Civil, podendo o responsável que pagou a indenização cobrar parte ou a totalidade dos valores pagos do co-responsável.

---

irmãs idosas que vivem juntas, o que poderia sim constituir uma família; (6) Família eudemonista: conceito que é utilizado para identificar a família pelo seu vínculo afetivo, pois nas palavras de Belmiro Pedro Welter, a família eudemonista "busca a felicidade individual vivendo um processo de emancipação dos seus membros" (DIAS, Maria Berenice. *Manual de direito das famílias*. Porto Alegre: Livraria do Advogado, 2005. p. 47-48).

5.3.2.3.3 Emancipação do menor

Pode parecer verdadeira contradição tratar da figura da emancipação do menor em um capítulo que trata das hipóteses em que o incapaz responde diretamente pelos prejuízos por ele causados. Isso porque, conforme analisado no Capítulo 1, referente às incapacidades, a emancipação significa o fim do poder familiar e da incapacidade. Atinge-se, antecipadamente, a plena capacidade de fato ou de exercício. Claro está que, sendo a emancipação voluntária, seja ela realizada pelos pais do menor ou por seu tutor, só produzirá efeitos após o registro no Registro Civil de Pessoas Naturais (Lei nº 6.015/73, art. 91, parágrafo único).

Nada mais lógico que, cessado o poder familiar ou a tutela, cessa também a responsabilidade civil dos pais ou do tutor. Assim, em princípio, não responderão os pais pelos atos lesivos dos filhos emancipados, porque a emancipação equivale à maioridade e com ela cessa o poder familiar.[112]

Nos sistemas italiano e espanhol, a situação não é diferente. Isso porque determina o artigo 2.048 do Código Civil italiano que só respondem os pais pelos atos dos filhos menores não emancipados,[113] e o artigo 1.903 do Código Civil espanhol, que exige a guarda do filho por parte dos pais.[114] Com a emancipação, cessam a guarda e a responsabilidade.

---

[112] DINIZ, Maria Helena. *Curso de direito civil brasileiro*, v. 7, p. 513.

[113] "Art. 2.048. Responsabilità dei genitori; dei tutori, dei precettori e dei maestri d'arte Il padre e la madre, o il tutore, sono responsabili del danno cagionato dal fatto illecito dei figli minori *non emancipati* (314 e seguenti, 301, 390 e seguenti) o delle persone soggette alla tutela (343 e seguenti, 414 e seguenti), che abitano con essi" (grifo nosso).

[114] "Los padres son responsables de los daños causados por los hijos que se encuentren bajo su guarda.
Los tutores lo son de los perjuicios causados por los menores o incapacitados que están bajo su autoridad y habitan en su compañía."

Entretanto, forçoso reconhecer que, sob a égide do Código Civil revogado, as decisões jurisprudenciais caminhavam em outro sentido. Não só os julgados indicavam a responsabilidade solidária em caso de emancipação voluntária,[115] como, ainda, segundo algumas decisões, nem a emancipação legal colocaria fim à responsabilidade civil dos pais, que permaneceria solidária.[116]

O fundamento das decisões em questão é que a emancipação voluntária produz todos os efeitos naturais do ato, menos o de isentar os pais da responsabilidade solidária pelos atos ilícitos praticados pelos filhos.[117] Interessante frisar

---

[115] "CC INC. ILEGITIMIDADE *AD CAUSAM*. PRESCRIÇÃO – PRAZO – RESPONSABILIDADE CIVIL – ACIDENTE DE TRÂNSITO – ART. 1.521. A AÇÃO NÃO É PERSONALÍSSIMA E O PRAZO PRESCRICIONAL É VINTENÁRIO – RECURSO IMPROVIDO. ILEGITIMIDADE 'AD CAUSAM' – RESPONSABILIDADE CIVIL – ACIDENTE DE TRÂNSITO – A EMANCIPAÇÃO DO FILHO MENOR NÃO EXONERA OS PAIS DA SOLIDARIEDADE ESTABELECIDA NO ART. 1.521, I, DO CC – RECURSO NÃO PROVIDO. RPS/tts em 19.12.02" (1º TAC/SP, Processo 1050925-8, rel. Plínio Tadeu do Amaral Malheiros, 1ª Câmara, julgado em 1/7/2002).
"RESPONSABILIDADE CIVIL – ATO ILÍCITO – PRÁTICA POR MENOR EMANCIPADO – CIRCUNSTÂNCIA QUE NÃO EXONERA O PAI DA RESPONSABILIDADE SOLIDÁRIA – EMANCIPAÇÃO CONSIDERADA INEFICAZ EM FACE DE TERCEIROS E DO MENOR SE A ELE PREJUDICIAL – INDENIZAÇÃO DEVIDA" (TARS, *Revista dos Tribunais* 639/172).

[116] "EMENTA: AÇÃO DE INDENIZAÇÃO – PRELIMINAR – ILEGITIMIDADE – EMANCIPAÇÃO – EFEITOS – CULPA – SENTENÇA CRIMINAL – DANOS MORAIS – FIXAÇÃO – SOLIDARIEDADE: 'Em suma, perfilhamos o entendimento pelo qual a emancipação de filhos, que tem finalidades diversas (exercício de comércio, casamento, etc.), não serve para exonerar os pais da responsabilidade pelos seus atos ilícitos que causarem danos reparáveis, nos termos do art. 1.521, do Código Civil'" (TAC/MG, Apelação Cível nº 338.168-4, 14ª Câm. Cível, rel. Maciel Pereira, julgado em 16/8/2001). A decisão revela-se curiosa e minoritária. Se realmente assim fosse, poderia surgir interessante situação de dano moral entre os cônjuges em que a indenização seria devida não pelo marido ou pela esposa pessoal e diretamente, mas, sim, pelo sogro e pela sogra.

[117] GONÇALVES, Carlos Roberto. *Responsabilidade civil*, p. 137.

que a lição de Josserand sobre a emancipação dá força à teoria em debate, pois o autor francês afirma que a emancipação abre um período intermediário entre aquele da incapacidade e o da plena capacidade; permitindo ao menor um tipo de *noviciat*, de se imitar gradualmente a prática da vida jurídica e os negócios.[118]

De acordo com a escada ponteana e a análise dos planos do negócio jurídico, tratar-se-ia de mera ineficácia da emancipação em face da vítima, mas não de sua nulidade ou anulabilidade.[119] Produziria, assim, a emancipação todos os efeitos, menos o exoneratório da responsabilidade dos pais diante da prática do ilícito.

Classificar essa opinião como, no mínimo, estranhável é o que fazia parte da doutrina, sendo contundentes os argumentos em sentido contrário. Para todos os efeitos, a emancipação equivale à maioridade, sendo apenas um processo de antecipá-la, não podendo ser sustentado que persiste a responsabilidade do pai, até porque tal opinião esbarra em um obstáculo intransponível, que é a lei.[120]

Em relação ao tema, leciona Caio Mário da Silva Pereira que se a emancipação é a legal, advinda, por exemplo, do casamento, os pais estão liberados; mas a emancipação voluntária não os exonera, porque um ato de vontade não elimina a responsabilidade que provém da lei.[121]

---

[118] JOSSERAND, Louis. *Cours de droit civil*. 3. ed. Paris: Librairie du Recueil Sirey, 1940. p. 212.
[119] Em sentido contrário, Teresa Ancona Lopez sustenta tratar-se de nulidade absoluta por ocorrer fraude à lei (ANCONA LOPEZ, Teresa. *O dano estético*: responsabilidade civil. 3. ed. São Paulo: Revista dos Tribunais, 2004. p. 81).
[120] GOMES, Orlando. *Obrigações*. 5. ed. Rio de Janeiro: Forense, 1978. p. 359.
[121] STOCO, Rui. *Responsabilidade civil e sua interpretação jurisprudencial*. 2. ed. São Paulo: Revista dos Tribunais, 1995.

Carvalho Santos também entende que a emancipação legal, decorrente do casamento, por exemplo, exonera os pais de responsabilidade, mas a emancipação voluntária, não, uma vez que, se o menor revela-se indigno da concessão que lhe foi outorgada, é, no final, um ato inconsiderado, e aos pais não cabe o direito de exonerar-se por essa forma da responsabilidade que a lei lhes impõe.[122]

Necessário investigar o fundamento da opinião doutrinária para se concluir se a questão não se alterou sob a vigência do Código Civil.

A noção de manutenção da responsabilidade dos pais tomava como base a determinação de dois dispositivos de lei: os artigos 156 e 1.518 do Código Civil revogado. Enquanto o artigo 1.518 foi reproduzido pelo novo Código Civil (art. 942), o artigo 156 foi definitivamente revogado. Dispunha o artigo 156 que o menor, entre 16 (dezesseis) e 21 (vinte e um) anos, equiparava-se ao maior quanto às obrigações resultantes de atos ilícitos, em que fosse culpado. Assim, em razão da equiparação, o menor responderia solidariamente com seus pais ou representantes pelos danos causados (CC/16, art. 1.518).

Outro argumento possível é que todo ato ilícito praticado pelo menor emancipado causador do dano significaria, em última análise, que o menor não estava pronto para tanto. Portanto teria havido por parte dos pais verdadeira culpa presumida no ato da emancipação.

Assim, os pais não podem emancipar seus filhos nem para se livrar de suas obrigações paternas, como fornecer alimentos, nem para autorizá-los a praticarem atos ilícitos.[123]

---

[122] SANTOS, João Manuel Carvalho. *Código Civil brasileiro interpretado*: direito das obrigações. 9. ed. Rio de Janeiro: Freitas Bastos, 1963. t. 20, p. 216.
[123] ANCONA LOPEZ, Teresa. *O dano estético*, p. 81.

Um último argumento é que da interpretação literal do artigo 932 depreende-se que a responsabilidade do pai diz respeito aos filhos menores que estiverem sob sua autoridade e em sua companhia, não havendo menção expressa à emancipação. Assim, como o filho emancipado ainda é menor, subsistiria a responsabilidade dos pais.[124]

Não é esta a sistemática do Código Civil, conforme demonstrado. Primeiro, porque a responsabilidade do incapaz, portanto do menor, pelo novo sistema, é subsidiária e não solidária, exatamente porque não há mais a equiparação legal do menor ao maior de idade. Segundo, porque a emancipação põe fim ao poder familiar e, conseqüentemente, ao poder de direção que o pai exerce sobre seu filho.[125]

O pai que não pode mais reger a vida de seu filho não pode ter a responsabilidade decorrente do poder familiar.[126] Ademais, a lei exige, para que haja a responsabilidade, que o incapaz esteja na autoridade e companhia do pai, tutor ou curador (CC, art. 932, I e II). Ora, com a emancipação, ocorre automaticamente o fim da autoridade paterna e, muitas vezes, o fim da companhia também.

Então, parece exagerada a afirmação da doutrina, acompanhada pela jurisprudência, no sentido de que a emancipação voluntária não libera os pais do dever de in-

---

[124] VIANA, Jeovanna. *Responsabilidade civil...*, p. 224. Entretanto, se for seguida a mesma interpretação literal, não há menção no Código Civil em relação à eventual limitação que persistiria após a emancipação.
[125] Claro está que sendo a emancipação voluntária, seja ela realizada pelos pais do menor ou por seu tutor, só produzirá efeitos após o registro no Registro Civil de Pessoas Naturais (Lei nº 6.015/73, art. 91, parágrafo único). Antes do registro, a emancipação não produz efeitos, e o menor continua sendo considerado incapaz.
[126] No sistema francês, cessa a responsabilidade dos progenitores com a emancipação do filho (ANTUNES, Henrique Sousa. *Responsabilidade civil...*, p. 35).

denizar; mesmo porque, a responsabilidade por fato de terceiro é excepcional no sistema e não a regra. O que se percebe é que, no direito pátrio, criou-se verdadeira presunção de que a emancipação tem por finalidade única e exclusiva retirar dos pais a responsabilidade pelos atos ilícitos praticados por seu filho.

Nota-se pelo teor dos julgados que a emancipação estaria sendo tratada como se fosse meio para os pais efetivarem verdadeira fraude contra credores, ou seja, como forma de eximir-se de uma obrigação legal, de seu dever de vigilância e dos ônus decorrentes do poder familiar.

O que se verifica é que a doutrina presume como sendo de má-fé toda e qualquer emancipação voluntária, como se fosse apenas ato de exoneração de responsabilidade. Tal interpretação se afasta do velho brocardo que: "enquanto a boa-fé se presume, a má-fé se prova".

Entende-se que ocorreu inversão de valores. Afirma Sérgio Cavalieri Filho que, em caso de emancipação, também se afasta a responsabilidade, salvo se provado que foi feita com a intenção de burlar a incidência da regra que determina a responsabilidade dos pais.[127]

Essa é a opinião mais correta e justa. A emancipação é válida e produz todos os seus efeitos até que ocorra prova em sentido contrário. A casuística demonstrará quando a emancipação teve fins escusos ou quando foi efetiva.

Exemplifica-se: o menor com 16 anos que é aprovado em exame vestibular e muda-se para outra cidade; a emancipação por iniciativa do pai, que permitirá a seu filho a prática de atos da vida civil sem a necessidade de assistência, não tem caráter fraudulento. Essa emancipação deve pro-

---

[127] CAVALIERI FILHO, Sérgio; MENEZES DIREITO, Carlos Alberto. *Comentários ao novo Código Civil*, p. 205.

duzir todos os efeitos, inclusive no tocante à irresponsabilidade pelos eventuais ilícitos praticados pelo filho. Imagine-se, ainda, situação do filho que resolve tentar a sorte em um longínquo Estado da federação e, para tanto, é emancipado pelos pais que perdem, inclusive, o contato com ele. Seria justo impor-lhes o dever de reparar o dano nos termos do artigo 932, I, do Código Civil?

Se o menor se emancipa e continua a residir no lar dos pais, sob sua estrita vigilância, cuidado e dependência econômica e afetiva, a emancipação, realmente, pode ser considerada ineficaz para fins de isenção da responsabilidade dos pais. Entretanto, deve-se frisar que esta não será a regra, como faz crer a doutrina, mas, sim, a exceção.

Na hipótese de emancipação, só surgirá a responsabilidade dos pais do menor se provada pela vítima a culpa em tal ato, hipótese em que não há de se falar em responsabilidade objetiva, afastando-se a incidência do artigo 933, mas, sim, em responsabilidade subjetiva dos representantes.

5.3.2.3.4 *Força maior ou caso fortuito que rompem com a responsabilidade objetiva do artigo 933*

Note-se que no sistema brasileiro a responsabilidade dos representantes legais do incapaz passou a ser objetiva com a previsão do artigo 933 do novo diploma, conforme já analisado.

O fato de o direito brasileiro ter abandonado, em relação à responsabilidade por fato de terceiro (todas as hipóteses contidas no artigo 932 do Código Civil), as presunções de culpa contidas no sistema anterior, não permite ao terceiro responsável (seja ele o pai, tutor, curador, empregador ou dono de hotel) a prova de sua não culpa *in eligendo*, *vigilando* ou *instruendo*.

Admitirem-se tais possibilidades seria a manutenção das presunções de culpa que foram definitivamente abolidas em nosso sistema. Isso não significa que o direito deixe de admitir as excludentes de responsabilidade civil. Diferente seria se a teoria adotada fosse a do risco integral, ou seja, aquela em que provada a ação e o dano, ainda que desaparecesse o nexo causal, o agente permaneceria com o dever de indenizar.[128]

Assim, resta aos terceiros responsáveis a possibilidade de defesa por meio das excludentes genéricas de responsabilidade civil, as quais são: o caso fortuito, a força maior e a culpa exclusiva da vítima.

Presentes as excludentes, deixa o representante de arcar com a indenização, pois rompido está o nexo causal; portanto, apenas o incapaz responderá diretamente pelos danos causados, se for o caso.

Deve-se salientar que, em um primeiro momento, parte-se da premissa de que o dever de indenizar do incapaz existe em razão da análise de sua culpa no evento danoso, por meio da utilização da técnica ficcional de considerá-lo imputável. Exemplifica-se: o menor com 15 anos, ao andar em sua bicicleta, cruza a avenida de maneira imprudente, colide com uma moto e machuca o condutor do veículo. Por meio de ficção, conclui-se pela culpa do incapaz em razão de sua negligência (falta de atenção) e, portanto, os pais são, em princípio, responsáveis pela indenização primariamente, e o filho, subsidiariamente.[129]

---

[128] É o que se verifica no Brasil tratando-se de danos ambientais.
[129] Nesse sentido, a decisão do TJ/RS em que um menino cegou uma menina em razão de uma pedra lançada de estilingue. "Portanto, caracterizada a verossimilhança das alegações da menina, corroborada com a juntada de documentos e a oitiva de testemunhas, tenho que restou constatada a conduta negligente do filho do demandado, uma vez que arremessou uma pedra

Entretanto, os pais podem se valer de uma excludente, tal como a força maior ou o caso fortuito, para se livrarem do dever de indenizar. Necessária, pois, é a explicação das excludentes que rompem com o nexo causal.

O Código Civil prevê no artigo 393:

> "Art. 393. O devedor não responde pelos prejuízos resultantes de caso fortuito ou força maior, se expressamente não se houver por eles responsabilizado.
>
> Parágrafo único. O caso fortuito ou de força maior verifica-se no fato necessário, cujos efeitos não era possível evitar ou impedir."

As definições de caso fortuito ou de força maior são das mais controversas para o direito. A polêmica é grande e o debate também.[130]

Em harmonia com a orientação preponderante, o conceito de força maior tem subjacente a idéia de inevitabilidade e será todo o evento natural ou ação humana que, embora previsível ou até prevenido, não se pôde evitar, nem em si mesmo nem nas suas conseqüências. Ao passo que o conceito de caso fortuito assenta-se na idéia de imprevisibilidade, o fato não se pode prever, mas seria evitável se tivesse sido previsto.[131]

---

no olho da autora com a utilização de um 'bodoque'. Assim, condenou o pai tendo em vista que 'não se pode imputar responsabilidade a uma criança', *'na ocasião incapaz de ato ilícito'*" (Apelação Cível, rel. Odone Sanguiné, TJ/RS, 9ª Câmara Cível, j. 14/12/2005, Processo nº 70011941028).

[130] Deve-se frisar que alguns diplomas não mais se utilizam das expressões *caso fortuito* ou *força maior*, mas admitem as excludentes se o ilícito ocorrer por causas não imputáveis ao devedor. Nesse sentido, Código Civil italiano (arts. 1.218 e 1.221) e Código Civil português (art. 790, I).

[131] COSTA, Mário Júlio de Almeida. *Direito das obrigações*, p. 1001.

Divergindo da idéia anterior, afirma-se que o caso fortuito é o acontecimento provindo da natureza, sem qualquer intervenção da vontade humana, por exemplo, a inundação de um rio, em conseqüência do que se arrasta uma ponte, impossibilitando tal fato o devedor, com seu caminhão, de transportar o objeto da prestação ao local certo, no dia certo. Por sua vez, a força maior é o fato de terceiro ou credor; é atuação humana de outrem e não do devedor que impossibilita o cumprimento obrigacional. Em ambos, há ausência de culpabilidade do devedor, que fica liberado da obrigação, pois surgem de um acontecimento necessário e inevitável.[132]

São dois os critérios pelos quais se propõe a explicação do conceito de caso fortuito ou de força maior: a corrente objetiva e a corrente subjetiva. Adepto da teoria objetiva, afirma Clóvis Beviláqua que o caso fortuito é o acidente produzido por força física ininteligente, em condições que não podiam ser previstas pelas partes; e a força maior é o fato de terceiro que criou para a execução da obrigação um obstáculo que a boa vontade do devedor não pode vencer. O autor reconhece que não é a imprevisibilidade, mas, sim, a inevitabilidade que deve caracterizar o caso fortuito.[133] Outro adepto da teoria objetiva é João Luiz Alves, que assim diferencia os conceitos: caso fortuito é o impedimento que não poderia ser razoavelmente previsto, proveniente de forças naturais, como a peste e o terremoto; já a força maior é o fato de terceiro que cria um obstáculo o qual o devedor não pode superar, como a guerra.[134]

---

[132] AZEVEDO, Álvaro Villaça. *Teoria geral das obrigações*. 10. ed. São Paulo: Atlas, 2004. p. 273.
[133] BEVILÁQUA, Clóvis. *Código Civil dos Estados Unidos do Brasil*, v. 4, p. 171.
[134] ALVES, João Luiz. *Código Civil da República dos Estados Unidos do Brasil*. 2. ed., rev. e aum. Rio de Janeiro: Saraiva, 1935. v. 2, p. 142. Curioso notar

Pablo Stolze Gagliano entende que a característica básica da força maior é sua inevitabilidade, mesmo sendo sua causa conhecida (um terremoto pode ser previsto pelos cientistas), ao passo que o caso fortuito, por sua vez, tem a nota distinta na imprevisibilidade, segundo os parâmetros do homem médio.[135]

Para Agostinho Alvim, a melhor definição é aquela que vê no caso fortuito um impedimento relacionado com a pessoa do devedor e sua empresa, enquanto a força maior é um acontecimento externo. Então, nasce a distinção entre força maior (fortuito externo) e caso fortuito (fortuito interno).[136]

Interessante o estudo de Washington de Barros Monteiro sobre o tema e suas conclusões no tocante à existência de seis diferentes correntes que tentam diferenciar os fenômenos.[137]

"Teoricamente, distinguem-se os dois conceitos. Várias teorias procuram sublinhar-lhes traços distintivos: *a) teoria da extraordinariedade; b) teoria da previsibilidade e da irresistibilidade; c) teoria das forças naturais e do fato de terceiro; d) teoria da diferenciação quantitativa; e) teoria do conhecimento; f) teoria do reflexo sobre a vontade humana.*

De acordo com a *primeira*, há fenômenos que são previsíveis, mas não quanto ao momento, ao lugar e ao modo de sua verificação. Qualquer pessoa pode prever que no inverno vai gear, mas

---

que o Projeto Clóvis não continha, no artigo 1.190, parágrafo único, definição de caso fortuito ou de força maior.
[135] GAGLIANO, Pablo Stolze; PAMPLONA FILHO, Rodolfo. *Novo curso de direito civil*. São Paulo: Saraiva, 2006. v. 3, p. 123.
[136] ALVIM, Agostinho. *Da inexecução das obrigações e suas conseqüências*, p. 330. Para a importância da distinção entre fortuito interno e externo nas relações de consumo: SIMÃO, José Fernando. *Vícios do produto no Código Civil e no Código de Defesa do Consumidor*. São Paulo: Atlas, 2003.
[137] MONTEIRO, Washington de Barros. *Curso de direito civil*, v. 5, p. 331.

ninguém pode precisar quando, em que ponto e com que intensidade ocorrerá o fenômeno. Em tal hipótese, entra este na categoria de caso fortuito. Por outro lado, existem acontecimentos que são absolutamente inusitados, extraordinários ou imprevisíveis, como o terremoto e a guerra. Defrontamo-nos então com os casos de força maior.

Pela *segunda*, *vis major* é aquela que, conquanto previsível, não dá tempo nem meios de evitá-la; caso fortuito, ao contrário, é acontecimento de todo imprevisto.

Para a *terceira*, resulta a força maior de eventos físicos ou naturais, de índole ininteligente, como o granizo, o raio e a inundação; o caso fortuito decorre de fato alheio, gerador de obstáculo que a boa vontade do devedor não logra superar, como a greve, o motim e a guerra.

De conformidade com a *quarta*, existe o caso fortuito quando o acontecimento não pode ser previsto com diligência comum; só a diligência excepcional teria o condão de afastá-lo. A força maior, ao inverso, refere-se a acontecimento que diligência alguma, ainda que excepcional, conseguiria sobrepujar.

Para a *quinta*, se se trata de forças naturais conhecidas, como o terremoto e a tempestade, temos a *vis major*; se se cuida, todavia, de alguma coisa que a nossa limitada experiência não logra controlar, temos o fortuito.

Finalmente em consonância com a *sexta*, sob o aspecto estático, o vento constitui caso fortuito; sob o aspecto dinâmico, força maior" (grifo nosso).

Diante das inúmeras divergências sobre os conceitos, não se faz necessária a diferenciação de caso fortuito ou de força maior para fins de ilidir-se a responsabilidade dos representantes pelos atos dos incapazes, mas, sim, sua caracterização para fins de rompimento do nexo causal.

Segundo Aguiar Dias, para a caracterização do caso fortuito ou da força maior, a lei escolhe o critério dos efeitos. Assim, a inevitabilidade e a imprevisibilidade estão fixadas por lei nos efeitos, e não no fato necessário, apesar de este poder também conter tais qualidades. Conclui o autor explicando que o fato necessário é algo forçoso, pertencente ao que acontece, e constitui matéria de fato a apuração de seus efeitos.[138]

Agostinho Alvim explica que a idéia de necessidade do fato contida no parágrafo único do artigo 393 há de ser estudada em função da impossibilidade de cumprimento da prestação, não abstratamente. Então, se ladrões roubam soma em dinheiro guardada em casa para a satisfação de uma prestação, não se trata de fortuito, pois para prevenir o acontecimento o dinheiro poderia ter sido depositado em banco. Outro fator relevante para verificação da existência de excludente é saber se realmente o cumprimento tornou-se impossível.[139]

Para a verificação da excludente cabe ao juiz analisar, então, se:

1. o fato ocorreria de qualquer maneira (fato necessário) ou, de acordo com o princípio da razoabilidade, haveria alguma maneira de impedir sua ocorrência. Para o fato ser considerado necessário, não houve por parte do causador do dano nenhuma culpa, seja ela em grau máximo, médio ou mínimo. Note-se que se trata de situação em que não haveria razoavelmente a possibilidade de impedir o fato. Indaga-se se poderiam ser impedidos os assaltos em São Paulo, se o Estado, por exemplo, alocasse um policial em cada casa. Entretanto, é de se perguntar se a medida seria razoável.

---

[138] MONTEIRO, Washington de Barros. *Curso de direito civil*, v. 5, p. 366.
[139] ALVIM, Agostinho. *Da inexecução...*, p. 329.

E a resposta é negativa, por razões de custo e lógica, de modo que o assalto passa a ser um fato necessário.[140] É possível evitar ou minimizar em muito os assaltos a banco, se o banco contratar empresa de segurança. Se não contratou, o assalto não pode ser considerado fato necessário. Entretanto, se todas as medidas forem tomadas, e o assalto ocorreu, então, o fato é necessário.

2. Podia o devedor evitar ou impedir os efeitos daquele fato, também sob o princípio da razoabilidade. Explica-se: caso haja uma greve de bancos no Estado do Amazonas e apenas uma agência funcione na cidade de Manaus, não se pode exigir do devedor que enfrente filas enormes e intermináveis para pagar a conta devida. Os efeitos são inevitáveis no limite da razoabilidade. Se os funcionários do metrô de São Paulo realizam "operação tartaruga" na qual os trens circulam em velocidade reduzida, gerando grandes atrasos, mas não paralisando os serviços, cabe ao devedor tomar o trem mais cedo para cumprir a sua obrigação, ainda que isto lhe cause certo sacrifício, pois o efeito da lentidão é evitável nos limites do razoável.

Agostinho Alvim exemplifica esta questão da razoabilidade com o caso da pessoa obrigada a despachar grande quantidade de mercadoria quando depara com uma greve

---

[140] Nesse sentido, recente decisão do Superior Tribunal de Justiça a respeito do contrato de transporte: "Responsabilidade civil. Ação de indenização. Morte decorrente de assalto à mão armada. Viagem interestadual. Força maior. Configuração. A Segunda Seção do Superior Tribunal de Justiça firmou entendimento no sentido de que assalto à mão armada ocorrido dentro de veículo coletivo constitui excludente de responsabilidade da empresa transportadora" (STJ, REsp nº 435.865/RJ, rel. Min. Barros Monteiro, *DJ* de 12.5.2003).

de ferroviários. Se lhe for possível enviar a mercadoria por estradas de rodagem, deve fazê-lo, ainda que o ônus seja maior, mas, se não houver, não está obrigado a adquirir caminhões ou fretá-los a qualquer preço.[141]

Não muito diferente se coloca a questão do nexo causal quanto à responsabilidade objetiva dos pais, dos tutores e dos curadores pelos atos dos incapazes. Deve-se analisar se a sua responsabilidade resiste à analise fática da situação em que o dano foi causado.

Muitas são as situações em que pode ocorrer um ato lesivo praticado por incapaz. Assim como um curador que precisa ministrar ao curatelado diariamente determinado calmante, cuja ausência deixará o doente extremamente agressivo. O remédio é ministrado corretamente, entretanto não produz efeitos porque o laboratório expediu aquele lote com placebo. Naquele dia, o doente sai de casa e agride certo pedestre. Haveria responsabilidade do curador? A resposta é negativa, pois ele deu o medicamento. Está-se diante de evidente força maior.

Questão complexa é a do filho menor que, quando o pai viaja, pega o carro deste e acaba causando danos a terceiros, geralmente em razão de atropelamento. É de se questionar se o pai seria sempre responsável pela indenização. A resposta é: depende. Se o pai deixou a chave do seu carro em local de fácil acesso, do qual o filho menor tinha ciência, evidentemente responderá pelos danos causados. Da mesma forma, se leva a chave principal, mas deixa a chave reserva à disposição. Também responderá se entregar a chave ao filho e pedir a este que ligue o carro periodicamente para não descarregar a bateria.

---

[141] ALVIM, Agostinho. *Da inexecução...*, p. 328.

Para que se rompa o nexo causal, deve-se verificar a ocorrência de caso fortuito ou de força maior. Assim, o pai tranca as chaves do carro em sua gaveta, impedindo o acesso do filho. Nesse caso, se o filho arrebentar a gaveta para pegar as chaves, está-se diante de força maior clara, pois o pai fez tudo o que podia, no limite do razoável, para impedir o acesso às chaves. Situação semelhante verifica-se quando o pai leva para a viagem as chaves principal e reserva do veículo, mas o filho, de maneira sorrateira, fez uma cópia da chave sem que o pai soubesse e utiliza o carro durante sua ausência.

Rompendo-se o nexo causal em relação aos representantes, o incapaz responderá diretamente pelos danos nos termos do parágrafo único do artigo 928.

Entretanto, se houver qualquer indício de culpa dos pais em relação ao evento, responderão estes pelos danos causados.

5.3.3 Quando não dispuserem de meios para indenizar

Determina a lei que os representantes também não respondem pelos danos causados pelos incapazes "quando não dispuserem de meios para fazê-lo" (art. 928, *caput*, do CC de 2002). Significa dizer que primeiro se verifica se o representante tem obrigação de indenizar. Se a resposta for negativa, responderá o incapaz diretamente. Se a resposta for positiva, entretanto, cabe uma segunda condição para a indenização: que o representante disponha de meios para tanto. A expressão é vaga e controvertida, e necessário é o estudo do alcance da expressão *meios para indenizar* contida no texto legal.

Evidentemente, a lei pretende garantir à vítima a indenização pelos danos. No sistema do Código Civil revogado, se os representantes não tivessem a obrigação de indenizar, ou se não dispusessem de patrimônio suficiente para tanto, a vítima ficaria sem a indenização, ainda que o incapaz causador do dano pudesse arcar com este.

O novo sistema privilegia a vítima em detrimento do agressor que tenha potencial econômico-financeiro para indenizar. Assim, sendo os representantes obrigados a indenizar, cabe verificar se eles dispõem de meios para tanto. Isso porque, no Brasil, a responsabilidade tem caráter patrimonial e não pessoal, respondendo os bens dos representantes pela indenização.[142]

Cabe, então, na busca da operabilidade do sistema, examinar a existência ou não de "meios" para indenizar. Três são as possíveis soluções que se aventam: em uma primeira solução, considerar-se-iam "meios" como simples sinônimo de "bens". É a solução pelo critério objetivo. Dessa forma, se o valor da indenização é fixado em R$ 10.000,00, e o patrimônio dos representantes é de R$ 11.000,00, há bens suficientes para a indenização, e estes arcam com o prejuízo.

Claro está que na verificação do patrimônio dos representantes só se consideram os bens passíveis de penhora, ou seja, que podem ser constritos, pois os demais continuarão na propriedade do devedor.[143]

Essa solução sugere a existência de um simples cálculo aritmético pelo qual se chega às seguintes fórmulas:

---

[142] "Art. 942. Os bens do responsável pela ofensa ou violação do direito de outrem ficam sujeitos à reparação do dano causado; e, se a ofensa tiver mais de um autor, todos responderão solidariamente pela reparação."
[143] Na conta, o valor do bem de família e daqueles impenhoráveis deve ser suprimido em razão da preservação do patrimônio mínimo.

1. Se o valor da indenização é menor ou igual ao patrimônio dos representantes passível de penhora, então, a responsabilidade será direta dos representantes e o incapaz não responde com seus bens.[144]
2. Se o valor da indenização é maior que o patrimônio dos representantes passível de penhora, então, a responsabilidade será direta do incapaz e os representantes não respondem com seus bens.[145]

A primeira solução facilita a aplicação da norma, ou seja, garante ao sistema a operabilidade propugnada por Miguel Reale. Para a verificação da responsabilidade direta dos representantes, só seria necessário um confronto de valores (patrimônio e indenização) e nada mais.

A vantagem da solução objetiva é que garante mais rapidez ao processo executivo e de indenização à vítima.

A segunda solução que se imagina é a subjetiva, ou seja, a locução "meios para indenizar" não traz coincidência com a noção de bens, mas, sim, com a idéia de que a indenização não pode causar ao representante situação que o deixe em estado de penúria. Não basta que tenha bens para indenizar, deve ter bens suficientes para indenizar sem que isto signifique a ruína sua e da sua família.

Prevê o artigo 944 do Código Civil a possibilidade de redução de indenização por eqüidade de acordo com os graus de culpa, e o juiz deve considerar todas as circunstâncias de fato, evitando que a indenização seja transformada

---

[144] Se Vi ≤ Pp ⇒ Resp. Representante, em que Vi é o valor da indenização e Pp é o patrimônio dos representantes passível de penhora.
[145] Se Vi > Pp ⇒ Resp. Direta Incapaz, em que Vi é o valor da indenização e Pp é o patrimônio dos representantes passível de penhora.

em panacéia, com o enriquecimento sem causa do lesado e a insolvência do causador do dano.[146]

A noção atual de indenização compreende a possibilidade de verificação efetiva da situação econômica do agressor, para fins de avaliação pelo juiz de qual será o impacto do valor da indenização para aquele que precisará despendê-la.

Chama-se de critério subjetivo, pois, ao contrário do primeiro critério, caberá ao juiz analisar não só o patrimônio do representante, mas também o impacto que a indenização fixada causará. Se o valor for tão grande e causar desequilíbrio considerável no patrimônio do representante do incapaz, a ponto de comprometer sua sobrevivência ou, ainda, a manutenção de sua família, deve-se responsabilizar diretamente o incapaz.

A fórmula a ser aplicada pelo juiz seria a seguinte:

1. Se o valor da indenização fixada é menor que o valor que podem os representantes retirar do seu patrimônio sem comprometer a sua sobrevivência ou da sua família, então, a responsabilidade será direta dos representantes e o incapaz não responde com seus bens.[147]

2. Se o valor da indenização fixada é maior ou igual ao valor que podem os representantes retirar do seu patrimônio sem comprometer a sua sobrevivência ou da sua família, então, a responsabilida-

---

[146] CAVALIERI FILHO, Sérgio; MENEZES DIREITO, Carlos Alberto. *Comentários ao novo Código Civil*, p. 333.
[147] Se $V_i < V_d \Rightarrow$ Resp. Representante, em que V_i é o valor da indenização e V_d é o valor que os representantes podem retirar de seu patrimônio sem comprometer sua sobrevivência.

de será direta do incapaz e os representantes não respondem com seus bens.[148]

A segunda solução tem suas vantagens. Apesar de não atender diretamente à operabilidade do sistema, atende à idéia de socialidade e ao espírito do novo Código Civil. Se o sistema optou por romper, ainda que excepcionalmente, com a noção clássica de que a indenização mede-se pela extensão do dano (CC, art. 944), não há por que se apegar à idéia de que a figura do agressor não possa ser beneficiada, quer seja com a redução do valor da indenização, quer seja com a transferência do ônus para um terceiro, no caso, o incapaz.

Uma terceira solução pode ser aplicada para o problema. Nada impede, entretanto, que, tendo em vista que optou o legislador por responsabilizar primariamente os representantes e somente subsidiariamente o incapaz, determinasse o juiz que a indenização fosse arcada tanto pelo representante quanto pelo incapaz.

Essa interpretação se harmoniza com o princípio da dignidade da vítima, que será reparada, bem como do próprio incapaz e de seu representante, os quais não serão arruinados pela indenização. Frise-se que a solução não adota a solidariedade, mas, sim, a subsidiariedade: primeiro arcam os representantes, no limite de sua capacidade e sem comprometer a sua sobrevivência, e depois o incapaz, de forma eqüitativa.

Nessa ordem de raciocínio, o incapaz apenas seria responsável por complementar parte da indenização devida,

---

[148] Se $Vi \geq Vd \Rightarrow$ Resp. Direta Incapaz, em que Vi é o valor da indenização e Vd é o valor que os representantes podem retirar de seu patrimônio sem comprometer sua sobrevivência.

sem se perder de vista que a responsabilidade primária é dos representantes.

As fórmulas a representar essa terceira solução seriam as seguintes:

1. Se o valor da indenização fixada é menor que o valor que podem os representantes retirar de seu patrimônio sem comprometer a sua sobrevivência ou da sua família, então, a responsabilidade será direta dos representantes e o incapaz não responde com seus bens.[149] Nesse sentido, a fórmula coincide com aquela preconizada na segunda solução.

2. Se o valor da indenização fixada é maior ou igual ao valor que podem os representantes retirar do seu patrimônio sem comprometer a sua sobrevivência ou da sua família, então a responsabilidade será primária e parcialmente dos representantes e subsidiária e eqüitativamente do próprio incapaz.[150] Aqui, a terceira solução afasta-se da segunda, pois respondem não só os representantes como também os incapazes.

A tese a ser defendida é que cabe ao juiz analisar o impacto do valor da indenização sobre o patrimônio dos representantes, podendo chegar a umas das seguintes conclusões:

---

[149] Se Vi < Vd ⇒ Resp. Representante, em que Vi é o valor da indenização e Vd é o valor que os representantes podem retirar de seu patrimônio sem comprometer sua sobrevivência.
[150] Se Vi ≥ Vd ⇒ Resp. Representante parcial e Resp. Direta Incapaz eqüitativa, em que Vi é o valor da indenização e Vd é o valor que os representantes podem retirar de seu patrimônio sem comprometer sua sobrevivência.

1. se os representantes legais do incapaz têm "meios para indenizar" a vítima sem que isto comprometa a sobrevivência sua e da sua família, então a responsabilidade será apenas dos representantes;
2. se os representantes legais do incapaz não têm "meios para indenizar" a vítima sem que isto comprometa a sobrevivência sua e da sua família, então a responsabilidade será apenas do incapaz;
3. se os representantes legais do incapaz têm "meios para indenizar", mas tais meios são limitados, ou seja, podem arcar com parte da indenização primariamente, mas não com a indenização completa da vítima, então responderão os representantes com a parte do seu patrimônio suficiente para a satisfação parcial da vítima e responderá o incapaz subsidiariamente com o restante dos seus bens, sempre nos limites determinados pelo artigo 928, parágrafo único, do Código Civil.

5.3.4 A redução de indenização de acordo com os graus de culpa (CC, arts. 928, 944 e 945)

Duas são as situações criadas pelo Código Civil em que pode haver a redução da indenização fixada.

A primeira delas é a situação pela qual, em que pese a culpa do causador do dano, este foi desproporcional ao prejuízo causado. Assim, a aplicação do artigo 944 pressupõe que haja culpa levíssima do agente em contraposição a um enorme prejuízo suportado pela vítima. Nessa hipótese, pode o juiz reduzir, de acordo com a eqüidade, o valor da indenização.

Na segunda hipótese, analisa-se a culpa concorrente da vítima em relação ao causador do dano, para fins de divisão da indenização entre vítima e agente. Dispõe o artigo 945 que, se a vítima tiver concorrido culposamente com o evento danoso, na fixação da indenização analisar-se-á a gravidade de sua culpa em confronto com a do autor do dano.

Ambos os dispositivos cuidam da verificação dos graus de culpa do agente (CC, art. 944) ou da vítima (CC, art. 945) no momento da fixação da indenização, em decorrência da possibilidade de sua redução. Importante frisar que, no sistema do Código Civil revogado, a existência de dolo,[151] bem como dos diferentes graus de culpa, era irrelevante para a apuração do valor da indenização devida. Essa é uma das profundas mudanças do novo Código Civil.

Quanto aos graus, a culpa divide-se em três tipos: grave, leve e levíssima.

A culpa grave, também denominada grosseira ou lata, é a cometida de tal modo que até o mais descuidado ou medíocre dos homens a teria evitado. Alguns autores,[152] em razão desse fato, equiparam-na ao dolo.[153] A culpa leve ou ligeira é a que seria evitada com atenção ordinária, com a adoção de diligências próprias de um *bonus pater familias*.

---

[151] Giselda Maria Fernandes Novaes Hironaka frisa que, para o direito civil, a distinção entre dolo e culpa é pouco importante, sendo relevante apenas para o direito penal, pois influencia a determinação e a extensão da pena (HIRONAKA, Giselda Maria Fernandes Novaes. Responsabilidade civil: circunstâncias naturalmente, legalmente e convencionalmente escusativas do dever de indenizar o dano. *Atualidades Jurídicas*. São Paulo: Saraiva, 1999. p. 140).

[152] Cabe ponderar que a equiparação sofre severas críticas, pois, segundo Aguiar Dias, "não se poderia confundir os atos praticados de má-fé com os realizados de boa-fé sem ferir a eqüidade" e "assimilando-se o dolo a certas espécies de culpa, relega-se um dos critérios mais justos das ações humanas, ou seja, a intenção que as preside" (DIAS, José de Aguiar. *Responsabilidade civil*. 8. ed., rev. e aum. Rio de Janeiro: Forense, 1987. v. 1, p. 109).

[153] É a máxima romana do jurisconsulto Nerva: *latiorem culpam dolum esse*.

Por fim, a culpa levíssima é a que só poderia ser evitável com atenção extraordinária, ou por essencial habilidade e conhecimento singular; para não incorrer nela, necessitaria a pessoa ter agido com cuidado meticuloso, ou prevendo fatos somente previsíveis a indivíduos muito atilados.[154]

O artigo 944 abranda o princípio expresso no brocardo *"in lege Aquilia et levissima culpa venit"* e confere amplos poderes ao juiz de diminuir o valor da indenização toda vez em que haja culpa levíssima ou leve do agressor. Na hipótese de dolo ou de culpa grave (decorrente de negligência grosseira que só é cometida por um homem excepcionalmente descuidado),[155] não haverá a possibilidade de redução, aplicando-se à hipótese a regra tradicional de que a indenização mede-se pela extensão do dano.

O artigo 945, por sua vez, consagra o sistema, já admitido tanto pela doutrina quanto pela jurisprudência, de apuração de culpa concorrente para fins de redução do valor da indenização. A culpa concorrente determinará que a vítima suporte parte dos prejuízos, de acordo com o seu grau de culpa. Por força de lei, a indenização será dividida, não pela metade, mas, sim, proporcionalmente à culpa da vítima e do agressor.

A vítima pode praticar diversos tipos de atuação, na expressão ativa ou comissiva, concorrendo para o próprio evento ou para o dano (ou maior dano) e, situando-se temporalmente em simultaneidade com o fato responsabilizante (como sucede tipicamente na colisão de veículos), com anterioridade (como na hipótese de provocação), ou mes-

---

[154] CAHALI, Yussef Said. *Dano moral*. São Paulo: Revista dos Tribunais, 2004.
[155] JORGE, Fernando de Sandy Lopes Pessoa. *Ensaio sobre os pressupostos da responsabilidade civil*, p. 357.

mo em uma fase posterior ao fato (como se dá na omissão no tratamento de certa lesão).[156]

A questão que se coloca é: no caso da responsabilidade do incapaz, estes dispositivos também podem ser invocados, e como se falar em grau de culpa se, para o incapaz, essa noção não se aplica em razão da falta de imputabilidade.

Novamente, utiliza-se a ficção legal pela qual se considera o incapaz como imputável para fins de aferição de culpa.[157] Se pode ser verificada a existência de culpa, ainda que por ficção, também podem ser fixados os seus graus. Não seria lógico imaginar-se que a responsabilidade do incapaz pode ser até excluída se verificada a ausência de culpa, mas não reduzida.

Nesse sentido, ainda que a vítima também seja incapaz, poder-se-ia reduzir a indenização de acordo com a sua culpa. É o que José Carlos Brandão Proença chama de princípio do tratamento igualitário das culpas do lesante e do lesado.[158] Se determinada criança provoca a outra que acaba ferida, quando da fixação da indenização, devem-se considerar as culpas de ambos, sempre de acordo com noção de culpa técnica, ou seja, a verificada de acordo com a conduta da pessoa imputável.

Poder-se-ia argumentar que a consideração da culpa da vítima incapaz como elemento de redução da indeniza-

---

[156] PROENÇA, José Carlos Brandão. *A conduta do lesado...*, p. 528.
[157] Repita-se que a ficção já era utilizada pelo Código Civil de 1916 ao mencionar em seu artigo 156 que o menor entre 16 e 21 anos responderia pelos danos causados como se maior fosse, desde que fosse culpado.
[158] O autor coloca posições divergentes no direito português. Enquanto Vaz Serra pretende dar igualitário tratamento para as culpas do lesante e do lesado, Álvares de Moura entendia imprescindível a noção de imputabilidade e que o lesado tivesse plena consciência de seus atos, no que é seguido por Ribeiro de Faria e Calvão da Silva (PROENÇA, José Carlos Brandão. *A conduta do lesado...*, p. 541).

ção não tem amparo na lei, enquanto a responsabilização do incapaz causador do dano está prevista expressamente no artigo 928 do Código Civil. Por uma questão de isonomia, de tratamento igual das pessoas iguais, se há responsabilidade pessoal e direta do incapaz, nada impede que o *quantum* da indenização seja reduzido quando há culpa da vítima também incapaz.

A conseqüência da aceitação da culpa da vítima inimputável como razão para redução da indenização ou mesmo excludente do dever de indenizar, ou seja, a prevalência da conjugação concasual é uma menor tutela do lesado inimputável, dado não recair exclusivamente sobre o potencial lesante a "garantia" dos riscos inerentes à ausência de capacidade intelectual e volitiva. A opção pela adoção dessa idéia é seqüela do risco social inerente à inserção comunitária dos inimputáveis.[159]

A conclusão da impossibilidade de aplicação do disposto nos artigos 944 e 945 geraria a seguinte situação esdrúxula: a pessoa imputável, com conhecimento e discernimento plenos, a quem a lei determina o dever de reparação integral do prejuízo, teria o benefício de redução da indenização de acordo com seu grau de culpa no ato danoso. Já o inimputável, cuja culpabilidade a lei, apenas por ficção, reconhece, ou seja, que, em princípio, não teria sequer que indenizar a vítima, pagaria sempre integralmente a indenização.

A não-possibilidade de redução geraria situação em que a pessoa capaz que, em princípio, deve ressarcir integralmente, poderia ver a indenização reduzida e o incapaz, que nada deveria pagar em razão da inimputabilidade, pagaria integralmente o dano.

---

[159] PROENÇA, José Carlos Brandão. *A conduta do lesado...*, p. 534.

Toma-se, por exemplo, uma situação de culpa concorrente entre um motorista e um pedestre. O motorista é culpado por trafegar em velocidade superior aos limites permitidos e o pedestre por atravessar a avenida fora da faixa própria. Se o motorista for capaz ou não, a culpa será verificada como se capaz fosse, para fins de redução de indenização.

Fixado o valor da indenização, aplica-se a regra da responsabilidade do representante e subsidiariamente do incapaz.

5.3.5 Quando não respondem nem os representantes nem o incapaz

Finalmente, cabe esclarecer que, em determinadas situações, nem o incapaz nem seus representantes responderão pelos danos causados. Note-se que, pelo estudo que se desenvolveu, a conclusão a que se chega é: por meio de uma ficção legal, o incapaz terá seu procedimento verificado à luz da noção de culpabilidade (culpa técnica ou abstrata), apesar de faltar-lhe imputabilidade para a questão de sua responsabilidade.

Se a responsabilidade inexistir, automaticamente cessa o dever de indenizar para o próprio incapaz e para seu representante. Assim, se verificadas algumas das excludentes de responsabilidade civil quando da prática do ato ilícito, a conseqüência jurídica será o rompimento do nexo causal e o desaparecimento do dever de indenizar para o incapaz e para seu representante.

Diferentemente do que foi estudado no item referente ao caso fortuito e à força maior que rompem apenas com o nexo causal referente à responsabilidade dos representantes,[160] persistindo a do incapaz, deve-se analisar o rompimento do nexo na prática do ato pelo próprio incapaz, o que faz desaparecer todo e qualquer dever de indenizar.

As excludentes que fazem desaparecer o dever de indenizar são o caso fortuito, a força maior e a culpa exclusiva da vítima.

Não serão repetidos os conceitos referentes ao caso fortuito e à força maior. Conforme já dito, tais excludentes genéricas rompem o nexo causal. Analisam-se, entretanto, alguns exemplos da questão no tocante ao ato ilícito cometido pelo incapaz.

Determinado menor, sem a devida habilitação, está dirigindo o carro do seu pai e sofre um ataque cardíaco em conseqüência do qual acaba batendo o carro. Não será responsabilizado o incapaz em razão da ocorrência do caso fortuito, e, por conseguinte, não o será seu representante.

Também, a culpa exclusiva da vítima faz desaparecer o nexo causal. Analisam-se a conduta da vítima e a participação na causação do dano por ela suportado. Se determinado menor, que está sendo injustamente agredido na rua, desfere um soco e causa um dano a seu agressor, não terá o dever de indenizar, pois se trata de culpa exclusiva da vítima. Da mesma forma, se o menor dirige o carro do seu pai e, quando está parado no farol, é abalroado pelo carro de um terceiro, este é o exclusivo culpado pelo acidente e suportará o dano causado.

Como bem salienta Aguiar Dias, o ato ou fato exclusivo da vítima elimina a causalidade em relação ao terceiro interveniente no ato danoso.[161]

---
[160] Cf. item 5.3.2.3.4 – Força maior ou caso fortuito que rompem com a responsabilidade objetiva do artigo 933.
[161] DIAS, José de Aguiar. *Responsabilidade civil*, v. 2, p. 268.

5.4 CONCLUSÃO DO CAPÍTULO

Não se pode negar que, classicamente, em tempos de absoluto predomínio da responsabilidade subjetiva calcada na culpa, a imputabilidade do agente causador do dano era imprescindível para que surgisse o dever de reparar.

A ausência de discernimento significava que o agente não tinha a noção do certo ou errado e, então, não responderia por seus atos. Caso causasse um dano, jamais seria responsabilizado direta e pessoalmente, mesmo tendo condições financeiras de indenizar.

Há muito tempo, desde pelo menos o Código Seabra de 1866, doutrina e legislação já admitiam a responsabilidade civil direta do incapaz, apesar de sua inimputabilidade. A superação da inimputabilidade caminhava ao lado da superação da própria responsabilidade subjetiva, uma vez que o Direito Civil iniciava um lento movimento no sentido de abandonar a culpa como fundamento do dever de indenizar, objetivando-se responsabilidades.

Conquanto o Código Beviláqua seguisse a tradição romana pela qual o dano praticado por absolutamente incapaz se equiparava à força maior, inexistindo possibilidade de responsabilização direta de seu causador, já admitia que o menor púbere se equiparava a maior para fins de indenização, desde que culpado fosse.

Nota-se que já impunha o revogado diploma a noção de culpa do menor, apesar de sua falta de discernimento gerar perplexidade para parte da doutrina.

O Código Civil rompe com a tradição de irresponsabilidade e adota a teoria da responsabilidade mitigada em decorrência da subsidiariedade.

Idêntico mecanismo, utilizado pelo Código Civil de 1916 para a apuração de culpa quanto à conduta do menor impúbere, agora é usado para os atos praticados por todo e qualquer incapaz. É a adoção da chamada culpa técnica ou abstrata. Por um mecanismo de ficção, analisa-se a conduta do agente causador do dano como se imputável fosse, desconsiderando-se sua falta de discernimento.

Apurando-se a presença do elemento culpa, conclui-se pela responsabilidade do incapaz. O expediente já é adotado em vários países; dentre eles, Portugal, Itália e Alemanha. O direito estrangeiro conta com a experiência francesa que sai da total irresponsabilidade para a completa responsabilidade (Lei nº 68-5).

Fixada a responsabilidade do incapaz, cabe a análise do artigo 928 do Código Civil, que preconiza a responsabilidade indireta e primária do responsável e apenas subsidiária e mitigada do próprio incapaz.

A mitigação dá-se porque a indenização a ser paga diretamente pelo incapaz deve ser fixada de acordo com a eqüidade. Isso significa que o juiz deve analisar as peculiaridades do caso concreto, mormente o potencial financeiro do incapaz, já que a indenização não poderá significar sua ruína, privando-o do necessário à subsistência, nem a das pessoas que dele dependam. Eqüidade, aqui estudada, tem como conceito a noção de justiça no caso concreto em que se abrandam os rigores da lei.

Isso porque, se aplicada fosse a regra (CC, art. 944, *caput*) pela qual a indenização se mede pela extensão do dano, o valor a ser pago pelo incapaz seria idêntico ao valor do dano causado, desconsiderando-se o impacto da indenização para a pessoa do incapaz. A aplicação da eqüidade prevista em lei tem bases constitucionais e se fundamenta no princípio da dignidade da pessoa humana.

Há uma seqüência a ser seguida:

1. a decisão judicial inicia-se com a fixação do valor efetivo do prejuízo sofrido pela vítima, ou seja, segue-se a regra do artigo 944 do Código Civil pelo qual a indenização se mede pela extensão do dano;

2. depois, faz-se uma análise do impacto econômico para o incapaz e pessoas que dele dependam e, então, conclui-se:

    2.1. o valor fixado não priva o incapaz, nem pessoas que dele dependam do necessário e, portanto, o incapaz pagará a indenização integral (nos termos do *caput* do art. 944). Esta é a regra;

    2.2. o valor é elevado e privará o incapaz ou pessoas que dele dependam do necessário. Aplica-se a eqüidade, motivando-se a decisão, e, então, a indenização não será integral, mas, sim, reduzida de acordo com o caso concreto. Neste caso, indica o juiz que o valor da condenação está adequado ao preceito do parágrafo único do artigo 928, atendendo ao preceito constitucional da dignidade da pessoa humana do incapaz.

A responsabilidade pela indenização é, primariamente, dos representantes do incapaz. Assim, responderão os representantes solidariamente perante a vítima em razão do disposto no artigo 942 do Código Civil.

Ainda que um deles não tenha culpa, tratando-se de responsabilidade objetiva (art. 933 do CC), para a vítima a matéria é irrelevante e, portanto, pode cobrar o valor da indenização integralmente de um ou ambos os pais. Entretanto, caso haja realmente culpa maior ou exclusiva de um dos pais, na ação de regresso a questão pode ser debatida, ensejando, inclusive, a divisão do valor da indenização em partes desiguais (afastando-se a presunção contida no art. 283 do Código Civil) ou mesmo arcando um dos genitores integralmente com a indenização.

Da mesma forma, entende-se que, havendo a parentalidade socioafetiva, idêntica responsabilidade cabe a eles quanto aos danos causados pelos incapazes. A parentalidade socioafetiva, assim como a biológica, gera direitos e deveres, não existindo razão para a exclusão de responsabilidade quanto à prática do ilícito.

6

A antinomia entre os artigos 928 e 942 do Código Civil

6.1 CONFLITOS DE NORMAS NO TEMPO: ANTINOMIA E SUA CLASSIFICAÇÃO

Antinomia é o conflito entre duas normas, dois princípios, ou entre uma norma e um princípio geral de direito em sua aplicação prática a um caso particular, ou seja, é a presença de duas normas conflitantes, sem que se possa saber qual delas deverá ser aplicada ao caso singular.[1]

Se um dispositivo legal obriga certa conduta e outro proíbe a mesma conduta, está-se diante de um exemplo de antinomia.[2]

É evidente que as antinomias devem ser constatadas e depois superadas pelo aplicador do direito, sob pena de, gerando-se uma perplexidade, simplesmente se conduzir à inaplicabilidade de qualquer uma das normas antinômicas e à não-decisão do concreto, ferindo-se o princípio da indeclinabilidade da jurisdição (*non liquet*).

---
[1] DINIZ, Maria Helena. *Curso de direito civil brasileiro*, v. 1, p. 84.
[2] ULHOA COELHO, Fábio. *Curso de direito civil*. São Paulo: Saraiva, 2003. v. 1, p. 71.

Isso porque o ordenamento jurídico pressupõe a noção de unidade e esta só existe quando há uma norma fundamental com a qual se possam, direta e indiretamente, relacionar-se todas as normas do ordenamento jurídico, formando-se um sistema.[3]

Para o estudo da antinomia, é necessária a compreensão lógica das contrariedades, já que a antinomia é uma contrariedade juridicamente qualificada. São premissas lógicas sobre as quais se sustenta a noção de antinomia, segundo classificação de Alaôr Caffé Alves:[4]

1. Contradição. A relação de contradição se dá entre duas proposições que, tendo o mesmo sujeito e o mesmo predicado, diferem pela quantidade e qualidade ao mesmo tempo (*Todos os* homens são virtuosos/Alguns homens não são virtuosos). A relação de contradição é a oposição máxima, pois não há nenhum ponto de concordância entre elas, sendo totalmente incompatíveis entre si.

2. Contrariedade. Na relação de contrariedade, as duas preposições tendo o mesmo sujeito e o mesmo predicado são universais e diferem entre si só pela quantidade (Todo o homem é civilizado/ Nenhum homem é civilizado). A relação de contrariedade é a oposição média, em que as duas preposições universais, com o mesmo sujeito e o mesmo predicado, diferem entre si pela qualidade apenas; a oposição é média porque há um ponto de concordância entre elas, o que implica

---

[3] É o que Bobbio chama de "totalidade ordenada" (BOBBIO, Norberto. *Teoria do ordenamento jurídico*. 10. ed. Brasília: Editora da UnB, 1997. p. 71).

[4] ALVES, Alaôr Caffé. *Lógica*: pensamento formal e argumentação. Elementos para o discurso jurídico. 2. ed. São Paulo: Quartier Latin, 2002. p. 250-254.

que ambas não podem ser verdadeiras, mas podem ser simultaneamente falsas.
3. Subcontrariedade. É a relação entre duas proposições que tendo o mesmo sujeito e o mesmo predicado são particulares e diferem pela qualidade (Algum homem é sábio/Algum homem não é sábio). A relação de subcontrariedade é de oposição mínima porque há um ponto de concordância entre elas: ambas podem ser verdadeiras simultaneamente.
4. Subalternação. É a relação dada entre duas proposições que tendo o mesmo sujeito e o mesmo predicado diferem apenas da quantidade (Todo homem é sábio/Algum homem é sábio). Esta relação não chega a ser propriamente uma relação de oposição, justamente porque não há contraste de qualidade, apenas de quantidade.[5]

Nesse sentido, para que se tenha presente uma antinomia jurídica, além da verificação de uma das situações anteriormente descritas, são imprescindíveis três elementos: incompatibilidade, indecidibilidade e necessidade de decisão, e as duas normas imputam ao caso concreto soluções incompatíveis.[6]

A antinomia jurídica não se confunde com a simples contradição, apesar de toda antinomia envolver uma contradição. Assim, para que haja antinomia é necessário que as normas que expressam ordens ao mesmo sujeito ema-

---
[5] Não se ignora o fato de que todas as categorias expostas têm um fim didático. Isso porque a realidade se revela tão rica e multifacetada que sempre haverá determinada situação a qual não se adequará, com perfeição, à divisão didática proposta.
[6] DINIZ, Maria Helena. *Curso de direito civil brasileiro*, v. 1, p. 84.

nem de autoridades competentes em um mesmo âmbito normativo e que as instruções dadas ao receptor se contradigam, pois, para obedecê-las, ele deverá também desobedecê-las.[7]

Logo, é condição para que ocorra uma antinomia a existência de duas normas que devem pertencer ao mesmo ordenamento e que devem ter o mesmo âmbito de validade (temporal, espacial, pessoal e material). Portanto, a antinomia seria a situação que se verifica entre duas normas incompatíveis, pertencentes ao mesmo ordenamento e tendo o mesmo âmbito de validade.[8]

Em relação à responsabilidade do incapaz, está-se diante de clara situação de antinomia. Isso porque determina o artigo 928 do Código Civil que o incapaz responde pelos prejuízos que causar, se as pessoas por ele responsáveis não tiverem obrigação de fazê-lo ou não dispuserem de meios suficientes. Em resumo, cria a responsabilidade subsidiária do incapaz, devendo, primeiro, os bens do representante serem excutidos, e, apenas posterior e limitadamente, os bens do incapaz.

O artigo 942 do mesmo diploma indica que são solidariamente responsáveis com os autores os co-autores e as pessoas designadas no artigo 932, ou seja, os incapazes e seus representantes. As regras atinentes à solidariedade opõem-se àquelas referentes à subsidiariedade, conforme se demonstrará.

Bobbio reconhece que, em um ordenamento jurídico complexo, como aquele que temos sempre diante das nossas vistas, caracterizado pela pluralidade das fontes, parece não

---

[7] FERRAZ JR., Tercio Sampaio. Antinomia. In: FRANÇA, Rubens Limongi. *Enciclopédia Saraiva de Direito*. São Paulo: Saraiva, 1978. v. 7, p. 13.
[8] BOBBIO, Norberto. *Teoria do ordenamento jurídico*, p. 88.

haver dúvida de que possam existir normas produzidas por uma fonte em contraste com normas produzidas por outras.[9] Que o ordenamento jurídico, ou pelo menos parte dele, consista em sistema é um pressuposto da atividade interpretativa, um dos ossos do ofício, digamos assim, do jurista.[10]

Essa, então, é a tarefa que se coloca, e é o subtítulo deste trabalho. A busca pela interpretação do sistema e pela tentativa de solução das antinomias apresentadas pelo Código Civil, porque uma das funções da interpretação é exatamente a resolução das antinomias.

Quanto ao critério para a solução da antinomia, verifica-se que a antinomia existente entre os artigos 928 e 942 do Código Civil é apenas uma antinomia aparente, ou seja, aquela que pode ser resolvida de acordo com um dos critérios de solução. A antinomia aparente opõe-se à antinomia real (aquela que não tem solução no ordenamento e que apenas a edição de uma norma nova poderia saná-la).

A noção de antinomia real ou aparente se funda na existência ou não de critérios normativos para a sua solução. Antinomia real é aquela em que a posição do sujeito é insustentável porque não há critérios para a sua solução ou porque entre os critérios existentes há conflito, sendo a aparente o contrário.[11]

No tocante a seu conteúdo, a antinomia pode ser própria, quando determinada conduta aparece ora prescrita e ora proibida;[12] ou imprópria, quando decorre do conteúdo

---

[9] Curioso notar que, com relação ao incapaz, a antinomia surge no mesmo diploma legislativo e não decorre da pluralidade de fontes.
[10] BOBBIO, Norberto. *Teoria do ordenamento jurídico*, p. 74-76.
[11] FERRAZ JR., Tercio Sampaio. *Antinomia*, p. 15.
[12] Imaginemos duas leis com os seguintes conteúdos: (1) é permitido fumar em lugares fechados, (2) é obrigatória a omissão de fumar em lugares fechados.

material da norma.[13] É o que ocorre em relação aos artigos estudados. A antinomia é imprópria, pois, enquanto o artigo 928 prevê responsabilidade subsidiária, o artigo 942 prevê responsabilidade solidária. É a chamada antinomia imprópria teleológica[14] porque, enquanto o artigo 928 determina que o responsável legal do incapaz é quem arca com a indenização primariamente, o artigo 942 determina que o incapaz é devedor solidário, ou seja, há uma incompatibilidade tanto entre os fins propostos pelos artigos quanto entre os meios propostos para a consecução daqueles fins.[15]

Enquanto o artigo 928 tem por fim a proteção do incapaz e como meio a responsabilidade subsidiária, o artigo 942 tem por fim a proteção à vítima e como meio a responsabilidade solidária do incapaz e seus representantes.[16]

---

[13] DINIZ, Maria Helena. *Curso de direito civil brasileiro*, v. 1, p. 85.

[14] Segundo BOBBIO, é imprópria e teleológica a contradição entre a lei que prescreve o meio e aquela que prescreve o fim (BOBBIO, Norberto. *Teoria do ordenamento jurídico*, p. 90).

[15] FERRAZ JR., Tercio Sampaio. *Antinomia*, p. 15.

[16] Segundo ALF ROSS, ocorre inconsistência quando são imputados efeitos jurídicos incompatíveis às mesmas condições factuais. São três os tipos de inconsistências: 1ª inconsistência – total-total (quando nenhuma das normas pode ser aplicada sob circunstância alguma sem entrar em conflito com outra); 2ª inconsistência – total-parcial (quando uma das normas não pode ser aplicada sob nenhuma circunstância sem entrar em conflito com a outra, enquanto esta tem um campo adicional de aplicação no qual não entra em conflito com a primeira); e 3ª inconsistência – parcial-parcial (quando cada uma das normas possui um campo de aplicação no qual entra em conflito com a outra, porém também possui um campo adicional de aplicação no qual não são produzidos conflitos). Podemos também chamar essas inconsistências de, respectivamente, (1) incompatibilidade absoluta; (2) inconsistência entre a regra geral e a particular; e (3) sobreposição de regras (ROSS, Alf. *Direito e justiça*. São Paulo: Edipro, 2003. p. 157-162). Em relação aos artigos 928 e 942, parágrafo único, do Código Civil, a inconsistência seria total-parcial, pois o conflito se dá quanto à responsabilidade dos incapazes (art. 928) que não pode ser aplicada sob pena de conflito com o parágrafo único do artigo 942. Por sua vez, o parágrafo único do artigo 942 tem aplicação adicional, por exemplo, na responsabilidade dos patrões pelos atos dos empregados.

Quanto aos critérios de solução da antinomia, sendo esta apenas aparente, conforme se verifica no caso em estudo, são eles três: cronológico, hierárquico e especialidade. A matéria será desenvolvida neste capítulo.

Antes do estudo da solução, entretanto, deve-se verificar se realmente são antinômicas as regras dos artigos 928 e 942, parágrafo único, e, para tanto, essencial a compreensão dos institutos da solidariedade (CC, art. 942, parágrafo único) e da subsidiariedade (CC, art. 928).

6.2 SOLIDARIEDADE OU SUBSIDIARIEDADE

Os conceitos de solidariedade e subsidiariedade, apesar de não se revelarem claramente opostos, produzem efeitos inconciliáveis entre si.

Tais efeitos dão azo à modalidade de antinomia que se pretende suplantar.

Existe solidariedade quando na mesma obrigação concorrem mais de um credor, ou mais de um devedor, cada um com direito, ou obrigado, à dívida toda (CC, art. 264).

Assim, tratando-se de solidariedade passiva, conforme se explicará a seguir, cada um dos devedores pode ser cobrado pelo pagamento da dívida toda, competindo ao credor escolher de quem cobrar e quanto cobrar. Nesse sentido, a solidariedade se opõe à divisibilidade.

Quando ocorre a subsidiariedade, o credor perde o direito de escolha. Caberá a ele cobrar de determinado devedor, denominado principal pagador e, apenas em caso de insucesso, pode cobrar a dívida do subsidiário. Então, a subsidiariedade se opõe à primariedade. A obrigação subsidiária se opõe à obrigação principal ou primária.

Apesar de solidariedade e subsidiariedade não serem conceitos opostos, os seus efeitos são absolutamente diferentes, revelando, então, que os artigos 928 e 942, parágrafo único, ambos do Código Civil, são normas antinômicas em sentido lato. Isso porque, se aplicadas as regras da solidariedade, automaticamente ficam excluídas as da subsidiariedade em razão da diversidade de efeitos que os institutos produzem.

Em razão dessa constatação, cabe a interpretação das normas para superação do obstáculo com que o operador do direito se depara.

Para comprovar a existência de antinomia, em sentido amplo, é imprescindível o aprofundamento teórico da solidariedade e da subsidiariedade, conforme será feito a seguir.

6.2.1 Solidariedade e indivisibilidade

A obrigação solidária, ao lado da divisível e da indivisível, é obrigação complexa quanto aos sujeitos, ou seja, aquela que tem mais de um credor no pólo ativo ou mais de um devedor no pólo passivo. Assim, quando houver pluralidade de credores, estamos diante de solidariedade ativa. Se a pluralidade for de devedores, a solidariedade será passiva.

Para os fins deste estudo, analisar-se-á apenas a solidariedade passiva e seu confronto com a obrigação indivisível, pois é esta a modalidade prevista no artigo 942 do Código Civil.

É regra basilar do direito das obrigações que, havendo pluralidade de sujeitos e sendo o objeto da obrigação divisível, será esta também divisível de acordo com a regra do *concursu partes fiunt*. A obrigação presume-se dividida em tantas partes iguais e distintas quantos forem os credores ou devedores (CC, art. 257). Trata-se de presunção simples (*iuris tantum*) que pode ser ilidida por prova em sentido contrário.

Portanto, tanto a indivisibilidade quanto a solidariedade são excepcionais no sistema. Nesses casos, a obrigação é exigível, por inteiro, de um único devedor ou pode ser paga integralmente a um único credor. Assim, a diferença entre a obrigação indivisível e a solidária está no motivo. A indivisibilidade decorre do objeto que não permite fracionamento, e a solidariedade decorre da lei ou da vontade das partes.

A indivisibilidade existirá se o objeto da prestação for indivisível (CC, art. 258) por sua natureza, por força de lei ou por acordo entre as partes. Já a solidariedade não pode jamais ser presumida e decorre da lei ou da vontade das partes (CC, art. 265). Ainda que a indivisibilidade decorra da vontade das partes, ela recairá sobre o objeto, pois não se trata de garantia.

As diferenças quanto aos efeitos entre a solidariedade passiva e a indivisibilidade com pluralidade de devedores ajudam a compreender os institutos.

Sendo a obrigação indivisível com pluralidade de devedores, cada um é obrigado pela dívida toda, mas só deve parte dela. Apesar de ser devedor de parte da dívida, em razão da indivisibilidade, muitas vezes natural, o devedor pode ser compelido a pagar a dívida por inteiro (CC, art. 259). Exemplo clássico é o das duas pessoas que são devedoras de uma estátua ou um cavalo de raça.

Se um devedor paga a dívida toda, este se sub-roga nos direitos do credor primitivo para cobrar dos co-devedores suas respectivas quotas-partes (deduzindo-se a quota daquele que pagou).

Se o objeto perece com culpa dos devedores, a obrigação converte-se em perdas e danos, e o objeto (dinheiro) perde o caráter de indivisível; dessa forma, cada devedor passa a responder apenas por sua quota-parte. Volta-se ao princípio do *concursu partes fiunt*. Exatamente neste fato reside a explicação de que a indivisibilidade refere-se ao objeto da obrigação, não se revelando garantia.

Perecendo o objeto indivisível, finda estará a indivisibilidade, passando a obrigação a ser divisível.

Importante frisar que haverá conseqüências distintas se a culpa for de apenas um ou de todos os devedores. Isso porque sem culpa não há responsabilidade pelas perdas e danos, pois a responsabilidade civil, no sistema brasileiro, é subjetiva, em regra.

Assim, se a culpa pela perda do objeto indivisível foi de todos os devedores, estes responderão pelo equivalente (o valor da prestação) mais as perdas e danos (lucros cessantes e danos emergentes) em partes iguais (CC, art. 263, § 1º).

Se a culpa, entretanto, foi de apenas um devedor, a situação se modifica. Todos responderão pelo equivalente (valor da prestação) em partes iguais, pois a obrigação passa a ser divisível. Contudo, o valor das perdas e danos será suportado apenas pelo culpado (CC, art. 263, § 2º). Note-se que a obrigação dos demais devedores continua exatamente a mesma, apenas passam a dever o equivalente ao objeto que pereceu, em vez de deverem o próprio objeto. Para o culpado, surge um *plus*, qual seja: o pagamento de indenização.

O estudo da solidariedade passa pelo questionamento da unidade ou pluralidade de obrigações. Tratando de solidariedade, o que se questiona é se a obrigação solidária seria única ou haveria várias obrigações autônomas, mas unidas entre cada uma das partes. É Washington de Barros Monteiro[17] que esclarece a questão com o irrefutável argumento de que o artigo 266 do Código Civil (CC/16, art. 897) espanca qualquer possibilidade de se tratar de uma única obrigação. Isso porque dispõe o Código Civil que a obrigação pode ser pura e simples para um dos devedores ou credores, ser condicional ou a termo para outro e, por fim, ser pagável em lugar diferente para outro.

Assim sendo, estamos diante de um feixe obrigacional que, na solidariedade passiva, une os diversos devedores. Não se trata de uma única obrigação, pois, apesar de unidas, as obrigações mantêm sua autonomia. Não pode ser aplicada a tese da unicidade de obrigações, mesmo porque cada um dos devedores terá a obrigação individualizada em seu patrimônio.

A principal conseqüência da solidariedade passiva é que o credor tem o direito de exigir e de receber de um ou de alguns dos devedores, parcial ou totalmente, a dívida comum (CC, art. 275). Cabe ao credor o direito de escolha de quem demandar e de quanto demandar. Por conseqüência, o fato de o devedor solidário tornar-se insolvente é irrelevante, já que o credor pode cobrar o valor integral da dívida dos outros devedores. Contrariamente, em se tratando de obrigação divisível, se um dos devedores se tornar insolvente, não pode o credor reclamar a quota da dívida dos demais devedores.

Nesse sentido, sendo o incapaz e seu representante devedores solidários, a garantia da vítima amplia-se, pois terá dois patrimônios à sua disposição para a obtenção da indenização. A insolvência de um dos devedores em nada pre-

---

[17] MONTEIRO, Washington de Barros. *Curso de direito civil*. 37. ed., rev. e ampl. São Paulo: Saraiva, 2003. v. 4, p. 153.

judicará o ressarcimento da vítima. Ademais, quanto mais bens à disposição do credor, mais fácil e rápida a execução, pois maior é a chance de um dos devedores possuir a quantia devida em dinheiro.

Na obrigação solidária, cada devedor é obrigado pela dívida toda, mas só deve parte dela. Se um devedor paga a dívida toda, este se sub-roga nos direitos do credor primitivo para cobrar dos co-devedores suas respectivas quotas-partes (deduzindo-se a quota daquele que pagou), nos termos do artigo 283 do Código Civil.

Nesse ponto, conforme já salientado, o Código Civil não permite o direito de regresso caso o representante que pagou a indenização pelo ato praticado pelo absolutamente ou relativamente incapaz seja descendente seu (CC, art. 934), ainda que se conclua que há realmente solidariedade entre o incapaz e seu representante.

Ainda, é importante frisar que, se houver perda da prestação, a solidariedade não se extingue. Isso significa dizer que todos os devedores continuam responsáveis solidariamente pelo valor do objeto que pereceu, respondendo apenas o culpado pelo valor das perdas e danos (CC, art. 279). Entretanto, apesar de só o culpado responder pelos lucros cessantes e danos emergentes, de maneira excepcional, determina a lei que todos os devedores responderão pelos juros de mora (CC, art. 280). Note-se que tem o credor de obrigação solidária mais uma vantagem: todos os devedores, culpados ou não, respondem solidariamente pelos juros de mora.

Outra vantagem para o credor, decorrente da solidariedade, reside no fato de nem mesmo a morte de um dos devedores extinguir a solidariedade para os demais (CC, art. 276). Morrendo um dos devedores, todos os demais continuam solidariamente responsáveis pela dívida. Em relação aos herdeiros do falecido, pode o credor, se quiser, cobrar destes o valor integral da dívida, se o objeto for indivisível ou se reunir todos os herdeiros. É o chamado fenômeno da refração da dívida.[18]

São exemplos de devedores solidários por força de lei os comodatários simultâneos de determinada coisa, perante o comodante (CC, art. 585); os mandantes perante o mandatário (CC, art. 680); entre os inquilinos perante o locador (Lei nº 8.245/91, art. 2º) e, finalmente, entre os causadores do dano e seus responsáveis (CC, art. 942).

Em conclusão, se aplicado o artigo 942 e reconhecida a solidariedade passiva entre o incapaz e seu representante, o credor estará diante de uma excelente forma de garantia que aumentará as chances de recebimento da indenização.

6.2.2 Subsidiariedade e primariedade

A idéia de subsidiariedade, conforme já dito, não se opõe à noção de solidariedade, mas, sim, à de primariedade. Devedor primário ou principal é aquele que terá seus bens excutidos de início. Somente surge a responsabilidade para o devedor subsidiário se o principal ou primário não tiver obrigação ou bens suficientes para pagar o que deve.

Entretanto, os efeitos dos institutos não permitem aplicação conjunta, revelando-se inconciliáveis.

Ocorrendo a subsidiariedade, teremos o devedor principal, efetivo responsável pelo pagamento da dívida, e o devedor subsidiário, também chamado de secundário; e o

---

[18] MONTEIRO, Washington de Barros. *Curso de direito civil*, v. 4, p. 173.

cumprimento da obrigação só poderá ser exigido do segundo no caso de inadimplemento do primeiro.[19]

Subsidiário é o devedor que cumprirá a prestação caso o devedor principal não o faça. Se A compromete-se a transportar determinado objeto caso B não o faça, sua obrigação é subsidiária.[20]

Subsidiariedade não se confunde com a noção de benefício de ordem ou de excussão[21] (CC, art. 827). O benefício de ordem é decorrência lógica da responsabilidade subsidiária.

Isso significa que o devedor subsidiário pode indicar bens do devedor principal para o adimplemento da dívida, antes de ver seu patrimônio constrito.

Assim, o devedor subsidiário pode se opor à agressão dos bens penhoráveis que integram o seu patrimônio, enquanto não tiverem executado todos os bens do devedor e, apesar disso, se o direito do credor mostrar-se total ou parcialmente insatisfeito. Evita-se a agressão aos bens do devedor subsidiário enquanto os bens do devedor principal não forem imolados.[22]

Em favor do benefício de ordem, afirma-se que somente com a prévia execução dos bens do devedor pode-se saber quanto há de prestar o devedor subsidiário, e, contra o benefício, alega-se que a satisfação do crédito pelo credor fica retardada.[23]

---

[19] COSTA, Mário Júlio de Almeida. *Direito das obrigações*, p. 833.
[20] COSTA, Mário Júlio de Almeida. *Direito das obrigações*, p. 833.
[21] É o nome dado ao benefício de ordem pelo direito português (CC português, art. 638).
[22] VARELA, João de Matos Antunes. *Das obrigações em geral*. 10. ed. Lisboa: Almedina, 2003. v. 2, p. 488.
[23] PONTES DE MIRANDA, Francisco Cavalcanti. *Tratado de direito privado*. Rio de Janeiro: Borsoi, 1955. t. 44, p. 113.

Deve-se frisar que mesmo o devedor primário ou principal conta com a proteção do bem de família, em decorrência do princípio constitucional da dignidade da pessoa humana. Portanto, caso o devedor principal tenha bens que não possam ser excutidos, exatamente em razão da proteção legal, serão excutidos os bens do devedor subsidiário.[24]

A decorrência da subsidiariedade é que, ainda que o devedor subsidiário possa figurar no pólo passivo da demanda de cobrança, este terá o direito de obstar o processo oferecendo bens do devedor principal para a satisfação da obrigação, desde que o faça antes da contestação (CC, art. 827).

Também, no direito português, não perde o credor o direito de demandar o devedor subsidiário isolada ou conjuntamente com o devedor principal (CC português, art. 641). Entretanto, se demandá-lo isoladamente, o devedor subsidiário poderá chamar o devedor à demanda.[25]

Contudo, o importante é concluir que, havendo subsidiariedade, no caso do incapaz causador do dano, este só responderá com seu patrimônio se os seus responsáveis não dispuserem de meios suficientes ou não tiverem obrigação de reparar o dano (CC, art. 928).

Assim, caberia ao credor, vítima do ilícito, demandar o incapaz ou seu representante, e teria o incapaz o direito de

---

[24] Exatamente por isso, cabe interpretar o artigo 391 do Código Civil, que determina que todos os bens do devedor respondam pelo inadimplemento da obrigação. Há uma falsa impressão de que serão realmente todos os bens a serem imolados, quando, na realidade, deve-se preservar o mínimo a lhe garantir a dignidade, e o bem de família é um bom exemplo.
[25] Segundo Antunes Varela, esta é a doutrina consagrada no artigo 828 do Código de Processo Civil português: "na execução movida contra o devedor subsidiário, não podem penhorar-se os bens deste, enquanto não tiverem excutido todos os bens do devedor principal, desde que o devedor subsidiário fundamentadamente invoque o benefício da excussão" (v. 2, p. 489).

obstar a constrição do seu patrimônio, até que a dívida seja satisfeita com os bens do responsável. Apenas em caso de inexistência ou insuficiência dos bens, veria o incapaz seu patrimônio constrito.

Somente com a prova de que os responsáveis efetivamente não têm patrimônio para responder pelos danos é que surge a responsabilidade pessoal e direta do incapaz. Trata-se de mais um ônus para a vítima.

Em tese, se aplicado o artigo 928 e a regra da subsidiariedade, o credor da indenização veria um retardamento no recebimento da indenização devida, e não contaria com os benefícios decorrentes da solidariedade. A subsidiariedade, portanto, é excelente para o incapaz, mas ruim para a vítima.

6.3 SOLUÇÃO DA ANTINOMIA: CRITÉRIO DA ESPECIALIDADE. EM BUSCA DA OPERABILIDADE DOS DISPOSITIVOS ANTINÔMICOS

Diante da clara antinomia entre os dispositivos do Código Civil, cabe ao intérprete a solução do problema, visando a obter a operabilidade do sistema no tocante à indenização por atos praticados por incapaz.

A operabilidade, absolutamente imprescindível a qualquer diploma, significa o estabelecimento de soluções normativas de modo a facilitar a interpretação e a aplicação do direito, eliminando-se dúvidas que haviam persistido na aplicação do Código Civil anterior.[26]

---

[26] REALE, Miguel. Visão geral do novo Código Civil. In: REALE, Miguel. *Novo Código Civil brasileiro*. 4. ed. rev. atual. e ampl. São Paulo: Revista dos Tribunais, 2004. p. 15.

No caso em estudo, o Código Civil afastou-se da operabilidade porque deixou o intérprete da lei perplexo diante de duas normas diametralmente opostas e antinômicas em um mesmo sistema, no tocante à indenização por danos causados por pessoa incapaz.

A solução exigiu, por meio de interpretação, com base nos critérios fornecidos pela doutrina, que o estudioso afastasse a antinomia e restabelecesse a operabilidade do Código Civil.

Os ordenamentos modernos contêm uma série de regras ou critérios para a solução de conflitos normativos historicamente corporificados, sendo eles: o hierárquico (*lex superior derogat legi inferior*), já que a norma hierarquicamente superior revela-se mais importante no ordenamento jurídico em razão de seu processo legislativo; o cronológico (*lex posterior derogat legi priori*), pois a lei posterior reflete vontade mais recente do legislador, superando as normas mais antigas de mesmo escalão hierárquico; e o de especialidade (*lex specialis derogat legi generali*), porquanto se a lei é especial, cuida de maneira adequada da matéria que selecionou.[27]

No caso da responsabilidade civil do incapaz, impossível seria a aplicação do critério hierárquico ou do cronológico. Isso porque a antinomia ocorre na mesma lei, ou seja, no Código Civil. Sobra como derradeiro critério para a solução do problema o da especialidade.

Note-se que o artigo 928 cria a subsidiariedade apenas no tocante à indenização a ser paga pelo representante de pessoa incapaz. É norma especial.

Já o artigo 942, parágrafo único, prevê a solidariedade para toda e qualquer indenização proveniente de ato ilíci-

---

[27] FERRAZ JR., Tercio Sampaio. *Antinomia*, p. 14.

to praticado por terceiro, ou seja, trata não só dos incapazes, mas também do empregador ou comitente, por seus empregados, serviçais e prepostos, no exercício do trabalho que lhes competir, ou em razão dele; dos donos de hotéis, hospedarias, casas ou estabelecimentos onde se albergue por dinheiro, mesmo para fins de educação, pelos seus hóspedes, moradores e educandos. E, por fim, dos que gratuitamente houverem participado nos produtos do crime, até a concorrente quantia. É regra aplicável a qualquer pessoa responsável por ato de terceiro.

Em situações de antinomia, resolve-se pela prevalência da regra especial e, portanto, tratando-se de incapaz, aplica-se o artigo 928 e não o parágrafo único do artigo 942.[28]

Logo, se os responsáveis pelo incapaz (pai, tutor ou curador) tiverem a obrigação de indenizar e dispuserem de meios suficientes para tanto, responderão exclusivamente, e o incapaz nada pagará. Mas, se não forem atendidas as condições referidas, ou seja, se o representante não tiver a obrigação de indenizar ou não dispuser de meios para isso, arcará apenas o incapaz com a indenização, nos limites do parágrafo único do artigo 928,[29] sem ocorrência da solidariedade.

De qualquer forma, não se discute que, havendo mais de um responsável entre eles, haverá solidariedade por força do artigo 942.

Em conclusão, o artigo 942, parágrafo único do Código Civil, deve ser lido da seguinte maneira: são solidariamente responsáveis com os autores os co-autores e as pessoas

---

[28] Essa é a opinião de CAVALIERI FILHO, Sérgio; MENEZES DIREITO, Carlos Alberto. *Comentários ao novo Código Civil*, p. 316.

[29] "Art. 928, parágrafo único. A indenização prevista neste artigo, que deverá ser eqüitativa, não terá lugar se privar do necessário o incapaz ou as pessoas que dele dependam."

designadas no artigo 932, salvo se o causador do dano for pessoa absoluta ou relativamente incapaz, hipótese em que a responsabilidade dos incapazes é subsidiária.

A solução alvitrada não difere do que já acontece em outros sistemas.

6.4 DEMAIS SOLUÇÕES POSSÍVEIS À ANTINOMIA

A questão da antinomia não passou despercebida pelos doutrinadores que se reuniram na I Jornada de Direito Civil do Conselho da Justiça Federal, realizada em Brasília, nos dias 2 e 3 de setembro de 2002, sob a coordenação científica do então ministro Ruy Rosado de Aguiar Júnior.

O Enunciado nº 41[30] preconiza:

> "Art. 928. A única hipótese em que poderá haver responsabilidade solidária do menor de 18 anos com seus pais é ter sido emancipado nos termos do art. 5º, parágrafo único, inc. I, do novo Código Civil."

Pelo enunciado em questão, a regra seria a subsidiariedade prevista no artigo 928. Existiria a responsabilidade solidária apenas no caso de emancipação voluntária do menor entre 16 e 18 anos, hipótese em que prevaleceria a regra do artigo 942, parágrafo único.

---

[30] O autor do enunciado é o Desembargador do TJ/SP Antonio Marson. Em sua justificativa, apenas afirma que "a única hipótese em que poderá haver responsabilidade solidária do menor de 18 anos com seus pais ocorre se tiver sido emancipado aos 16 anos de idade. Fora dessa situação, a responsabilidade será exclusivamente dos pais ou do filho, se aqueles não dispuserem de meios suficientes para efetuar o pagamento" (AGUIAR JR., Ruy Rosado (Org.). *Jornada de direito civil*. Brasília: Conselho de Justiça Federal, 2003. p. 269). Note-se que o Desembargador não menciona as razões jurídicas que embasariam a solidariedade.

O enunciado tem como fundamento doutrina e julgados anteriores à vigência do novo Código Civil.[31]

Nesse sentido, afirma Carlos Roberto Gonçalves que só parece defensável a responsabilidade solidária quando há emancipação voluntária, cessando, porém, totalmente, quando deriva do casamento ou das outras causas previstas no artigo 5º, parágrafo único, do Código Civil.[32]

Entretanto, a interpretação dada pela doutrina no sentido de que a emancipação voluntária mantém a responsabilidade solidária dos pais não pode ser aplicada sob a égide do atual Código Civil, e, assim, discorda-se do teor do Enunciado 41 do Conselho da Justiça Federal, conforme já explicado anteriormente.[33]

Na sistemática do Código Civil, ocorrendo a emancipação, seja ela legal ou voluntária, em princípio, não haverá responsabilidade dos representantes, portanto a responsabilidade é pessoal e exclusiva do incapaz. Não se pode, então, cogitar de solidariedade.

O que se admitiu no presente trabalho foi que, excepcionalmente, caso a emancipação voluntária tivesse por fim burlar a regra que determina a responsabilidade dos pais, esta seria ineficaz e os pais responderiam pelos danos. Contudo, deve-se frisar que, mesmo na situação excepcional em que a emancipação não produz efeitos no tocante à responsabilidade, aplicar-se-ia o artigo 928 do Código Civil e não o artigo 942, parágrafo único.

---

[31] Afirma Carlos Roberto Gonçalves que a única hipótese em que poderá haver responsabilidade solidária do menor com seu pai é se tiver sido emancipado aos 16 anos; fora isso, a responsabilidade será exclusivamente do pai ou do filho (GONÇALVES, Carlos Roberto. *Direito civil brasileiro*, p. 136).
[32] GONÇALVES, Carlos Roberto. *Direito civil brasileiro*, p. 138.
[33] A matéria foi tratada no Capítulo 5, ao se estudarem as hipóteses em que responde diretamente o incapaz.

Roberto Senise Lisboa defende outra solução para a antinomia criada entre os artigos 928 e 942 do Código Civil. Para o autor, a responsabilidade do absolutamente incapaz seria subsidiária em relação ao seu representante (aplicação do art. 928). Já a responsabilidade do relativamente incapaz seria solidária com seus representantes (CC, art. 942).[34]

Também essa solução não nos parece adequada. O legislador de 2002 pretendeu excepcionar a responsabilidade do menor, seja ele relativamente ou absolutamente incapaz. O Código Civil rompeu com o antigo sistema, responsabilizou o absolutamente incapaz, afastando-se da noção de imputabilidade, e não mais se utiliza do expediente ficcional de equiparação ao maior do menor entre 16 e 21 anos (púbere) para fins de responsabilização (CC/16, art. 156).

O incapaz responde, mesmo sendo inimputável. Assim, a busca da separação entre o relativamente e o absolutamente incapaz, totalmente adequada na vigência do Código Civil de 1916, foge às regras da nova codificação, portanto não pode ser aplicada. A revogação do artigo 156 (que não encontra equivalente no atual Código Civil) e a dicção do artigo 928 indicam que não há de se distinguir entre os menores para fins de sua responsabilidade civil.

Assim, a conclusão a que se chega é no sentido de que, diante da sistemática do novo Código Civil, quer seja a pessoa relativamente ou absolutamente incapaz, sua responsabilidade será subsidiária sempre que seus representantes tiverem o dever de indenizar os danos por ela causados, bem como dispuserem de meios para fazê-lo.

Caso não haja responsabilidade do representante ou este não disponha de meios, a responsabilidade será direta

---

[34] LISBOA, Roberto Senise. *Manual de direito civil*. Obrigações e responsabilidade civil. São Paulo: Revista dos Tribunais, 2004.

do incapaz. Inexiste, no Código Civil, situação em que o incapaz e seu representante responderão solidariamente perante a vítima.

6.5 SOLUÇÃO PROJETADA DA ANTINOMIA

Deve-se ressaltar que o Projeto nº 6.960, de autoria do Deputado Ricardo Fiuza, datado de 12 de junho de 2002, hoje em trâmite sob o nº 276/07, propõe, para a solução da antinomia, que o artigo 928 tenha a seguinte redação:

> "Art. 928. O incapaz responde pelos prejuízos que causar, observado o disposto no art. 932 e no parágrafo único do art. 942."

A justificativa para a alteração é exatamente o conflito que o Código Civil criou entre os artigos 928 e o 942, parágrafo único. Se aprovada a alteração, desaparece do ordenamento a subsidiariedade e permanece apenas a solidariedade entre o incapaz e seu representante.

Explica Ricardo Fiuza que estabelecer expressamente a responsabilidade civil do incapaz representa notável avanço e está de acordo com os mais modernos e festejados diplomas legais do mundo (v. CC alemão, § 829, CC francês, art. 489-2, CC português, art. 489, e CC italiano, art. 2.047, alínea 2).[35]

Haveria claro benefício à vítima do dano e facilitação no recebimento da indenização. A solidariedade estaria garantida para todas as hipóteses previstas no artigo 932, ou

---

[35] FIUZA, Ricardo. *O novo Código Civil e as propostas de aperfeiçoamento*, p. 115.

seja, para todos os casos de responsabilidade por fato de terceiro, seja ele capaz ou não.

O voto do relator, deputado Vicente Arruda, é pela rejeição de grande parte das emendas sugeridas pelo Deputado Fiuza. Explica o deputado relator que

> "se deixo de acolher a grande maioria, não o faço, como poderia parecer aos mais desavisados, em virtude da pessoa do relator, por quem tenho grande apreço e consideração e em quem se nota grande esforço para fazer do Código Civil uma obra memorável; mas em virtude de posições jurídicas por mim adotadas e muito bem expressas por Miguel Reale, quando então Supervisor da Comissão Revisora e Elaboradora do Código Civil em sua Exposição de Motivos ao Ministro de Estado da Justiça, a qual a seguir transcrevo: 'Intimamente ligado ao problema da linguagem é o da manutenção, no Anteprojeto, como já foi salientado, de centenas de artigos do Código Civil vigente. Ao contrário do que poderia parecer, a um juízo superficial, o Código de 1916, não obstante ter mais de meio século de vigência, conserva intactas, no fundo e na forma, soluções dotadas de vitalidade atual, que seria erro substituir, só para atender ao desejo de uma redação 'modernizada'.
>
> A modernidade de um preceito não depende tão-somente da linguagem empregada, a não ser quando ocorreram mutações semânticas, alterando a acepção original. Em casos que tais impunha-se a atualização do texto, e ela foi feita com critério e prudência. Fazer alteração numa regra jurídica, por longo tempo trabalhada pela doutrina e pela jurisprudência, só se justifica quando postos em evidência os seus equívocos e deficiências, inclusive de ordem verbal, ou então, quando não mais compatíveis com as necessidades sociais presentes. De outra forma, a alteração gratuita das palavras poderia induzir, erroneamente, o intérprete a buscar um sentido novo que não estava nos propósitos do legislador'".[36]

---

[36] Disponível em: <http://www2.camara.gov.br/proposicoes>. Acesso em: 2 jan. 2005.

No tocante à sugerida alteração do artigo 928, opina o relator pela sua rejeição, sob o argumento de que a proposta suprime a oração "se as pessoas por ele responsáveis não tiverem obrigação de fazê-lo", o que acarreta sérias conseqüências, por exemplo, no tocante aos pródigos (o art. 1.782 só retira deles a capacidade de emprestar, transigir, dar quitação, alienar, hipotecar, demandar ou ser demandado).

Note-se que a razão da rejeição do Projeto nº 6.960 com relação à indenização pelo incapaz não trata da antinomia criada pelo Código Civil, nem mesmo faz alusão à questão da inexistência da limitação de seu valor. Cuida exclusivamente da questão dos pródigos, sem sequer explicá-la.

Atualmente, o Projeto, que conta com o parecer de aprovação parcial[37] do Deputado Vicente Arruda na Comissão de Constituição e Justiça, está na Mesa Diretora da Câmara dos Deputados (desde 23/11/2005).

Não parece adequada a simples alteração do *caput* do artigo 928, tal como a proposta contida no Projeto nº 6.960. Isso porque a responsabilidade subsidiária do incapaz, em razão de sua ausência de discernimento, é a que parece mais adequada ao sistema.

Conforme explicado quando da análise dos fundamentos constitucionais da responsabilidade civil, a subsidiariedade atende perfeitamente ao princípio da dignidade da pessoa humana. A responsabilidade primária é daquele com discernimento (representante legal) e, se este não tiver dever de indenizar ou condições econômicas para isso, surge a responsabilidade do incapaz (subsidiária).

---

[37] O parecer é datado de 3 de fevereiro de 2004.

O Projeto nº 6.960, que hoje tramita sob o número 276/07, tal como elaborado, representa grande retrocesso ao sistema indenizatório.

6.6 CONCLUSÃO DO CAPÍTULO

Há evidente antinomia entre as disposições do artigo 928 e 942, parágrafo único, do Código Civil em relação à responsabilidade civil do incapaz e dos seus representantes.

Isso porque, entre as normas em comento, há incompatibilidade; esta gera ao julgador indecidibilidade, e as duas normas imputam ao caso concreto soluções incompatíveis.

Se por um lado o artigo 928 do Código Civil dispõe que o incapaz responde pelos prejuízos que causar, se as pessoas por ele responsáveis não tiverem obrigação de fazê-lo ou não dispuserem de meios suficientes, criando a responsabilidade subsidiária do incapaz, por outro lado, o artigo 942 do mesmo diploma indica que são solidariamente responsáveis com os autores os co-autores e as pessoas designadas no artigo 932, ou seja, os incapazes e seus representantes.

Solidariedade e subsidiariedade não são conceitos opostos, pois enquanto a solidariedade se opõe à divisibilidade, a subsidiariedade se opõe à primariedade, mas os seus efeitos são incompatíveis entre si. Isso porque, havendo solidariedade passiva, o credor tem o direito de exigir e de receber de um ou de alguns dos devedores, parcial ou totalmente, a dívida comum (CC, art. 275). Cabe ao credor o direito de escolha de quem demandar e de quanto demandar. Por conseqüência, o fato de o devedor solidário tornar-se insolvente é irrelevante, já que o credor pode cobrar o valor integral da dívida dos outros devedores. Em caso de subsidiariedade, o devedor subsidiário poderá indicar bens do devedor principal para o adimplemento da dívida, antes de ver seu patrimônio constrito. Assim, o devedor subsidiário pode se opor à agressão dos bens penhoráveis que integram o seu patrimônio, enquanto não tiverem sido executados todos os bens do devedor principal.

Enquanto se aplica o artigo 928, grandes vantagens terá o incapaz, pessoa inimputável. Se aplicado o artigo 942 e a solidariedade, a vantagem será enorme para a vítima.

Trata-se de clara antinomia que retira do sistema a operabilidade. A inoperabilidade significará pouca ou nenhuma utilização da norma jurídica em decorrência da incompreensão por seu aplicador.

Como a antinomia é apenas aparente, e não real, pode ser essa resolvida por um dos critérios, qual seja, o da especialidade. Lei especial derroga lei geral. O artigo 928 é regra especial se comparado ao artigo 942, parágrafo único, porque este dispositivo trata de todas as hipóteses de responsabilidade por fato de terceiro previstas no artigo 932, e aquele cuida apenas dos incapazes.

Entretanto, deve-se ressaltar que havendo mais de um responsável (o pai e a mãe) entre eles haverá solidariedade por força do artigo 942.

Em conclusão, o artigo 942, parágrafo único, do Código Civil, deve ser lido da seguinte maneira: são solidariamente responsáveis com os autores os co-autores e as pessoas designadas no artigo 932, salvo se o causador do dano for pessoa absoluta ou relativamente incapaz, hipótese em que a responsabilidade dos incapazes é subsidiária.

7
Questões processuais

7.1 INTRODUÇÃO

Decidido que a responsabilidade civil do incapaz é realmente subsidiária e não solidária, problemas surgem no tocante ao direito processual, ou seja, a forma pela qual a vítima pretenderá receber a sua indenização, bem como a efetivação da responsabilidade do incapaz. É a busca pela operabilidade do dispositivo no campo processual que se faz necessária.

A busca da operabilidade é uma das principais funções do estudioso do Direito e o Código Civil a tem como princípio. Afirma Miguel Reale que a atual codificação assenta-se em três princípios: a eticidade, a socialidade e a operabilidade.[1]

---
[1] REALE, Miguel. *Visão geral do novo Código Civil*, 2004, p. 13. Eticidade significa a adoção de cláusulas gerais, conceitos abertos que permitam ao julgador realizar a justiça no caso concreto. Assim, afasta-se da noção do juiz como mera *bouche de la loi*, para a noção do juiz como pessoa apta a efetivar os princípios e transformá-los em decisões. Em razão da eticidade, há no Código a possibilidade de decisão por eqüidade (art. 413, art. 944), a adoção

De nada adiantaria a solução dos problemas decorrentes do Código Civil no tocante à indenização pelo incapaz se, no campo processual, a vítima não dispusesse de instrumentos para ver atendida a sua pretensão ressarcitória.

De início, percebe-se que haverá nítida contradição de interesses entre o representante legal e o próprio incapaz. Isso porque só surge a responsabilidade pessoal e direta do incapaz se não se verificar a responsabilidade indireta do representante. Nesse contexto de conflito de interesse, cabe a verificação da participação do curador especial e do Ministério Público.

Mas, ainda, a questão processual merece melhor análise. Tratando-se de subsidiariedade, há algumas questões relevantes a serem estudadas. A primeira questão a ser respondida é se poderia a vítima demandar contra o incapaz e seu representante ou apenas contra o último, já que a responsabilidade do incapaz é subsidiária.

Caso a resposta seja negativa, tendo em vista que a pretensão para a reparação civil prescreve em 3 anos (CC, art. 206, § 3º), grande risco correria a vítima de demandar apenas o representante legal, e, sendo decidida sua irresponsabilidade, ver prescrita a pretensão em face do incapaz. Isso porque a propositura de ação em face do incapaz não tem o condão de interromper a prescrição em relação ao representante e vice-versa.

---

da boa-fé objetiva (art. 422) e da função social do contrato (art. 421), bem como a vedação expressa ao abuso de direito (art. 187). Socialidade significa a superação da visão egoísta e individualista dos Códigos ditos oitocentistas, buscando-se atender aos interesses da sociedade como um todo, em detrimento dos direitos dos particulares. Em razão da socialidade, os prazos para usucapião foram muito reduzidos e criou-se a chamada desapropriação indireta (CC, art. 1.228, § 4º).

Proposta a demanda apenas em face do representante, se julgada procedente, a vítima não terá tido qualquer espécie de prejuízo. Da mesma forma, se proposta diretamente a ação contra o incapaz, no caso em que este responda diretamente. O problema surge nos casos em que a ação é proposta contra quem não tem obrigação de responder, hipótese em que a ação será julgada improcedente.

Sendo possível demandar contra ambos, a dúvida que surge é se poderia a sentença determinar que ambos paguem a indenização.

A resposta às indagações passa pelo estudo do litisconsórcio passivo alternativo eventual.

7.2 PARTICIPAÇÃO DE CURADOR ESPECIAL E DO MINISTÉRIO PÚBLICO

O conflito de interesses entre o incapaz e seu representante no tocante à indenização é evidente.

Partindo-se da premissa pela qual a ação será proposta em face do incapaz e de seu representante, deve-se ressaltar que a responsabilidade do incapaz é subsidiária, conforme já explicado.

Sendo subsidiária, a responsabilidade direta do incapaz só surge se:

1. no caso *sub judice*, os representantes do incapaz não forem obrigados a indenizar a vítima; ou
2. os responsáveis que devem indenizar a vítima não tiverem meios suficientes para fazê-lo.

Será extremamente benéfico ao incapaz, na sua defesa, invocar a subsidiariedade de sua responsabilidade, evitando a constrição de bens e imolando apenas o patrimônio dos representantes.

Poderá, então, em sua defesa, invocar que, no caso concreto, o dever de indenizar é dos responsáveis (art. 928, Primeira Parte), o que o eximiria de pagar indenização. Note-se que há claro conflito de interesses entre o incapaz e seu representante. O primeiro terá interesse em que se verifique situação na qual o último indeniza e vice-versa.

Diante do confronto de interesses, caberá ao juiz nomear o chamado curador especial (CPC, art. 9º, I), cuja função precípua será a de salvaguardar os interesses do incapaz diante da colisão. A função deste curador é clara, pois representa o incapaz com plenitude.[2]

O curador exerce a função que exerceria qualquer advogado no curso da demanda para defender os interesses de seu cliente. Não é necessariamente um membro do Ministério Público, mas nada impede que o juiz nomeie um promotor. Determina a lei que, se na comarca houver representante judicial de incapazes, a este competirá a função de curador especial (CPC, art. 9º, parágrafo único). Geralmente, a função é exercida por um advogado de confiança do juiz ou por membro da Defensoria Pública.[3]

---

[2] "O curador *ad litem*, inclusive quando representante do MP, representa com plenitude a parte (quer demandada quer demandante) considerada merecedora de especial tutela jurídica, cabendo-lhe impugnar as decisões judiciais tanto mediante recursos, como utilizando ações autônomas de impugnação, tais como mandado de segurança contra ato judicial" (*RSTJ* 46/521). O curador especial pode reconvir (*Revista dos Tribunais* 70/81, *JTJ* 101/100), argüir prescrição (STJ, 4ª T., REsp 9.961-SP), recorrer (*RSTJ* 47/272) e oferecer embargos à execução.

[3] A grande maioria das comarcas ainda não tem tal órgão.

A nomeação do curador especial ao incapaz não se confunde com a presença do advogado a quem será outorgado o mandato. Sempre será necessária a presença do advogado constituído nos autos, mesmo que ocorra a nomeação de curador especial. Se a incapacidade for relativa, a procuração será outorgada pelo incapaz com a assistência de seu representante e terá forma pública. Se a incapacidade for absoluta, a procuração será outorgada pelo representante e poderá ter forma particular.

Há casos em que o legislador processual entende necessária a nomeação de curador especial a uma das partes e sua função será tipicamente processual, ou seja, defender os interesses da parte em determinado processo e nada mais, já que sua atuação não se estende ao plano de direito material nem a outros processos.[4]

A ausência de nomeação de curador especial nos casos exigidos por lei deve acarretar a nulidade processual.[5] Isso porque fere a noção do procedimento regular como

---

[4] BEDAQUE, José Roberto dos Santos. Comentário ao artigo 9º do CPC. In: MARCATO, Antonio Carlos (Coord.). *Código de Processo Civil interpretado*. São Paulo: Atlas, 2004. p. 65.
[5] "RECURSO ESPECIAL. PROCESSUAL CIVIL. LITISCONSORTE. REVEL. NECESSIDADE DE CURADOR ESPECIAL. NULIDADE. I – TENDO SIDO CITADA POR EDITAL A ESPOSA 'OFICIAL' DO *DE CUJUS* (LITISCONSORTE PASSIVA NECESSÁRIA), E DEIXADO DE SE PROCEDER A REGRA INSCULPIDA NO ART. 9, II, CPC, A NULIDADE DO PROCESSO ERA EVIDENTE, NÃO HAVENDO SE FALAR NA ALEGADA VIOLAÇÃO. – RECURSO IMPROVIDO" (STJ, REsp 56.961/RJ, rel. Ministro José Arnaldo Da Fonseca, 5ª T., julgado em 3.4.1997, *DJ* 26.5.1997, p. 22.553.)
"EMENTA: CITAÇÃO COM HORA CERTA – RÉU REVEL – AUSÊNCIA DE NOMEAÇÃO DE CURADOR ESPECIAL (CPC, ART. 9º, II) – CONSEQÜÊNCIA. O juiz dará curador especial ao réu revel citado com hora certa (CPC, art. 9º, II). Se não o fizer, partindo para o imediato julgamento do feito, a conseqüência será a nulidade do processo" (TAC/MG, Apelação Cível nº 379.712-8, rel. Beatriz Pinheiro Caires, 12/12/2002).

corolário do devido processo legal garantido pela Constituição Federal.[6]

A presença do curador especial não significa que a participação do Ministério Público estaria dispensada. Pelo contrário, a presença do Ministério Público é essencial (art. 82, I). A função do Ministério Público, mais que simplesmente zelar pela correta aplicação da lei em total desvinculação aos interesses do incapaz, é cuidar dos interesses deste.

A posição vinculada ao interesse do incapaz é que melhor atende ao objetivo da lei. Não se pode entender que o membro do Ministério Público possa atuar contra o incapaz, pois, se o legislador exigiu sua presença, este o fez para que o interesse do incapaz seja defendido com mais zelo.[7]

Cabe ao promotor desenvolver sua atividade processual de forma a ajudar o incapaz, envidando todos os seus esforços para que os fatos alegados por este fiquem demonstrados.[8]

A função do Ministério Público nessas causas é de vigilância, para suprir eventual falha na defesa dos interesses dos incapazes, cabendo-lhe velar pela exata observância das normas legais editadas para a proteção do incapaz, verificando se estão sendo corretamente representados ou assistidos. Pode e deve, ainda, reprimir ou prevenir qualquer ato fraudulento ou malicioso praticado no processo para lesar interesses do incapaz.[9]

---

[6] NERY JUNIOR, Nelson. *Princípios do processo civil na Constituição Federal.* 8. ed. São Paulo: Revista dos Tribunais, 2004. p. 61.
[7] BEDAQUE, José Roberto dos Santos. *Comentário ao artigo 9º do CPC*, p. 209.
[8] BEDAQUE, José Roberto dos Santos. *Comentário ao artigo 9º do CPC*, p. 210.
[9] BARBI, Celso Agrícola. *Comentários ao Código de Processo Civil.* 10. ed. Rio de Janeiro: Forense, 1999. v. I, p. 281.

Nessa situação, o Ministério Público atua na qualidade de *custos legis*, e apresenta-se como sujeito especial do processo ou procedimento, mas atua em nome próprio.[10] Existe uma complementação nas funções do Ministério Público e do curador especial do incapaz, e o que se busca é a proteção da parte hipossuficiente. Interessante notar que o promotor pode requerer a nomeação de curador especial e que, se não atendido, pode recorrer da decisão.

Emblemática foi a decisão proferida pelo extinto Tribunal de Alçada de Minas Gerais em caso em que o Ministério Público pediu o reconhecimento de nulidade do processo em razão da ausência de curador especial durante a instrução probatória e obteve êxito diante do claro conflito entre pessoa menor e sua genitora. Isso porque, no caso em questão, a mãe cassou os poderes do advogado que representava sua filha e os concedeu ao advogado que era parte autora daquela demanda de cobrança de honorários, passando o autor a representar a ré menor e incapaz. Assim se manifestou o promotor de justiça:

> "Com efeito, a respeito do julgamento primeiro desfavorável da ação para o direito material da menor, em sede recursal, sua representante legal, em petição assinada pela própria (fls. 150), apresenta desistência do recurso interposto, acompanhada de instrumento contratual e mandato recém-outorgado ao próprio apelado, profissional que milita em causa própria nestes autos (fls. 151/153). Ora, de clareza amazônica que os interesses da menor estão a ser violentamente confrontados pelo exercício do pátrio poder da representante legal, colocando em situação de risco seus eventuais direitos de ação."[11]

---

[10] THEODORO JÚNIOR, Humberto. *Curso de processo civil*. 15. ed. Rio de Janeiro: Forense, 2003. v. 1, p. 151.
[11] "EMENTA: AUTOR MENOR, ABSOLUTAMENTE INCAPAZ – CONFLITO DE INTERESSES ENTRE O REPRESENTANTE E O INCAPAZ – AUSÊNCIA DE NOMEAÇÃO DE CURADOR – INTERVENÇÃO NECESSÁRIA.

Por força de lei, são nulos todos os atos processuais praticados no processo quando não houver a intimação do Ministério Público (CPC, art. 84). A nulidade atingirá todo o processo se a falta de intimação deu-se no início, pois, caso ocorra posteriormente, a nulidade será no momento em que se verificou a falta de intimação, nos termos do artigo 246, parágrafo único, do Código de Processo Civil.

Assim, ocorrendo ação de indenização contra pessoa incapaz, deverá o juiz nomear um curador especial para a defesa de seus interesses, bem como determinar a intimação do Ministério Público para participar do feito. A ausência de um destes acarretará a nulidade do processo.

7.3 LITISCONSÓRCIO PASSIVO, FACULTATIVO SIMPLES E ALTERNATIVO EVENTUAL

Superada a questão da participação do curador especial e do Ministério Público na demanda de indenização movida contra pessoa incapaz, cabe o estudo da problemática em torno do pólo passivo da demanda indenizatória.

Em razão da subsidiariedade da responsabilidade, o que se discute é se a demanda poderia ser proposta em face do incapaz e de seu representante e como seriam fixados os limites da responsabilidade de cada um.

Havendo interesse de incapaz, impõe-se a intervenção do Ministério Público, nos exatos termos do artigo 82, inc. I, do Código de Processo Civil. – Constatada a existência de conflito de interesses entre o menor absolutamente incapaz e seu representante legal, ou o pouco discernimento daquele em relação aos atos jurídicos praticados, mister se faz a nomeação de um Curador, para acompanhamento do feito, devendo-se anular o processo e nomear-se curador especial para o menor, na forma da lei. – Preliminar suscitada pelo Ministério Público, acolhida e nulidade do processo decretada" (TAC/MG, Apelação Cível nº 410.636-1, Juiz Relator Pereira da Silva, 1º/2/2005).

A solução processual que se aventa decorre do instituto do litisconsórcio.

Chama-se litisconsórcio a presença no mesmo procedimento de várias pessoas na posição de autores (litisconsórcio ativo) ou de réus (litisconsórcio passivo), ou de autores de um lado e réus de outro (litisconsórcio misto).[12]

Normalmente, o que permite reunir vários autores ou chamar vários demandados em juízo é a existência afirmada de uma relação jurídica substancial com elementos comuns a vários sujeitos, dando lugar a uma conexão jurídica entre as diferentes demandas propostas por esses sujeitos ou contra eles.[13]

No caso do incapaz, a relação jurídica entre ele e seu representante funda-se na idéia de risco dependência, conforme já exposto, do qual decorre a responsabilidade objetiva e indireta do segundo quanto aos atos praticados e os danos causados pelo primeiro.

O litisconsórcio pode ser:[14]

1. Quanto ao momento de sua formação, inicial ou ulterior, conforme ele se constitua com a propositura da ação ou posteriormente.

2. Quanto à obrigatoriedade ou não de sua formação, necessário ou facultativo, tendo em vista a liberdade que a lei defere ao autor em formá-lo ou não. No facultativo, pode trazer só um réu a

---

[12] CHIOVENDA, Giuseppe. *Principios de derecho procesal civil*. Madrid: Reus, 2000.
[13] CHIOVENDA, Giuseppe. *Principios de derecho procesal civil*. Madrid: Reus, 2000.
[14] ALVIM, Arruda José. *Manual de processo civil*: processo de conhecimento. 9. ed. São Paulo: Revista dos Tribunais, 2003. v. 2, p. 77.

juízo (sem se formar litisconsórcio), ou mais de um, formando-se o litisconsórcio. No necessário (simples ou unitário), o autor é obrigado a demandar contra todos que sejam litisconsortes. Na última hipótese, a ausência da pluralidade subjetiva leva à ineficácia da sentença; no facultativo, isso não ocorre, pois pode o litisconsórcio ser formado ou não, todavia atingir-se-á somente quem tenha sido parte.

3. Quanto à sorte no plano do direito material, simples ou unitário, tendo em vista o conteúdo da decisão quanto a cada um dos litisconsortes, será unitário o litisconsórcio quando a demanda for decidida de forma idêntica para todos aqueles que forem de um mesmo pólo da relação processual. Assim, será simples se as decisões puderem ser diferentes para cada um dos litisconsortes.

Em relação à responsabilidade dos representantes e do incapaz, haverá na demanda um litisconsórcio facultativo, pois pode a vítima do dano propor demandas distintas contra o incapaz ou seu representante, não sendo necessário, para a condenação de um dos réus, a presença do outro no pólo passivo.

No caso concreto, se a vítima demandar apenas o representante, provando que este tem a obrigação de indenizar e que dispõe de meios suficientes para tanto, a ação será julgada procedente, sem a necessidade da presença do incapaz no pólo passivo da demanda. Por outro lado, se a vítima demandar apenas o incapaz, provando que o representante não tem a obrigação de indenizar ou que não dispõe de meios suficientes para tanto, a ação será julgada procedente, sem a necessidade da presença do representante no pólo passivo da demanda. Daí concluir-se que o litisconsórcio não é necessário.

Em relação ao plano do direito material, o litisconsórcio será simples e não unitário. Em determinadas situações, admite-se que a decisão seja idêntica para o representante e para o incapaz. Dessa maneira, se restar provada alguma das excludentes de responsabilidade civil que farão desaparecer o nexo causal entre o ato praticado pelo incapaz e o dano experimentado pela vítima, não haverá dever de indenizar nem dos representantes (indireta e primariamente) nem do incapaz (direta e subsidiariamente).

Em outras situações, todavia, a decisão será necessariamente diversa para os litisconsortes. Caso o representante seja condenado a indenizar (procedência da ação), não será o incapaz, que só responde subsidiariamente (improcedência da ação). Já se não houver responsabilidade do representante (improcedência da ação), responderá o incapaz (procedência da ação).

Caracterizado está o litisconsórcio simples.

O artigo 46 do Código de Processo Civil traz as hipóteses em que se admite litisconsórcio. Assim, duas ou mais pessoas podem litigar, no mesmo processo, em conjunto, ativa ou passivamente, quando entre elas houver comunhão de direitos ou de obrigações relativamente à lide; quando os direitos ou as obrigações derivarem do mesmo fundamento de fato ou de direito; quando entre as causas houver conexão pelo objeto ou pela causa de pedir; e quando ocorrer afinidade de questões por um ponto comum de fato ou de direito.

É de se indagar qual das situações legais permite à vítima que se utilize do litisconsórcio passivo facultativo e simples entre o incapaz e seus representantes.

O inciso II do artigo 46 do Código de Processo Civil, que cuida das obrigações que derivam do mesmo fundamento de fato ou de direito, permite o litisconsórcio. Certamente, os deveres de indenizar, tanto do incapaz quanto do representante, decorrem do mesmo fato: o dano causado pelo incapaz.

Nas palavras de Arruda Alvim, os fundamentos de fato constituem-se em parte da *causa petendi*, pois esta se define como o conjunto de fatos e de direitos ("fundamentos jurídicos") que embasam uma pretensão.[15]

Note-se que as hipóteses de litisconsórcio admitidas em lei seguem uma linha decrescente. Elas saem do maior ponto de tensão (comunhão – solidariedade) até o mais tênue deles (afinidade de questões). Este último só existe por uma questão de economia processual.

Ora, se o legislador permitiu tal faculdade por ter consciência da importância da efetividade do processo e de sua celeridade, indubitavelmente, uma relação jurídica substancial como é a do incapaz com o seu responsável merece ser incluída no sistema do litisconsórcio, uma vez que contempla a *ratio essendi* do instituto (ou seja, é uma relação jurídica substancial, prevista em lei, entre duas pessoas que atuarão em um mesmo pólo de uma demanda, cujos fundamentos de fato e de direito são iguais, ainda que em diferentes modos).

Conforme o estudado até o momento, pode-se afirmar que o litisconsórcio entre o incapaz e seu responsável será passivo facultativo e simples.

Mas há um outro problema a ser resolvido. A responsabilidade do incapaz é subsidiária e não primária, só surgindo se excluída a responsabilidade do representante ou se

---

[15] ALVIM, Arruda José. *Manual de processo civil*, p. 84.

este não dispuser de bens para indenizar. Quando da propositura da demanda, terá a vítima dúvida sobre quem efetivamente seja o devedor da indenização.

A dúvida é razoável, pois, conforme explicado no capítulo anterior, muitas são as variáveis que podem excluir o dever de indenizar dos representantes legais dos incapazes.

Há situações em que o autor da demanda, tendo dúvida razoável sobre a identificação do sujeito legitimado passivamente, dispõe da faculdade de incluir dois ou mais réus em sua demanda, com o pedido de que a sentença se endereçe a um ou outro conforme venha a resultar da instituição do processo e da convicção do juiz.[16] Assim, o autor fará a denunciação da lide já ao propor a demanda inicial do processo (art. 70), com o que instituirá um litisconsórcio alternativo eventual, a saber, ele pede prioritariamente uma medida em face do réu e, em caráter subsidiário e eventual, a condenação do responsável a ressarcir.[17]

É exatamente o que se verifica na hipótese de responsabilidade subsidiária: o pedido de indenização será endereçado primariamente ao responsável e subsidiariamente ao incapaz. Nas palavras de Cândido Rangel Dinamarco, a vítima, autora da demanda, instituirá um litisconsórcio alternativo eventual, no qual pedirá, prioritariamente, a indenização do representante legal e em caráter subsidiário e eventual do próprio incapaz.

A eventualidade é bastante clara, pois só será atingido o patrimônio do próprio incapaz se (eventualmente) a res-

---

[16] DINAMARCO, Cândido Rangel. *Instituições de direito processual civil*. 4. ed. São Paulo: Malheiros, 2004. v. 3, p. 363.
[17] DINAMARCO, Cândido Rangel. *Instituições de direito processual civil*, p. 407. Segundo Cândido Rangel Dinamarco, essa solução doutrinária vem da escola processualista civil italiana, como Enrico Allorio.

ponsabilidade não for do representante ou este não dispuser de meios suficientes.

Segundo Cândido Rangel Dinamarco, a admissibilidade do litisconsórcio alternativo é acima de tudo franqueada pela liberdade de demandar, que a Constituição Federal assegura amplamente mediante a garantia do direito de ação (art. 5º, inc. XXXV). Faltaria somente a familiarização dos operadores processuais brasileiros com esse instituto.[18]

O artigo 928 do Código Civil dá a oportunidade de familiarização com o instituto. A solução torna operável a norma de direito material e permite à vítima que supere os inconvenientes de demandar, primeiro, os representantes do incapaz e, em caso de improcedência da demanda, após alguns anos, ver-se obrigada à propositura de nova ação em face do incapaz.

O litisconsórcio alternativo resolve-se rigorosamente em um cúmulo alternativo de demandas, expressamente admitido pela lei brasileira (CPC, art. 28). Cúmulo eventual é a reunião de dois ou mais pedidos em uma só iniciativa processual, com manifestação de preferência por um deles. Mas é uma alternatividade qualificada pela eventualidade do segundo pedido que se deduz, de modo que este só será apreciado em caso de o princípio ser acolhido.

O não-acolhimento, que autoriza conhecer o segundo pedido, pode ser pela improcedência do primeiro ou pela declaração de sua inadmissibilidade (carência de ação etc.). Em caso de ser provido o pedido prioritário, fica prejudicado o eventual e não será julgado por ausência de interesse processual. O caráter eventual dessa alternatividade distingue-se da alternatividade ordinária, pela escolha prioritária

---

[18] DINAMARCO, Cândido Rangel. *Instituições de direito processual civil*, p. 363.

manifestada pelo autor. Não existe, como lá, a indiferença deste quanto aos resultados. Por isso, a rejeição do pedido prioritário e a procedência do eventual não têm o efeito de procedência integral da demanda, mas parcial: o autor tem legítimo interesse recursal em pedir aos órgãos jurisdicionais superiores o provimento do pedido de procedência.[19]

Tratando-se de responsabilidade do incapaz, a alternatividade[20] é qualificada pela eventualidade. Não haverá preferência da vítima quanto aos pedidos indenizatórios deduzidos em face do representante e do próprio incapaz. O pedido principal ou prioritário é aquele deduzido em face dos representantes, e o subsidiário será deduzido em face do incapaz.

Caso haja rejeição do pedido de indenização formulado contra o representante e procedência do pedido formulado contra o incapaz, haverá possibilidade de o autor da ação recorrer da decisão. Isso porque a indenização a ser obtida dos representantes é, em regra, integral, enquanto aquela a ser paga diretamente pelo incapaz é fixada com base na eqüidade, conforme exposto em Capítulo 5 (item 5.3.1.3). Em suma, no caso de procedência do pedido primário, o valor fixado pode ser maior, dependendo das circunstâncias do caso concreto, do que aquele fixado em caso de procedência do pedido secundário.

---

[19] DINAMARCO, Cândido Rangel. *Instituições de direito processual civil*, p. 171-172 e 363.

[20] Rodrigo Mazzei trata da questão do litisconsórcio sob o seguinte enfoque: "Feito o corte necessário no artigo 928 do Código Civil, a aplicação da *responsabilidade subsidiária mitigada*, prevista no parágrafo único do dispositivo, poderá ser perfeitamente alcançada mediante o uso do litisconsórcio sucessivo passivo. Para que se alcance o patrimônio do *incapaz*, a primeira ação voltada contra seu responsável deverá ser julgada, sendo a procedência do pedido e a verificação de patrimônio insuficiente por parte do responsável pelos *capítulos sentenciais* antecedentes à aplicação da regra do parágrafo único do artigo 928 do Código Civil" (Litisconsórcio sucessivo, breves considerações, inédito).

A conveniência do litisconsórcio parece inegável. Essa se justifica porque a partir dos vínculos oriundos do direito material avultam as finalidades das demandas conjuntas, representadas por dois vetores implicados reciprocamente: a economia e a harmonia do julgamento.[21]

Acrescenta-se, ainda, que o litisconsórcio aumenta, em muito, as chances da vítima ser efetivamente indenizada, sem correr os riscos de sofrer os danos que a natural demora processual poderia lhe causar,[22] em razão da possibilidade de prescrição da pretensão indenizatória, quer seja ela em face do incapaz, quer seja ela em face do representante.

O que sustenta o uso do litisconsórcio eventual são justamente esses princípios que refletem na efetividade do processo (em especial, a harmonia do julgamento), além do direito de reparação integral da vítima. Poder-se-ia dizer que diante da ótica do autor da demanda, os pressupostos que o sustentam são o do direito de ação e o da efetividade do processo, enquanto, na ótica do sistema como um todo, os pressupostos são o da economia processual e o da harmonia do julgamento.

Apesar dos argumentos favoráveis à adoção dessa espécie de litisconsórcio, Araken de Assis pondera as dificuldades do tema e afirma que a figura mais complexa de com-

---

[21] ASSIS, Araken; MARINONI, Luiz Guilherme (Coord.). *Do litisconsórcio no Código de Processo Civil*. São Paulo: Revista dos Tribunais, 2006. p. 552. Afirma o autor que é no plano do direito material que se justifica o instituto, em razão dos nexos vinculados pelos litisconsortes no processo simultâneo e, principalmente, da forma pela qual se combinam tais ações *in simultaneo processu* (p. 553).

[22] Bem frisa Augusto Morello que o custo adicional que consome o emaranhado processual e o esgotamento de suas diversas fases estruturais, para se conseguir a sentença e, logo, a sua execução, é de sobremaneira oneroso (MORELLO, Augusto M. *La eficacia del proceso*. 2. ed. Buenos Aires: Hammurabi, 2002. p. 18).

binação das ações, no litisconsórcio voluntário, aparece nos cúmulos eventual e alternativo. A ambivalência dessas espécies sequer permite exame apartado. Elas podem acontecer no pólo ativo ou passivo e baseiam-se, confessadamente, em dúvidas dos litisconsortes quanto à respectiva legitimidade. Como se vê *a priori*, no tocante à legitimidade, quer ativa, quer passiva, o litisconsórcio se forma nessa pressuposição, propondo-se que o juiz a resolva *a posteriori*.[23]

Conclui o autor que o litisconsórcio em foco suscita resistências em outros sistemas jurídicos, mas tudo recomenda a admissibilidade dessas figuras nada ortodoxas de litisconsórcio. São acontecimentos banais as questões acerca da legitimidade exigirem prolongada investigação e, às vezes, resolução segura somente se alcança mediante deliberação do juiz, mesmo porque, propostas separadamente as ações, os processos acabariam reunidos por conexão (art. 105).[24]

Essa é a conclusão a que se chega. A figura é útil e não há motivos jurídicos suficientemente convincentes para não adotá-la.

Não se pode perder de vista que o objetivo do estudo do processo neste trabalho é garantir a operabilidade do sistema, também em matéria processual, permitindo à vítima que se utilize dos instrumentos formais aptos a garantir sua indenização.

Nesse sentido, contundente é a lição de Diéz-Picazo pela qual um ordenamento jurídico não pode ficar reduzido a uma pura expressão abstrata formal, contida em outras normas legais, pois é, antes de mais nada, uma realidade vi-

---

[23] ASSIS, Araken; MARINONI, Luiz Guilherme. *Do litisconsórcio no Código de Processo Civil*, p. 555.
[24] ASSIS, Araken; MARINONI, Luiz Guilherme. *Do litisconsórcio no Código de Processo Civil*, p. 556.

tal, algo que quotidianamente se realiza: em definitivo uma determinada maneira de ordenar conflitos heterogêneos de interesses que, entre os homens, produz sua coexistência no mundo.

O frio dogmatismo e o positivismo legalista de nossos esquemas conceituais têm de ser, de alguma maneira, revitalizados. Está o jurista teórico demasiadamente a operar sobre preceitos legais, quase exclusivamente, e a montar sobre eles brilhantes estruturas institucionais, esquecendo-se, com freqüência, que tanto os preceitos como as construções realizadas sobre eles não são outras coisas senão instrumentos dos quais se serve para resolver com justiça, em cada caso concreto, particulares conflitos de interesses.[25]

Assim é que o princípio da efetividade do processo deve ser encarado como um poder-dever do Estado-juiz, cuja negação constitui uma verdadeira negação da justiça.

7.4 CONCLUSÃO DO CAPÍTULO

De nada adiantaria a solução dos problemas decorrentes do Código Civil no tocante à indenização pelo incapaz se, no campo processual, a vítima não dispusesse de instrumentos para ver atendida a sua pretensão ressarcitória.

A operabilidade significa dar efetividade ao sistema criado pelo direito material, o que, por óbvio, passa pela verificação da matéria processual.

Quanto ao objeto do estudo, três são as principais questões que devem ser salientadas quanto à matéria processual.

---

[25] MORELLO, Augusto M. *La eficacia del proceso*, p. 18.

A primeira é que diante do confronto de interesses, em matéria de reparação civil, entre o incapaz e seu representante, caberá ao juiz nomear o chamado curador especial (CPC, art. 9º, I), cuja função precípua será a de salvaguardar os interesses do incapaz diante dessa colidência. Sua função será tipicamente processual, ou seja, defender os interesses do incapaz no processo indenizatório e nada mais, já que sua atuação não se estende ao plano de direito material nem a outros processos. A ausência de nomeação gerará nulidade processual.

A segunda questão relevante é que a presença do Ministério Público é essencial (art. 82, I), e sua função, mais que simplesmente zelar pela correta aplicação da lei em total desvinculação aos interesses do incapaz, é cuidar dos interesses deste, para suprir eventual falha na defesa dos incapazes, cabendo-lhe velar pela exata observância das normas protetivas editadas.

A terceira e última questão diz respeito ao litisconsórcio que se formará entre o incapaz e seu representante. Em relação à responsabilidade dos representantes e do incapaz, haverá na demanda um litisconsórcio facultativo, pois pode a vítima do dano propor demandas distintas contra o incapaz ou seu representante, não sendo necessária, para a condenação de um dos réus, a presença do outro no pólo passivo. Além de facultativo, será simples, pois as decisões não serão necessariamente idênticas quanto ao incapaz ou ao representante.

Por fim, trata-se de litisconsórcio alternativo eventual, pois só será atingido o patrimônio do próprio incapaz se (eventualmente) a responsabilidade não for do representante ou este não dispuser de meios suficientes.

O litisconsórcio aumenta em muito as chances de a vítima ser efetivamente indenizada, sem correr os riscos de sofrer os danos que a natural demora processual poderia lhe causar, em razão da possibilidade de prescrição da pretensão indenizatória, quer seja ela em face do incapaz, quer seja ela em face do representante.

O mecanismo exposto atende, então, aos princípios constitucionais inspiradores da reparação civil.

Conclusão

Após as conclusões de cada um dos capítulos, que, na realidade, representam as conclusões parciais deste livro, cabe, finalmente, partindo-se da premissa contida na introdução, apresentar a conclusão final, sem que, com isso, novamente se reproduzam ou se resumam todas as idéias anteriormente apresentadas.

Partindo-se da premissa anteriormente exposta de que não cabe ao legislador o compromisso de oferecer ao cidadão um sistema completo e acabado, livre de contradições e claro por excelência, pode-se concluir que, no tocante à responsabilidade civil do incapaz e de seus representantes, o Código Civil deve ser interpretado como criador do sistema de responsabilidade pessoal do incapaz.

A criação deu-se de maneira inédita na História do Direito brasileiro, porque se estima a responsabilidade pessoal e direta do incapaz, mas de maneira subsidiária. De início, a responsabilidade integral recai sobre os representantes legais, independentemente de sua culpa. É a teoria do risco na modalidade dependência.

O abandono do vínculo, até então existente entre imputabilidade e culpabilidade, revela o interesse do legislador em garantir indenização à vítima, rompendo-se com princípios seculares pelos quais, inexistindo imputabilidade, a noção do certo ou do errado, o causador do dano não poderia ser responsabilizado.

Essa ruptura no sistema da reparação civil tem sua razão de ser. O incapaz não é mais considerado uma pessoa que deve ser isolada do convívio social (o menor preso dentro de sua casa e os doentes trancafiados em instituições). O incapaz deve e pode conviver com a sociedade de acordo com suas características e limitações, reconhecendo-se seu direito a uma vida digna e compartilhada.

Estimulando-se o convívio social, necessária seria a criação de regras prevendo a indenização pelos danos que o incapaz pudesse causar (responsabilidade direta e pessoal – art. 928), bem como impondo mais rigidez a seus representantes (responsabilidade objetiva – art. 933). É o convívio responsável.

O legislador pretende adotar uma situação equilibrada. Atende ao ditame constitucional que prevê a reparação do dano, seja ele moral ou material, cujo fundamento, sem dúvida, é a dignidade da pessoa humana.

Entretanto, o Código Civil ousou e foi além. Para garantir também a dignidade do agressor incapaz, previu que, quanto a ele, a indenização deve ser fixada de acordo com a eqüidade, de forma a não privá-lo do necessário à sua subsistência.

A conclusão a que se chega, com base nos antigos preceitos do Direito estampados no Título I das Institutas do Imperador Justiniano,[1] pelos quais se deve viver hones-

---

[1] As Institutas datam de 533 d. C.

tamente, não causar dano a outrem e dar a cada um o seu, é que o Código Civil, por meio do seu artigo 928, cumpre, exatamente, o último deles.

Dar a cada um o seu.[2] Sendo o incapaz causador do dano, pessoa detentora de capacidade financeira, será condenada subsidiariamente a indenizar a vítima. O dano será reparado e a vítima, pessoa que eventualmente tem menos capacidade financeira que o agressor, terá sua dignidade humana observada.

Se o agressor incapaz for pessoa de pouca ou nenhuma capacidade financeira, surgindo sua responsabilidade subsidiária, seu dever de reparar revelar-se-á previsão legal inócua. Mesmo tendo causado dano, este não será reparado, nos exatos termos do que acontecia no antigo Código Civil.

Por fim, a previsão legal quanto à responsabilidade direta e pessoal do incapaz acaba por se tornar verdadeira justiça distributiva.[3]

---

[2] § 3º, do Título I: *suum cuique tribuere*.
[3] A conclusão coincide exatamente com o que Rene David preconizava há décadas: "Está claro, por outro lado, que o direito vive numa crise [...] a idéia de justiça distributiva está em primeiro plano hoje em dia" (DAVID, René. *Les grand système de droit contemporains*, p. 67).

Referências

AGUIAR JR., Ruy Rosado (Org.). *Jornada de direito civil*. Brasília: Conselho de Justiça Federal, 2003.

ALARCÃO, Rui. *Direito das obrigações*. Coimbra: edição processada em computador por João Abrantes, 1983.

ALMEIDA COSTA, Mário Júlio de. Acórdão do STJ português de 25 de julho de 1978. *Direito das obrigações*. 9. ed., rev. e aum. Lisboa: Almedina, 2001.

ALSINA, Jorge Bustamante. *Teoría general de la responsabilidad civil*. 9. ed., ampl. y actual. Buenos Aires: Abeledo-Perrot, 1997.

ALTERINI, Atilio Aníbal. *Responsabilid civil, límites de la reparación civil*. 3. ed. Buenos Aires: Abeledo-Perrot, 1999.

ALVES, Alaôr Caffé. *Lógica*: pensamento formal e argumentação. Elementos para o discurso jurídico. 2. ed. São Paulo: Quartier Latin, 2002.

ALVES, João Luiz. *Código Civil da República dos Estados Unidos do Brasil*. 2. ed., rev. e aum. Rio de Janeiro: Saraiva, 1935. v. 1.

_____. *Código Civil da República dos Estados Unidos do Brasil*. 2. ed., rev. aum. Rio de Janeiro: Saraiva, 1935. v. 2.

ALVES, Jones Figueirêdo; DELGADO, Mario. *Questões controvertidas no direito de família e das sucessões*. São Paulo: Método, 2005. v. 3.

ALVIM, Agostinho. *Da inexecução das obrigações e suas conseqüências*. 3. ed. São Paulo: Saraiva, 1965.

ALVIM, Arruda José et al. *Código de defesa do consumidor comentado*. 2. ed. São Paulo: Revista dos Tribunais, 1995.

_____. *Manual de processo civil*: processo de conhecimento. 9. ed. São Paulo: Revista dos Tribunais, 2003. v. 2.

AMARAL, Francisco dos Santos; FRANÇA, Limongi (Coord.). *Enciclopédia Saraiva de Direito*. Responsabilidade civil. São Paulo: Saraiva, 1981.

ANCONA LOPEZ, Teresa. A presunção no direito, especialmente no direito civil. *RT*, São Paulo, v. 518, ano 67, p. 26-39, dez. 1978.

_____. *Nexo causal e produtos potencialmente nocivos*. 2001. Tese (Livre-docência) – Universidade de São Paulo, São Paulo.

_____. *O dano estético*: responsabilidade civil. 3. ed. São Paulo: Revista dos Tribunais, 2004.

_____. *Princípios dos contratos*. São Paulo: Quartier Latin (no prelo, 1. ed.).

ANTUNES, Henrique Sousa. *Responsabilidade civil dos obrigados à vigilância de pessoa naturalmente incapaz*. Lisboa: Universidade Católica Editora, 2000.

ARENDT, Hannah. Que é autoridade? In: ARENDT, Hannah. *Entre o passado e o futuro*. 5. ed. São Paulo: Perspectiva, 2000.

ASSIS, Araken; MARINONI, Luiz Guilherme (Coord.). *Do litisconsórcio no Código de Processo Civil*. São Paulo: Revista dos Tribunais, 2006.

AZEVEDO, Álvaro Villaça. Jurisprudência não pode criar responsabilidade objetiva, só a lei. Análise das Súmulas 341, 489 e 492 STF e 132 STJ. *RT*, São Paulo, v. 86, nº 743, p. 109-128, set. 1997.

_____. Responsabilidade civil I. In: FRANÇA, Limongi (Coord). *Enciclopédia Saraiva do Direito*. São Paulo: Saraiva, 1986, v. 65, p. 331-346.

AZEVEDO, Álvaro Villaça. *Teoria geral das obrigações*. 10. ed. São Paulo: Atlas, 2004.

_____; FRANÇA, Limongi (Coord.). *Enciclopédia Saraiva de Direito*. Responsabilidade civil. São Paulo: Saraiva, 1981. v. 65, p. 331-346 (Verbete: Responsabilidade civil I).

AZEVEDO, Antonio Junqueira de. Caracterização jurídica da dignidade da pessoa humana, *RTDC*, Rio de Janeiro, v. 2, nº 9, p. 3-24, 2002.

_____. *Negócio jurídico*: existência, validade e eficácia. 3. ed. rev. São Paulo: Saraiva, 2000.

_____. Responsabilidade civil dos pais. In: CAHALI, Yussef Said (Coord.). *Responsabilidade civil*: doutrina e jurisprudência. 2. ed. São Paulo: Saraiva, 1988.

BARBI, Celso Agrícola. *Comentários ao Código de Processo Civil*. 10. ed. Rio de Janeiro: Forense, 1999, v. I.

BARROSO, Lucas Abreu. Novas fronteiras da obrigação. In: DELGADO, Mário Luiz; ALVES, Jones Figueirêdo (Coord.). *Questões controvertidas*: responsabilidade civil. São Paulo: Método, 2006, v. 5 (Série Grandes Temas de Direito Privado).

_____. Situação metodológica e natureza jurídica do direito amazônico. In: CONGRESSO INTERNACIONAL DE DIREITO AMAZÔNICO, *Anais. Direito amazônico*: construindo o estado da arte. Boa Vista: ABLA; Instituto Gursen de Miranda, 2004, p. 62-82.

BEDAQUE, José Roberto dos Santos. Comentário ao artigo 9º do CPC. In: MARCATO, Antonio Carlos (Coord.). *Código de Processo Civil interpretado*. São Paulo: Atlas, 2004.

BERNARDES DE MELLO, Marcos. *Teoria do fato jurídico* (plano da existência). 7. ed. atual. São Paulo: Saraiva, 1995.

BETTI, Emilio. *Teoria geral das obrigações*. Tradução de Francisco José Galvão Bruno. Campinas: Bookseller, 2006.

BEVILÁQUA, Clóvis. *Código Civil dos Estados Unidos do Brasil*. 11. ed. Rio de Janeiro: Livraria Francisco Alves, 1958. v. 1.

BEVILÁQUA, Clóvis. *Código Civil dos Estados Unidos do Brasil*. 11. ed. Rio de Janeiro: Francisco Alves, 1958. v. 4.

BOBBIO, Norberto. *Teoria do ordenamento jurídico*. 10. ed. Brasília: Editora da Unb, 1997.

BREBBIA, Roberto H. La equidad en el derecho de daños. In: BUERES, Alberto José; CARLUCCI, Aída Kemelmajer (Coord.). *Responsabilidad por daños en el tercer milenio*. Buenos Aires: Abeledo Perrot, 1997.

CAHALI, Yussef Said. *Dano moral*. São Paulo: Revista dos Tribunais, 2004.

CANARIS, Claus-Wilhelm. *Direitos fundamentais e direito privado*. Coimbra: Almedina, 2003.

CANOTILHO, José Joaquim Gomes. *Estudos sobre direitos fundamentais*. Coimbra: Universidade de Coimbra, 2004.

CARVALHO FILHO, Milton Paulo de. *Indenização por eqüidade no novo Código Civil*. São Paulo: Atlas, 2003.

CAVALIERI FILHO, Sérgio. *Programa de responsabilidade civil*. 3 ed. São Paulo: Malheiros, 2005.

_____. Responsabilidade civil constitucional. *Revista Forense*, Rio de Janeiro, v. 95, nº 348, p. 197-203, 1999.

_____; MENEZES DIREITO, Carlos Alberto. *Comentários ao novo Código Civil*. Rio de Janeiro: Forense, 2004. v. 13.

CHAPUS, René. *Responsabilité publique et responsabilité privée*: les influences reciproque des jurisprudence administrative et judiciare. Paris: Librairie Général de Droit et Jusrisprudence, 1957.

CHIOVENDA, Giuseppe. *Principios de derecho procesal civil*. Madrid: Reus, 2000.

CICCO, Cláudio de. *Uma crítica idealista ao legalismo*. São Paulo: Cone, 1940.

CORDEIRO, António Menezes. *Da responsabilidade civil dos administradores das sociedades comerciais*. Lisboa: Lex, 1997.

CORDEIRO, António Menezes. *Tratado de direito civil português*. Coimbra: Almedina, 2003. t. 3.

COSTA, Mário Júlio de Almeida. *Direito das obrigações*. 9. ed., rev. e aum. Lisboa: Almedina, 2001.

CRETELLA JUNIOR, José. *Curso de direito romano*. Rio de Janeiro: Forense, 1968.

CURY, Munir. *ECA comentários jurídicos e sociais*. 6. ed., rev. e ampl. São Paulo: Malheiros, 2003.

DALLEGRAVE NETO, José Affonso. *Responsabilidade civil no direito do trabalho*. São Paulo: LTr, 2005.

DAVID, René. *Les grand système de droit contemporains*. 7. ed. Paris: Dalloz, 1978.

DELGADO, Mário Luiz; ALVES, Jones Figueirêdo. Controvérsia na sucessão do cônjuge e do convivente. Uma proposta de harmonização do sistema. In: DELGADO, Mário Luiz; ALVES, Jones Figueirêdo (Coord.). *Questões controvertidas no direito de família e sucessões*. São Paulo: Método, 2006. v. 3 (Série Grandes Temas do Direito Privado).

DEMOGUE, René. *Traité des obligations général*. Paris: Librairie Arthur Rousseau, 1923.

DIAS, José de Aguiar. *Responsabilidade civil*. 6. ed., rev. e aum. Rio de Janeiro: Forense, 1979. v. 2.

_____. *Responsabilidade civil*. 7. ed., rev. e aum. Rio de Janeiro: Forense, 1983. v. 2.

_____. *Responsabilidade civil*. 8. ed., rev. e aum. Rio de Janeiro: Forense, 1987. v. 1.

DIAS, Maria Berenice. *Manual de direito das famílias*. Porto Alegre: Livraria do Advogado, 2005.

DINAMARCO, Cândido Rangel. *Instituições de direito processual civil*. 4. ed. São Paulo: Malheiros, 2004. v. 3.

DINIZ, Maria Helena. *Curso de direito civil brasileiro.* 19. ed. São Paulo: Saraiva, 2003. v. 1.

_____. *Curso de direito civil brasileiro.* 19. ed. São Paulo: Saraiva, 2003. v. 7.

_____. Direito à imagem e sua tutela. In: BITTAR, Eduardo C. B.; CHINELATO, Silmara Juny (Coord.). *Estudos de direito de autor, direito da personalidade, direito do consumidor e danos morais.* Rio de Janeiro: Forense Universitária, 2002.

DUARTE, Ronnie Preuss. A responsabilidade civil e o novo código: contributo para uma revisitação conceitual. In: ALVES, Jones Figueirêdo; DELGADO, Mário Luiz (Coord.). *Questões controvertidas no direito das obrigações e dos contratos.* São Paulo: Método, 2005. v. 4.

FACHIN, Luiz Edson. *Estabelecimento da filiação e paternidade presumida.* Porto Alegre: Fabris, 1992.

_____. *Estatuto jurídico do patrimônio mínimo.* 2. ed. Rio de Janeiro: Renovar, 2006.

FARAGO, Francis. *A justiça.* São Paulo: Manole, 2005.

FERRAZ JR., Tercio Sampaio. Antinomia. In: FRANÇA, Rubens Limongi. *Enciclopédia Saraiva de Direito.* São Paulo: Saraiva, 1978. v. 7.

FIUZA, Ricardo. *O novo Código Civil e as propostas de aperfeiçoamento.* São Paulo: Saraiva, 2004.

GAGLIANO, Pablo Stolze; PAMPLONA FILHO, Rodolfo. *Novo curso de direito civil.* São Paulo: Saraiva, 2006. v. 1.

_____; _____. *Novo curso de direito civil.* São Paulo: Saraiva, 2006. v. 3.

GHÉRSI, Carlos Alberto. *Teoría general de la reparación.* 2. ed. Buenos Aires: Astrea, 1999.

GOMES, Orlando. *Obrigações.* 5. ed. Rio de Janeiro: Forense, 1978.

GONÇALVES, Carlos Roberto. *Direito civil brasileiro.* São Paulo: Saraiva, 2004. v. 4.

GONÇALVES, Carlos Roberto. *Responsabilidade civil*. 8. ed. São Paulo: Saraiva, 2003.

HEREDIA, Carmen López Beltran. Responsabilidade civil no terceiro milênio. In: BUERES, Alberto José; CARLUCCI, Aída Kemelmajer (Coord.). *Responsabilidad de los padres por los hechos de sus hijos*. Madrid: Técnos, 2004.

HIRONAKA, Giselda Maria Fernandes Novaes. *Responsabilidade civil*: circunstâncias naturalmente, legalmente e convencionalmente escusativas do dever de indenizar o dano. Atualidades Jurídicas, São Paulo: Saraiva, 1999.

_____. *Responsabilidade pressuposta*. Belo Horizonte: Del Rey, 2005.

HOUAISS, Antonio. *Dicionário Houaiss*. Rio de Janeiro: Objetiva, 2001.

JORGE, Fernando de Sandy Lopes Pessoa. *Ensaio sobre os pressupostos da responsabilidade civil*. Lisboa: Centro de Estudos Fiscais, 1972.

JOSERRAND, Louis. *Cours de droit civil*. 3. ed. Paris: Librairie du Recueil Sirey, 1940.

KARAM, Munir. O processo de codificação do direito civil: inovações da parte geral e do livro das obrigações. RT, São Paulo, v. 757, nov. 88.

_____. Responsabilidade dos pais pelos atos dos filhos. In: FRANÇA, Limongi (Coord.). *Enciclopédia Saraiva de Direito*. São Paulo: Saraiva, 1981. v. 65, p. 393-408.

LARENZ, Karl. *Derecho de obligaciones*. Tradução espanhola de Jaime Santos Briz. Madrid: Editorial Reviste de Derecho Privado, 1959. t. 2.

LIMA, Alvino. *Culpa e risco*. 2. ed., rev. e atual. São Paulo: Revista dos Tribunais, 1998.

LISBOA, Roberto Senise. *Manual de direito civil*. Obrigações e responsabilidade civil. São Paulo: Revista dos Tribunais, 2004.

LÔBO, Paulo Luiz Netto. *Código Civil comentado*. São Paulo: Atlas, 2003.

_____. *Teoria geral das obrigações*. São Paulo: Saraiva, 2005.

LYRA, Afrânio. *Responsabilidade civil*. Bahia, 1977. Apud GONÇALVES, Carlos Roberto. *Responsabilidade civil*. 8. ed. São Paulo: Saraiva, 2003. p. 133-134.

MADALENO, Rolf. *Direito de família em pauta*. Porto Alegre: Livraria do Advogado, 2004.

MARKY, Thomas. *Curso elementar de direito romano*. São Paulo: Saraiva, 1992.

MARQUES, Claudia Lima. *Contratos no código de defesa do consumidor*. 5. ed. São Paulo: Revista dos Tribunais, 2005.

MARTINS-COSTA, Judith; TEIXEIRA, Sálvio de Figueiredo. Dos direitos das obrigações. Do adimplemento e da extinção das obrigações. In: TEIXEIRA, Sálvio de Figueiredo (Coord.). *Comentários ao novo Código Civil*. Rio de Janeiro: Forense, 2003. t. 1.

MAZEAUD, Henri; MAZEAUD, Louis. *Traité théorique et pratique de la responsabilité civile*: delictuelle et contractuelle. 4. ed. Paris: Recueil Sirey, 1950.

MEIRA, Silvio. *Instituições de direito romano*. 2. ed. São Paulo: Max Limonad, 1968.

_____. *Tratado de direito civil português*. Coimbra: Almedina, 2003. Parte: Parte geral, t. III.

MILANO FILHO, David Nazir; MILANO, Rodolfo César. *ECA comentado e interpretado de acordo com o novo Código Civil*. 2. ed. São Paulo: Livraria e Editora Universitária de Direito, 2004.

MINOZZI, Alfredo. *Studio sul danno non patrimoniale (danno morale)*. Milão: Spcietà Editrice Libraria, 1901.

MONTEIRO, Washington de Barros. *Curso de direito civil*. 37. ed., rev. e ampl. São Paulo: Saraiva, 2003. v. 4.

_____. *Curso de direito civil*. 37. ed., rev. e ampl. São Paulo: Saraiva, 2003. v. 5.

_____. *Curso de direito civil*. 39. ed. São Paulo: Saraiva, 2003. v. 1.

MORAES, Maria Celina Bodin de. A caminho de um direito civil constitucional. *Revista de Direito Civil, Imobiliário, Agrário e Empresarial*, São Paulo, ano 17, p. 21-32, jul./set. 1993.

MORELLO, Augusto M. *La eficacia del proceso*. 2. ed. Buenos Aires: Hammurabi, 2002.

NERY JUNIOR, Nelson. *Código brasileiro de defesa do consumidor*. 5. ed. Rio de Janeiro: Forense Universitária, 1998.

_____. *Princípios do processo civil na Constituição Federal*. 8. ed. São Paulo: Revista dos Tribunais, 2004.

NORONHA, Fernando. *Direito das obrigações*: fundamentos do direito das obrigações e introdução à responsabilidade civil. São Paulo: Saraiva, 2003. v. 1.

PEREIRA, Caio Mário da Silva. *Instituições de direito civil*. 4. ed. Rio de Janeiro: Forense, 1978. v. 3.

_____. *Responsabilidade civil*. 9. ed. Rio de Janeiro: Forense, 1986.

PEREIRA, Rodrigo da Cunha. *Princípios fundamentais norteadores do direito de família*. Belo Horizonte: Del Rey, 2005.

PLANIOL, Marcele; RIPERT, Goerge. *Traité pratique de droit civil français*. Paris: Librairie Générale de Droit et de Jurisprudence, 1930.

PONTES DE MIRANDA, Francisco Cavalcanti. *Tratado de direito privado*. Rio de Janeiro: Borsoi, 1955. t. 5.

_____. *Tratado de direito privado*. Rio de Janeiro: Borsoi, 1955. t. 44.

PROENÇA, José Carlos Brandão. *A conduta do lesado como pressuposto e critério de imputação do dano extracontratual*. Coimbra: Almedina, 1997.

RAWLS, John. *Uma teoria da justiça*. Tradução de Almiro Pisetta e Lenita Esteves. São Paulo: Martins Fontes, 2003.

REALE, Miguel. *O Estado de S. Paulo*, São Paulo, Espaço Opinião, 26 abr. 2003.

REALE, Miguel. Visão geral do novo Código Civil. In: REALE, Miguel. *Novo Código Civil brasileiro*. 4. ed., rev. atual. e ampl. São Paulo: Revista dos Tribunais, 2004.

RIPERT, Georges. *A regra moral nas obrigações civis*. Campinas: Bookseller, 2000.

RODRIGUES, Silvio. *Direito civil*. 32. ed., ampliada de acordo com o nCC. São Paulo: Saraiva, 2002. v. 1.

_____. *Direito civil*. São Paulo: Saraiva, 1991. v. 1.

ROSS, Alf. *Direito e justiça*. São Paulo: Edipro, 2003.

RUGGIERO, Roberto. *Instituições de direito civil*. São Paulo: Saraiva, 1957. v. 1.

SALERNO, Marcelo U.; LAGOMARSINO, Carlos A. R. *Código Civil argentino y legislación complementaria*. Buenos Aires: Editorial Heliasta, 2000.

SANTOS, João Manuel Carvalho. *Código Civil brasileiro interpretado*: direito das obrigações. 9. ed. Rio de Janeiro: Freitas Bastos, 1963. t. 20.

_____. *Código Civil brasileiro interpretado*: parte geral. 2. ed. Rio de Janeiro: Freitas Bastos, 1937. t. 3.

SARLET, Ingo Wolfgang. Eficácia do direito fundamental à segurança jurídica: dignidade de pessoa humana, direitos fundamentais e proibição de retrocesso social no direito constitucional brasileiro. *Revista Brasileira de Direito Comparado*, Rio de Janeiro, Instituto de Direito Comparado Luso-Brasileiro, nº 28, 2005.

SERPA LOPES, Miguel Maria de. *Curso de direito civil*. 6. ed., rev. e atual. Rio de Janeiro: Freitas Bastos, 1996. v. 5.

SESSAREGO, Carlos Fernández. *Derecho a la identidad personal*. Buenos Aires: Asteca, 1992.

SIMÃO, José Fernando. Responsabilidade civil pelo fato do animal: estudo comparativo dos Códigos Civis de 1916 e 2002. In: DELGADO, Mário Luiz; ALVES, Jones Figueirêdo (Coord.). *Questões controvertidas na responsabilidade civil*. São Paulo: Método, 2006. v. 5.

SIMÃO, José Fernando. *Vícios do produto no Código Civil e no Código de Defesa do Consumidor*. São Paulo: Atlas, 2003.

SOTTOMAYOR, Maria Clara. A responsabilidade civil dos pais pelos fatos ilícitos praticados pelos filhos menores. *Boletim da Faculdade de Direito*, Coimbra, Universidade de Coimbra, v. 71, 1995.

STOCO, Rui. *Responsabilidade civil e sua interpretação jurisprudencial*. 2. ed. São Paulo: Revista dos Tribunais, 1995.

STRECK, Luiz Lênio. *Hermenêutica jurídica e(m) crise*: uma exploração hermenêutica da construção do direito. Porto Alegre: Livraria do Advogado, 1999.

SURGIK, Aloísio. *Gens gothorum*: as raízes bárbaras do legalismo dogmático. 2. ed. Curitiba: Livro é Cultura, 2004.

TARTUCE, Flavio. *Direito civil*: concursos públicos. São Paulo: Método, 2005. v. 1.

_____. *Direito civil*: concursos públicos. São Paulo: Método, 2005. v. 2.

TEPEDINO, Gustavo Mendes. Evolução da responsabilidade civil no direito brasileiro e suas controvérsias na atividade estatal. In: TEPEDINO, Gustavo Mendes. *Temas de direito civil*. 3. ed. Rio de Janeiro: Renovar, 2004.

_____. Premissas metodológicas para a constitucionalização do direito civil. In: TEPEDINO, Gustavo Mendes. *Temas de direito civil*. 3. ed. Rio de Janeiro: Renovar, 2004.

_____; SCHREIBER, Anderson. Enunciado sobre o artigo 928 do Código Civil. In: AGUIAR JR., Ruy Rosado (Org.). *Jornada de Direito Civil*. Brasília: Conselho de Justiça Federal, 2003.

THEODORO JÚNIOR, Humberto. *Curso de processo civil*. 15. ed. Rio de Janeiro: Forense, 2003. v. 1.

ULHOA COELHO, Fábio. *Curso de direito civil*. São Paulo: Saraiva, 2003. v. 1.

VAN GERVEN, Walter; LEVER, Jeremy; LAROUCHE, Pierre. *Tort law*. Oxford and Portland: Hart, 2000.

VARELA, João de Matos Antunes. *Das obrigações em geral.* 10. ed. Lisboa: Almedina, 2003. v. 1.

_____. *Das obrigações em geral.* 10. ed. Lisboa: Almedina, 2003. v. 2.

_____; LIMA, Fernando Andrade Pires de. *Código Civil anotado.* Lisboa: Coimbra Editora, 1987. v. 1.

VASCONCELOS, Pedro Pais de. *Teoria geral do direito civil.* 2. ed. Lisboa: Almedina, 2003.

VELOSO, Zeno. *Código Civil comentado.* São Paulo: Atlas, 2003.

VENOSA, Sílvio de Salvo. *Direito civil.* 3. ed. São Paulo: Atlas, 2003. v. 1.

_____. *Direito civil.* 3. ed. São Paulo: Atlas, 2003. v. 4.

VIANA, Jeovanna. *Responsabilidade civil dos pais pelos atos dos filhos menores.* Rio de Janeiro: Renovar, 2004.

VILLELA, João Baptista. Desbiologização da paternidade. *Revista Forense*, Rio de Janeiro, nº 71, p. 50, 1980.

VISINTINI, Giovanna. *Tratado de la responsabilidad civil.* Buenos Aires: Astrea, 1999.

ZIPPELIUS, Reinhold. *Teoria geral do estado.* 3. ed. Lisboa: Fundação Calouste Gulbenkian, 1997.

Sítios pesquisados

US DEPARTMENT OF HEALTH AND HUMAN SERVICES. Alzheimer's Disease Educational & Referral Center – Online UK's Medical Dictionary. Disponível em: <http://cancerweb.ncl.ac.uk/omd/>. Acesso em: 28 ago. 2006.